Guido Keel | Wibke Weber [Hrsg.]

Media Literacy

Nomos

Die Deutsche Nationalbibliothek verzeichnet diese Publikation in
der Deutschen Nationalbibliografie; detaillierte bibliografische
Daten sind im Internet über http://dnb.d-nb.de abrufbar.

The Deutsche Nationalbibliothek lists this publication in the
Deutsche Nationalbibliografie; detailed bibliographic data
are available on the Internet at http://dnb.d-nb.de

ISBN   978-3-8487-8265-9 (Print)
         978-3-7489-2065-6 (ePDF)

British Library Cataloguing-in-Publication Data
A catalogue record for this book is available from the British Library.

ISBN   978-3-8487-8265-9 (Print)
         978-3-7489-2065-6 (ePDF)

Library of Congress Cataloging-in-Publication Data
Keel, Guido | Weber, Wibke
Media Literacy
Guido Keel | Wibke Weber (eds.)
241 pp.
Includes bibliographic references.

ISBN   978-3-8487-8265-9 (Print)
         978-3-7489-2065-6 (ePDF)

Onlineversion
Nomos eLibrary

1. Auflage 2021
© Nomos Verlagsgesellschaft, Baden-Baden 2021. Gesamtverantwortung für Druck und
Herstellung bei der Nomos Verlagsgesellschaft mbH & Co. KG. Alle Rechte, auch die des
Nachdrucks von Auszügen, der fotomechanischen Wiedergabe und der Übersetzung,
vorbehalten. Gedruckt auf alterungsbeständigem Papier.

Inhalt

Teil 3. Medientechnologische, gesellschaftliche und
ästhetische Aspekte von Media Literacy

Einleitung

Die Diskussion um den kompetenten Umgang mit Medien geht heute weit über das klassische Verständnis von Medienkompetenz hinaus. Medienkompetenz wurde fachgeschichtlich primär im Zusammenhang mit der Entwicklung von Kindern und Jugendlichen thematisiert; erst in jüngerer Zeit rückt der Begriff Medienkompetenz zunehmend in bildungspolitische und ökonomische Kontexte vor und wird für politische und ökonomische Ziele funktionalisiert (Trültzsch-Wijnen, 2017, S. 164).

Während bereits beim Begriff Medienkompetenz eine grosse Diffusität vorliegt (Jarren & Wassmer, 2009), besteht bei Media Literacy eine noch viel grössere Vielfalt an Definitionen. Um diese Vielfalt systematisch zu strukturieren, erachten Rosenbaum et al. (2008, S. 318) Aspekte von Medienproduktion und Mediennutzung als zentral. Dementsprechend geht es bei Media Literacy darum zu verstehen, wie Stakeholder, insbesondere Sender und Rezipienten von öffentlicher und teilöffentlicher Kommunikation, Medieninhalte konstruieren und empfangen. Dieses Verständnis betrifft somit sowohl professionelle Akteure als auch Laien. Herausgefordert sind beispielsweise strategische Kommunikator:innen in Unternehmen und Behörden wie auch Journalist:innen in Medienorganisationen, aber auch Bürger:innen, Konsument:innen oder Mitarbeiter:innen.

Die Veränderungen im Zuge des digitalen Wandels erfordern eine Erweiterung oder gar Neubestimmung des Begriffs Media Literacy. Es geht nicht nur darum, die Begriffe Medienkompetenz und Media Literacy aus der Entwicklungsperspektive von Kindern, Jugendlichen und Erwachsenen zu beleuchten. Ziel muss es sein, Media Literacy aus unterschiedlichen Perspektiven zu betrachten (u.a. theoretisch, methodisch, multidisziplinär, historisch), in verschiedenen beruflichen Kontexten zu diskutieren und in ihren wesentlichen Dimensionen zu erfassen, z. B. kognitiv, sozio-emotional, ästhetisch und ethisch (Potter, 2021, S. 24–25).

Die relevanten Kompetenzen beziehen sich dabei zunächst auf die kognitive Dimension: Individuen müssen in der Lage sein, zu geeigneten bzw. den gewünschten Angeboten in der öffentlichen Kommunikation zu gelangen. Weiter ist Bewertungskompetenz gefordert, um diese Inhalte beurteilen und einordnen zu können. Darüber hinaus sind – insbesondere im Kontext von Internet und Social Media – Vernetzungs-, Repräsentations- und Rollenkompetenz von Interesse. Eine kompetente Mediennutzung bedeutet, dass man die eigene Rolle als Kommunikator:in und

Teilnehmer:in an öffentlichen Kommunikationsprozessen versteht und bewusst wahrnimmt. Eine kompetente Mediennutzung bedeutet auch, dass man die ästhetische Qualität von Medieninhalten beurteilen und angemessen auf Medieninhalte reagieren kann, etwa bei Fake News, Deepfakes oder Hate Speech.

Media Literacy bezieht sich weiter sowohl auf Strukturbedingungen, wie etwa Regeln (z. B. ethische Standards und Berufsnormen) und Ressourcen, als auch auf Prozesse (Funktionsweise) und Effekte (z. B. sozio-emotionale Wirkung) der medial vermittelten Kommunikation; und sie betrifft Individuen, Organisationen, gesellschaftliche Rollenträger und die Öffentlichkeit als Ganzes.

Die Jahrestagung 2020 der Schweizerischen Gesellschaft für Kommunikations- und Medienwissenschaft (SGKM) widmete sich dieser Vielfalt an Dimensionen und Anwendungen von Media Literacy. Dieser Band umfasst ausgewählte Beiträge dieser Tagung und gliedert sich in drei Teile.

Der erste Teil befasst sich mit Begriffsdefinitionen und theoretischen Ansätzen. Uwe Hasebrink setzt sich in seiner Einleitung ins Thema mit dem Begriff Media Literacy auseinander und erklärt, warum dieser Begriff gleichzeitig antiquiert und hochaktuell ist. Christine Trültzsch-Wijnen geht der Frage nach, worin die Herausforderungen liegen, wenn man Medienkompetenz bzw. digitale Kompetenzen messen will.

Drei Beiträge beleuchten Aspekte der Media and Information Literacy im Umgang mit primär journalistischen Inhalten. Pascal Schneiders untersucht, inwiefern Nachrichten von Mediennutzenden als solche erkannt und von anderen medialen Angeboten wie PR, Werbung oder Unterhaltung unterschieden werden können. In ihrer qualitativen Online-Studie kommen Lisa Schwaiger, Mark Eisenegger und Jörg Schneider zum Ergebnis, dass angeblich News-deprivierte Jugendliche angesichts der Konkurrenz an Angeboten auf Social Media doch noch mit journalistischen Nachrichten erreicht werden können. Daran knüpft der Beitrag von Anastasiia Grynko und Othmar Baeriswyl an, in dessen Zentrum der Umgang mit Fake News steht. Präsentiert werden Ergebnisse aus einer Fallstudie, die zeigen, wie der Umgang mit Fake News in der Ausbildung vermittelt werden kann.

Der zweite Teil thematisiert Media Literacy im Kontext von Organisationen und Rollen. Martin Hermida stellt dar, wie Erkenntnisse aus der Medien- und Kommunikationswissenschaft den Weg in die Volksschule finden und so zur Stärkung der Media Literacy im schulischen Kontext beitragen können. Er kommt dabei zum Schluss, dass ein Schlüssel für diesen Wissenstransfer bei den Lehrpersonen und deren Einstellung zu Medienbildung zu suchen ist. Die Studie von Nicole Rosenberger, Colette

Schneider Stingelin, Carmen Koch, Angelica Hüsser und Julia Grundisch zeigt jedoch, dass Lehrpersonen und Schulleitungen zurückhaltend sind, wenn es um den Einsatz von digitalen Medien in der Schulkommunikation geht, und dass auch der in Folge der Covid-19-Pandemie gestiegene Druck zum Online-Unterricht und zur Online-Kommunikation an dieser Situation nicht viel verändert hat.

Franziska Kohler, Brigitte Gasser, Antonia Steigerwald and Markus Hodel fokussieren in ihrem Beitrag auf Studierende und deren Umgang mit Social Media. Sie kommen zum Schluss, dass Hochschulen nicht nur – wie von Othmar Baeriswyl and Anastasiia Grynko gefordert – die Bewertungskompetenz von Studierenden stärken, sondern auch in den Aufbau von Medienkompetenzen und Selbststeuerungskompetenzen investieren sollten, um einen reflektierten Umgang der Studierenden mit Medien und insbesondere Social Media zu fördern.

Mit Media Literacy im Kontext von Non-Profit-Organisationen beschäftigen sich Carmen Koch und Nadine Klopfenstein. Die Autorinnen ziehen das Fazit, dass Organisationen aktiv dazu beitragen können, Media Literacy und die damit verbundenen digitalen Kompetenzen zu fördern und zu stärken.

Davide Cino widmet sich einer anderen Gruppe von Mediennutzenden und deren Media Literacy, nämlich Eltern in der Rolle als Erziehende von Kindern, die in einer digitalisierten Gesellschaft aufwachsen. Er erklärt, wie Social Media Eltern nicht nur vor die Herausforderung stellen, kompetent mit Social-Media-Dilemmas in der Erziehung umzugehen, sondern Social Media auch Möglichkeiten bieten, sich in einem „peer-to-peer media education process" die entsprechenden Kompetenzen anzueignen.

Im dritten Teil werden technologische, gesellschaftliche und ästhetische Aspekte von Media Literacy diskutiert. So konzentrieren sich Urs Dahinden, Caroline Dalmus und Laura Gründler auf Data und Privacy Literacy: den bewussten Umgang mit persönlichen Daten im digitalen Raum. Wie verschiedene Beiträge zuvor zeigen auch sie, wie die entsprechenden Fertigkeiten im schulischen Kontext vermittelt werden können.

Franziska Oehmer und Stefano Pedrazzi widmen sich dem Phänomen der Social Bots und der Frage, wie diese identifiziert werden können. Sie plädieren für einmal nicht an Bildungsinstitutionen, sondern sehen die Betreiber von Social-Media-Plattformen in der Verantwortung, zur entsprechenden Media Literacy beizutragen, um den von Social Bots ausgehenden Problemen begegnen zu können.

In ihrem Beitrag zur Internet-Nichtnutzung erörtern Kiran Kappeler, Noemi Festic und Michael Latzer, wie eine fehlende Media Literacy die gesellschaftliche Integration gefährden und zum Ausschluss aus dem gesellschaftlichen Diskurs führen kann.

Abschliessend geht Guido Keel am Beispiel der Satire auf die ästhetische Dimension von Information Literacy ein. Er legt dar, wie satirische Inhalte, die zunehmend an Relevanz gewinnen für die öffentliche Meinungsbildung, verstanden und kompetent beurteilt werden können. Damit liefert sein Beitrag die Grundlagen zu Satirical Literacy.

Der Tagungsband strebt nicht an, eine vollständige Übersicht zum Thema Media Literacy zu liefern. Vielmehr soll die Vielfalt der Beiträge auf die umfassende Relevanz und die möglichen Anknüpfungspunkte für die Medien- und Kommunikationswissenschaft aufmerksam machen. In diesem Sinn schlägt der vorliegende Tagungsband eine Brücke zwischen den Erkenntnissen aus der Medien- und Kommunikationsforschung., der Erziehungswissenschaft und dem Konzept von Media Literacy.

Guido Keel und Wibke Weber, im Juli 2021

Jarren, O., & Wassmer, C. (2009). Medienkompetenz—Begriffsanalyse und Modell. Ein Diskussionsbeitrag zum Stand der Medienkompetenzforschung. *Medien und Erziehung, 53*(3), 46–51. https://doi.org/10.5167/uzh-20055

Potter, W. J. (2021). *Media Literacy (10th ed.)*. Thousand Oaks, CA: Sage.

Rosenbaum, J. E., Beentjes, J. W. J., & Konig, R. P. (2008). Mapping Media Literacy Key Concepts and Future Directions. *Annals of the International Communication Association, 32*(1), 313–353. https://doi.org/10.1080/23808985.2008.11679081

Trültzsch-Wijnen, C. W. (2017). *Über das Primat der (Medien-)Kompetenz.* 163–182. https://doi.org/10.5771/9783845279718-163

Teil 1.
Begriffsdefinitionen und theoretische Ansätze

Aktualität und Antiquiertheit von Media Literacy

Uwe Hasebrink

Abstract

Ausgehend von der Beobachtung, dass der Begriff der Media Literacy und die mit ihm verbundenen Diskurse zwar sehr aktuell, zugleich aber auch in gewisser Hinsicht antiquiert wirken, setzt sich der Beitrag in drei Schritten mit diesem Begriff auseinander. Als Gründe für das widersprüchliche Bild der Media Literacy werden zunächst Charakteristika der Mediatisierung diskutiert. Im zweiten Schritt wird Media Literacy in ein kontextbezogenes Modell der Online-Erfahrungen von Kindern und Jugendlichen eingeordnet; außerdem werden Befunde zu den Determinanten und den Folgen von Media Literacy skizziert. Zum Abschluss wird diskutiert, welche ambivalente Rolle der Begriff Media Literacy in gesellschaftlichen und politischen Diskursen spielt.

1. Einführung

Aktualität und Antiquiertheit – das waren die ersten Assoziationen, die sich bei der Anfrage der Veranstalter der SGKM-Tagung 2020 nach einer Keynote zum Thema Media Literacy einstellten. Ohne Frage, Media Literacy ist in aller Munde, es gibt zahlreiche wissenschaftliche und praktische Projekte, die sich dem Thema widmen, selbst im alltäglichen Sprachgebrauch verwenden viele Menschen diesen Begriff. Insofern ist er aktuell. Zugleich erscheint er merkwürdig antiquiert und abgedroschen und hat entsprechend erheblich an Strahlkraft verloren. Diese widerstreitenden Assoziationen sind Ausgangspunkt der folgenden Überlegungen, die in drei Schritten als „Türöffner" zu dem vorliegenden Tagungsband dienen sollen: Erstens werde ich mich mit Gründen für das widersprüchliche Bild von Media Literacy befassen, die vor allem in Charakteristika der Mediatisierung liegen. Zweitens werde ich anhand ausgewählter Einblicke in den Forschungsstand Aspekte von Media Literacy ansprechen, anhand derer sich die genannte Widersprüchlichkeit veranschaulichen lässt. Und drittens werde ich zum Abschluss der Frage nachgehen, welche ambivalente Rolle der Begriff Media Literacy in gesellschaftlichen und politischen Diskursen spielt.

2. *Media Literacy in der Mediatisierung*

Sowohl für die Aktualität als auch für die Antiquiertheit des Begriffs Media Literacy gibt es einen gemeinsamen Grund: die Medienentwicklung der letzten Jahre, die sich als Prozess tiefgreifender Mediatisierung beschreiben lässt (Hepp, 2020). Aus dieser Perspektive werden Medien nicht als etwas von außen auf die Gesellschaft Einwirkendes betrachtet. Vielmehr ist die Ausgangsannahme, dass Gesellschaft von Grund auf durch Medien mitgeprägt ist bzw. dass jegliche sozialen Zusammenhänge kommunikativ konstruiert sind und dass bei dieser kommunikativen Konstruktion Medien eine maßgebliche Rolle spielen.

Mediatisierung in diesem Sinne führt zur Aktualität des Konzepts Media Literacy: In dem Maße, in dem Medien in privaten, beruflichen, zivilgesellschaftlichen Zusammenhängen eine maßgebliche Rolle spielen, ist in allen diesen Domänen auch Media Literacy gefragt (Pfaff-Rüdiger & Riesmeyer, 2016). Und dies nicht nur bei Kindern und Jugendlichen, sondern auch bei Eltern und Großeltern, in der Schule, in der Arbeitswelt, in der Politik, also in der gesamten Bevölkerung.

Mediatisierung führt jedoch zugleich auch zu dem oben geschilderten Eindruck, dass Media Literacy antiquiert wirkt: Wenn die Medien den Alltag und alle sozialen Zusammenhänge durchdringen, wozu bedarf es dann eigens einer spezifischen Medienkompetenz, warum sprechen wir nicht gleich allgemeiner von Alltagskompetenz (Paus-Hasebrink, 2017, S. 282) bzw. „Lebensführungskompetenz"? Forschung, die versucht, sehr nah an die lebensweltlichen Bedingungen des Handelns heranzukommen, betont die Bedeutung dieser grundlegenden Kompetenzen. So hat etwa Ingrid Paus-Hasebrink in ihrer qualitativen Panelstudie zur Sozialisation von Kindern aus sozial benachteiligten Familien unter anderem herausgearbeitet, dass medienbezogene Kompetenzen von eher zweitrangiger Bedeutung sind im Vergleich mit der allgemeinen (Un-)Fähigkeit der Familien, die vielfältigen Herausforderungen des Alltags zu bewältigen (ebd.; Paus-Hasebrink et al., 2019).

Die vermeintliche Diskrepanz zwischen Aktualität und Antiquiertheit von Media Literacy lässt sich allerdings dahingehend auflösen, dass der Kompetenzbegriff auf verschiedene Ebenen bezogen wird. Die genannte Alltagskompetenz stellt die grundlegende Ebene dar, auf der sich – in den begrifflichen Kategorien von Paus-Hasebrink (2019) – erweist, inwieweit ein Individuum in der Lage ist, vor dem Hintergrund der gegebenen Handlungsoptionen die eigenen Handlungsentwürfe umzusetzen. Diese allgemeinen Handlungskompetenzen umfassen, auf einer zweiten Ebene, unter anderem kommunikative Kompetenzen, die wiederum, angesichts der tiefgreifenden Mediatisierung, auf einer dritten Ebene spezifische medienbezogene Kompetenzen enthalten. Unter Bezug auf die für die Auseinandersetzung mit kommunikativer Kompetenz wegweisenden Arbeiten von Dieter Baacke (1996, S. 8; 1973) schreibt Ingrid Paus-Hasebrink: „Medienkompetenz wird vor diesem Hintergrund als Fähigkeit verstanden, in die Welt aktiv aneignender Weise auch alle Arten von Medien für das Kommunikations- und Handlungsrepertoire von Menschen einzusetzen, und gilt somit als Bestandteil einer allgemeinen kommunikativen Kompetenz." (2011, S. 86) Die auf Handlungskompetenzen zugespitzte Mediatisierungsthese könnte also lauten, dass im Zuge der medialen Entwicklung die allgemeine kommunikative Kompetenz zunehmend durch medienbezogene Kompetenzaspekte geprägt wird – und die Alltagskompetenz zunehmend durch Aspekte kommunikativer Kompetenz. Lebensweltbezogene Forschung kommt daher nicht mehr ohne die Berücksichtigung medienbezogener Aspekte aus – dies macht die Aktualität von Media Literacy aus; zugleich kommt aber Forschung zu Media Literacy nicht mehr ohne lebensweltbezogene Kontextualisierung aus – dies macht die Antiquiertheit des Konzepts aus.

3. *Media Literacy in der empirischen Forschung*

Die empirische Forschung zu verschiedenen Aspekten der Media Literacy ist kaum mehr zu überblicken; die im vorliegenden Band versammelten Beiträge geben einen Eindruck von der breiten Palette an Fragestellungen, theoretischen und methodischen Zugängen. Vor diesem Hintergrund beschränke ich mich an dieser Stelle auf einige überblicksartige Hinweise, die für das Verständnis der Bedeutung, die dem Konzept Media Literacy heute zukommt, besonders wichtig erscheinen. Dabei stütze ich mich besonders auf die Forschung des EU Kids Online-Netzwerks, welches nach einer ersten vergleichenden Befragung zur Online-Nutzung von Kindern und Jugendlichen in 25 europäischen Ländern im Jahr 2010 (Livingstone et al., 2011; Hasebrink et al., 2011) in den Jahren 2017 bis 2019 eine zweite Befragung in 19 europäischen Ländern durchführte (Smahel et al., 2020). EU Kids Online untersucht Media Literacy in zweierlei Hinsicht kontextualisiert: Erstens gehen die Untersuchungen von einem umfassenden Modell der Online-Nutzung und der Online-Erfahrungen von Kindern und

Jugendlichen aus, im Rahmen dessen Media Literacy in einen theoretisch begründeten Zusammenhang mit anderen Konzepten gesetzt wird; zweitens ist die Forschung international vergleichend angelegt, um so auch die Bedeutung struktureller Unterschiede zwischen verschiedenen Staaten und Kulturen im Hinblick auf die Bedeutung von Media Literacy erfassen zu können.

Abbildung 1 gibt einen Überblick über den konzeptionellen Rahmen des Forschungsverbundes (Livingstone, Mascheroni, & Staksrud, 2015; Smahel et al., 2020), der vor allem das Zusammenspiel zwischen der individuellen Ebene, also dem einzelnen Kind, der Ebene der unmittelbaren sozialen Kontexte, also der Familie, der Schule, der Peers und der Medienumgebung, sowie der übergreifenden politischen und gesellschaftlichen Strukturen auf der Länderebene veranschaulicht. Digitale Kompetenzen werden hier in engem Zusammenhang mit digitalen Nutzungspraktiken aufgeführt. Bestimmte Nutzungspraktiken setzen bestimmte Kompetenzen voraus und tragen zugleich zur Stärkung von Kompetenzen bei; mangelnde Kompetenzen führen zu eingeschränkten Nutzungspraktiken und damit auch zu geringeren Chancen, die eigenen Fähigkeiten weiterzuentwickeln. Nutzungspraktiken und Kompetenzen sind wiederum eng mit den Chancen und Risiken der Online-Kommunikation verbunden: Inwieweit die Online-Kommunikation für ein Kind positive oder negative Erfahrungen mit sich bringt, ergibt sich aus dem konkreten Gebrauch von Online-Diensten und den diesem Gebrauch zugrundeliegenden Kompetenzen.

In der jüngsten Befragung (Smahel et al., 2020) wurden im Hinblick auf Online-Kompetenzen mit Bezug auf van Deursen, Helsper und Eynon (2016; siehe auch Helsper et al., 2021) fünf verschiedene Bereiche von Fähigkeiten berücksichtigt und auf der Basis von Selbsteinschätzungen erfasst: operative Fähigkeiten (z. B. „Ich weiß, wie ich meine Privatsphäre-Einstellungen ändern kann."); informationsbezogene Fähigkeiten (z. B. „Ich finde es einfach zu überprüfen, ob Informationen, die ich online finde, wahr sind."); soziale Fähigkeiten (z. B. „Ich weiß, welche Informationen ich online teilen sollte und welche nicht."); kreative Fähigkeiten (z. B. „Ich weiß, wie ich Videos oder Musik selber machen und ins Internet stellen kann."); und gerätespezifische Fähigkeiten (z. B. „Ich weiß, wie ich auf einem mobilen Gerät Apps installieren kann.") .

Zwei Anschlussprojekte des EU Kids Online-Netzwerks werden derzeit im Rahmen des EU-Forschungsprogramms HORIZON 2020 gefördert. Ei-

Abbildung 1: Konzeptioneller Rahmen des Forschungsverbunds EU Kids Online

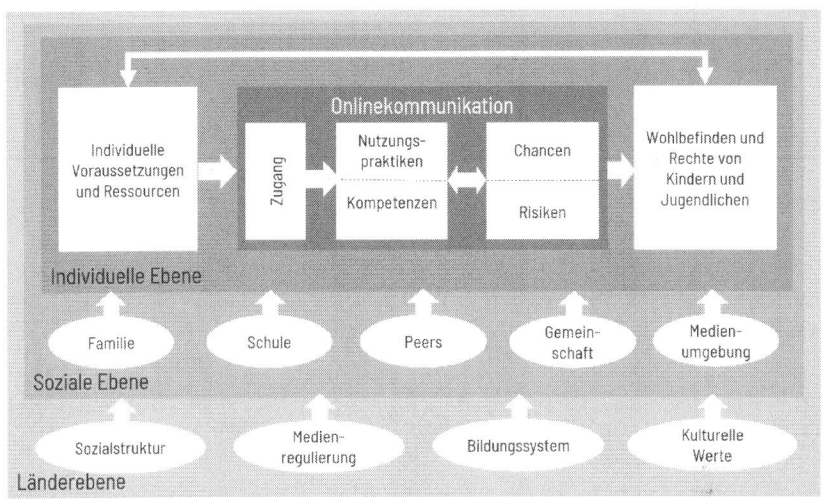

Quelle: Livingstone, Mascheroni & Staksrud, 2015; Übersetzung: Hasebrink, Lampert & Thiel, 2019

nes davon, unter dem Titel „Youth Skills (ySKILLS)"[1] ist forschungsorientiert und rückt das Thema Media Literacy in den Fokus. Ein erstes Projektergebnis besteht in einem systematischen Überblick über den einschlägigen Forschungsstand, für den insgesamt 110 Studien aus den Jahren 2010 bis 2020 ausgewertet wurden (Haddon et al., 2020). Ausgangspunkt des Überblicks war die von der International Telecommunication Union (ITU) vorgeschlagene Definition von Digital Literacy: „the ability to use ICTs in ways that help individuals to achieve beneficial, high-quality outcomes in everyday life for themselves and others and to reduce potential harm associated with more negative aspects of digital engagement" (2018, S. 23).

Die Autorinnen und Autoren heben zunächst hervor, dass das Spektrum vorliegender Definitionen sehr breit ist (Haddon et al., 2020). Selbst die – etwa im Vergleich zu „Media Literacy" – konkretere Kategorie „Digital Literacy" wird noch wieder in zahlreiche Unterkategorien unterteilt, die auf sehr spezifische Fähigkeiten verweisen. Außerdem zieht sich durch die Forschung die Diskussion, wie Literacy adäquat erfasst werden kann bzw. inwiefern Befunde, die auf Selbsteinschätzungen beruhen (etwa

---

1   Siehe https://yskills.eu.

„ich weiß, wie ich ...") – dies ist die große Mehrheit der vorliegenden Studien –, mit Befunden verglichen werden können, die auf objektiven Testverfahren beruhen. Der eigentliche Forschungsüberblick ordnet die vorliegenden Befunde zwei Schwerpunkten zu: Zum einen geht es um Faktoren, die die Herausbildung digitaler Fähigkeiten begünstigen oder einschränken („antecedents"), zum anderen um die Faktoren, auf die sich digitale Fähigkeiten positiv oder negativ auswirken („consequences").

Im Hinblick auf erstere Faktoren zeigt sich zunächst, dass die digitalen Fähigkeiten von Kindern mit dem Alter deutlich zunehmen. Widersprüchlich Befunde liegen im Hinblick auf Geschlechterunterschiede vor: Zwar tendieren Jungen dazu, sich selbst höhere Fähigkeiten zuzuschreiben, als Mädchen dies tun, dieser Unterschied verschwindet aber bei Untersuchungen, die auf objektiven Tests beruhen. Digitale Fähigkeiten hängen zusammen mit anderen lernbezogenen Leistungen; ebenso relevant ist die Motivation zu lernen und die eigenen Leistungen zu verbessern. Positiv auf die Fähigkeiten schlagen sich auch positive Einstellungen gegenüber Informations- und Kommunikationstechnologien nieder. Kinder aus Haushalten mit höherem sozioökonomischem Status weisen in der Hälfte der Studien, die diesen Zusammenhang untersucht haben, höhere Fähigkeiten auf. Eine restriktive elterliche Medienerziehung ist mit geringeren Fähigkeiten der Kinder verbunden, während ein unterstützender Erziehungsstil in der Mehrzahl der Studien mit höheren Fähigkeiten einhergeht. Kinder, denen an der Schule und zu Hause mehr Optionen zur Nutzung von Informations- und Kommunikationsdiensten zur Verfügung stehen, weisen höhere Fähigkeiten auf.

Im Hinblick auf die Konsequenzen von digitalen Fähigkeiten lässt sich der Forschungsstand wie folgt zusammenfassen. Im Hinblick auf die maßgebliche Frage, inwieweit digitale Fähigkeiten zum Wohlbefinden von Kindern beitragen, liegen bisher nur sehr wenige Studien vor – und von diesen unterstützen nur wenige diese These. Eine gewisse Evidenz liegt dahingehend vor, dass höhere digitale Fähigkeiten mit besseren Lernleistungen einhergehen. Die wenigen vorliegenden Studien, die die Beziehung zwischen digitalen Fähigkeiten und dem zivilgesellschaftlichen Engagement untersuchen, sprechen für einen positiven Zusammenhang. Einige Befunde deuten darauf hin, dass Kinder mit höheren digitalen Fähigkeiten besser in der Lage sind, bei der Online-Kommunikation ihre eigene Privatsphäre zu schützen. Höhere digitale Fähigkeiten gehen mit einer höheren Wahrscheinlichkeit einher, Online-Risiken zu begegnen; dabei sind allerdings spezifische Teilfähigkeiten zu unterscheiden: So geht etwa die Fähigkeit, Online-Inhalte kritisch einzuordnen und zu hinterfragen, nicht mit höheren Risiken einher. Anders der Zusammenhang mit als negativ, beunruhigend oder verstörend erlebten Online-Erfahrungen: Diese sind bei höheren digitalen Fähigkeiten weniger wahrscheinlich, was in einigen Studien darauf zurückgeführt wird, dass Kinder mit höheren digitalen Fähigkeiten auch besser in der Lage sind, Online-Risiken zu bewältigen.

4. Media Literacy in öffentlichen und politischen Diskursen

Nach den in der Medienentwicklung begründeten besonderen Anlässen für die Aktualität und Antiquiertheit von Media Literacy und einem Überblick über empirische Befunde zum Stellenwert dieses Konzepts im Rahmen der Online-Nutzung und der Online-Erfahrungen von Kindern und Jugendlichen gelten die abschließenden Beobachtungen der Rolle des Konzepts Media Literacy in öffentlichen und politischen Diskursen. Es ist, wie eingangs erwähnt, ein Zeichen für die Aktualität des Konzepts, dass es längst Eingang in den alltäglichen Sprachgebrauch sowie vor allem in politische Diskussionen gefunden hat. Dabei erweist es sich als durchaus umstrittenes Konzept (vgl. Potter, 2010). Dazu trägt zum einen die Vielfalt der Akteure bei, die sich, aus ihrer jeweiligen Perspektive, an Debatten über Medienkompetenz beteiligen, seien es die Politik, Bildungseinrichtungen, Organisationen des Jugendschutzes und der Medienregulierung, Wirtschaftsunternehmen aus den Bereichen Inhalte, technische Infrastrukturen, Geräte, Spielzeug usw., sowie, nicht zuletzt, Eltern und Kinder und Jugendliche. Zum anderen leiden die öffentlichen Diskussionen über Media Literacy unter der Diskrepanz zwischen der allgemein wahrgenommenen Relevanz des Konzepts und der Schwierigkeit, einen Konsens über Grundverständnis und über aussagekräftige empirische Indikatoren herzustellen. Hinzu kommt, dass im Zuge einer zunehmenden Professionalisierung im Diskursfeld Medienkompetenz zunehmend verfeinerte und hochspezifische Unterkonzepte und Teil-Kompetenzen eingeführt und dann auch engagiert verfochten werden, angesichts derer sich Akteure, die dem jeweiligen Diskurszirkel nicht angehören, ausgeschlossen fühlen.

Führt man sich vor Augen, in welch unterschiedlichen funktionalen Kontexten das Konzept Media Literacy verwendet wird, ergibt sich eine beachtliche Bedeutungsvielfalt:

- Es verweist im positiven Sinne auf eine Ressource, die es Menschen ermöglicht, die in den Medien angelegten kommunikativen Funktionen auszuschöpfen, z. B. um zu lernen, sich zu unterhalten, kreativ zu sein oder an gesellschaftlichen Prozessen teilzuhaben.

- Ähnlich, wenn auch mit umgekehrten Vorzeichen, wird es als Ressource verstanden, die es Menschen ermöglicht, Risiken und Herausforderungen der medialen Kommunikation zu bewältigen und negative Erfahrungen zu vermeiden.

- In medienpolitischen Auseinandersetzungen argumentieren Medienunternehmen gelegentlich zu ihrer eigenen Entlastung, ein gewisser Grad an Media Literacy sei bei den Nutzerinnen und Nutzern vorauszusetzen, so dass mögliche belastende Online-Inhalte ohne negative Folgen bewältigt werden könnten – und entsprechend Regulierungseingriffe unnötig seien.

- Insbesondere in (bildungs-)politischen Diskursen ist Media Literacy ein oft gefordertes – meist recht abstraktes – Bildungsziel, das in Lehrplänen verankert werden sollte.

- In den letzten Jahren wird Media Literacy auch zunehmend als Voraussetzung für individuelle Beschäftigungsmöglichkeiten und gesamtwirtschaftliches Wachstum thematisiert; in diesem Sinne finden entsprechende Indikatoren auch Eingang in internationale Rankings der Wettbewerbsfähigkeit, etwa den ICT Development Index[2].

Insgesamt betrachte dokumentieren die hier aufgeführten diskursiven Kontexte, in denen der Verweis auf Media Literacy ganz unterschiedlichen Zielen dient, die anfangs genannte Widersprüchlichkeit des Konzepts – und dass dieses ohne Frage von maßgeblicher Bedeutung für soziale Prozesse in Zeiten der Mediatisierung ist. Media Literacy ist eine notwendige Voraussetzung dafür, dass Individuen die Herausforderungen des mediatisierten Alltags bewältigen können. Sie ist allerdings keine hinreichende Voraussetzung für Wohlbefinden; sie muss vielmehr als ein Bestandteil einer breit verstandenen Alltagskompetenz und im Kontext der jeweiligen Lebenswelt betrachtet werden. Vor allem aber ist Media Literacy kein statisches Ziel. Immer wieder ist sorgfältig zu prüfen, inwieweit unser Verständnis von Media Literacy den aktuellen Herausforderungen der mediatisierten Welt noch gerecht wird.

---

2 Vgl. https://www.itu.int/en/ITU-D/Statistics/Pages/publications/mis/methodology.a
  spx

Literatur

Baacke, D. (1973). *Kommunikative Kompetenz. Grundlegung einer Didaktik der Kommunikation und ihrer Medien.* Weinheim/München: Juventa.

Baacke, D. (1996). Medienkompetenz als Netzwerk. Ein Begriff hat Konjunktur. *Medien praktisch* 20/2, 4–10.

Haddon, L., Cino, D., Doyle, M.-A., Livingstone, S., Mascheroni, G., & Stoilova, M. (2020). *Children's and young people's digital skills: a systematic evidence review.* Zenodo. http://doi.org/10.5281/zenodo.4274654

Hasebrink, U., Görzig, A., Haddon, L., Kalmus, V., & Livingstone, S. (2011). *Patterns of risk and safety online: in-depth analyses from the EU Kids Online survey of 9- to 16-year-olds and their parents in 25 European countries.* EU Kids Online network, London, UK, (http://eprints.lse.ac.uk/39356/).

Hasebrink, U., Lampert, C., & Thiel, K. (2019). *Online-Erfahrungen von 9- bis 17-Jährigen. Ergebnisse der EU Kids Online-Befragung in Deutschland 2019.* 2. überarb. Auflage. Hamburg: Verlag Hans-Bredow-Institut (ISBN 978-3-87296-157-0).

Helsper, E. J., Schneider, L. S., van Deursen, A.J.A.M., & van Laar, E. (2021). *The youth Digital Skills Indicator: Report on the conceptualisation and development of the ySKILLS digital skills measure.* Zenodo. http://doi.org/10.5281/zenodo.4608010.

Hepp, A. (2020). *Deep mediatization. Key ideas in Media & Cultural Studies.* Routledge.

International Telecommunication Union (ITU) (2018). *Measuring the Information Society report, Volume 1.* Geneva, Switzerland: ITU Publications. Available at: www.itu.int/en/ITUD/Statistics/Documents/publications/misr2018/MISR-2018-Vol-1-E.pdf.

Livingstone, S., Haddon, L., Görzig, A., & Ólafsson, K. (2011). *Risks and safety on the internet: the perspective of European children: full findings and policy implications from the EU Kids Online survey of 9-16 year olds and their parents in 25 countries.* EU Kids Online Network, London, UK. (http://eprints.lse.ac.uk/33731/).

Livingstone, S., Mascheroni, G., & Staksrud, E. (2015). *Developing a framework for researching children's online risks and opportunities in Europe.* EU Kids Online, London, UK. http://eprints.lse.ac.uk/64470/.

Paus-Hasebrink, I. (2011). Dieter Baacke: Der homo communicator als homo politicus. *Medien & Kommunikationswissenschaft, 59*(1), 75–96.

Paus-Hasebrink, I. (2017). Die Langzeit-Panelstudie: Diskussion und Fazit. In dies. (Hrsg.), *Langzeitstudie zur Rolle von Medien in der Sozialisation sozial benachteiligter Heranwachsender. Lebensphase Jugend* (pp. 271–286). Baden-Baden: Nomos.

Paus-Hasebrink, I. (2019). The Role of Media within Young People's Socialization: A Theoretical Approach. *Communications. The European Journal of Communication Research, 44*(4), 407-426. https://doi.org/10.1515/commun-2018-2016.

Paus-Hasebrink, I.,Kulterer, J., & Sinner, P. (2019). *Social Inequality, Childhood and the Media. A Longitudinal Study of the Mediatization of Socialisation.* London: Palgrave Macmillan. https://doi.org/10.1007/978-3-030-02653-0.

Pfaff-Rüdiger, S., & Riesmeyer, C. (2016). Moved into action. Media literacy as social process. *Journal of Children and Media, 10*(2), 164-172, DOI: 10. 1080/17482798.2015.1127838.

Potter, W. J. (2010). The State of Media Literacy. *Journal of Broadcasting & Electronic Media, 54*(4), 675-696, DOI: 10.1080/08838151.2011.521462.

Smahel, D., Machackova, H., Mascheroni, G., Dedkova, L., Staksrud, E., Ólafsson, K., Livingstone, S., & Hasebrink, U. (2020). EU Kids Online 2020: Survey results from 19 countries. EU Kids Online. https://doi.org/10.21953/lse.47fdeqj01ofo.

Van Deursen, A.J.A.M., Helsper, E.J., & Eynon, R. (2016). Development and validation of the Internet Skills Scale (ISS). *Information, Communication and Society, 19*(6), 804–23.

Medienkompetenzmessung und die Beurteilung von Medienhandeln

Christine Trültzsch-Wijnen

Abstract

Innerhalb der letzten Jahre fällt sowohl im deutschsprachigen Raum als auch international ein neuerliches Interesse am Thema Medienkompetenz bzw. an sogenannten digitalen Kompetenzen auf. Neben der kommunikationswissenschaftlichen Forschung setzt man sich ebenso in anderen Disziplinen wie etwa in der Informatik oder in der Bildungswissenschaft mit Medienkompetenz auseinander. Im Mittelpunkt steht dabei häufig die Messung unterschiedlicher Kompetenzbereiche, welche im folgenden Beitrag anhand verschiedener Beispiele vorgestellt wird.

Neben unterschiedlicher Bestrebungen der Kompetenzmessung wird das Thema Medienkompetenz aber auch in der Mediengebrauchs- und Mediensozialisationsforschung anhand verschiedener Medienumgangsweisen diskutiert. Hier liegt der Fokus allerdings stärker auf einer handlungstheoretischen Perspektive. Aus diesem Blickwinkel wird auch im vorliegenden Beitrag argumentiert und es wird gefragt, was tatsächlich im Hinblick auf Medienkompetenz gemessen wird. Darüber hinaus wird am Beispiel der Bildungssoziologie Bourdieus aufgezeigt, welchen Beitrag eine handlungstheoretische Perspektive zur Beurteilung von Medienhandeln leisten kann.

1. Einführung

Innerhalb der kommunikationswissenschaftlichen Forschung fällt in den letzten Jahren ein neuerliches Interesse am Thema Medienkompetenz auf. Im Fokus steht entweder die Messung einzelner Teilbereiche (z. B. Sowka et al., 2015), oder eine empirische Beschreibung des Konstrukts Medienkompetenz (z. B. Riesmeyer et al., 2016). Aber auch in der Mediengebrauchs- (z. B. Smahel et al., 2020) und Mediensozialisationsforschung (z. B. Hoffmann et al., 2017) wird Medienkompetenz ausgehend von unterschiedlichen Medienumgangsweisen thematisiert.

Es finden sich also zwei unterschiedliche Blickwinkel auf das Thema Medienkompetenz: zum einen die Messung von Fertigkeiten, zum anderen die Analyse und Beschreibung von Medienumgangsformen. Beide Perspektiven verbindet die Frage, wie das Medienhandeln von Individuen beurteilt werden kann. Im Folgenden wird diskutiert, was tatsächlich im Hinblick auf Medienkompetenz gemessen wird und welchen Beitrag eine handlungstheoretische Perspektive basierend auf der Bildungssoziologie Bourdieus zur Beurteilung von Medienhandeln leisten kann.

2. Vorschläge zur Messung von Medienkompetenz

Als theoretischer Bezugsrahmen für die Messung von Medienkompetenz dient zumeist Baackes (1999) Modell, das zuerst von Treumann et al. (2002; 2007) operationalisiert wurde. In diesen empirischen Studien wird Medienkompetenz als ein Zusammenspiel der Dimensionen Medienkritik, Medienkunde, Mediennutzung und Mediengestaltung begriffen. Medienkritik (Treumann et al., 2002, S. 50–51) wird über Fragen zur Einschätzung von Chancen und Risiken sogenannter „neuer Medien" und des medialen Wandels sowie über die Abfrage der Nutzung von und persönlicher Einstellungen zu „neuen Technologien" operationalisiert. Medienkunde (ebd., S. 51–52) wird durch ein Abfragen allgemeinen Wissens über Medien und das Mediensystem sowie zu Lösungsstrategien im Hinblick auf Probleme im Umgang mit „neuen Technologien" adressiert. Die Dimension der Mediennutzung (ebd., S. 52–53) wird über Fragen zur Nutzung digitaler und analoger Medien ermittelt, wobei hier implizit verschiedene Medienumgangsformen hinsichtlich eines kompetenten Medienhandelns unterschiedlich bewertet werden. Die Kriterien für diese Bewertung bleiben allerdings weitgehend ungeklärt (Trültzsch-Wijnen, 2020 a, S. 174–175). Im Hinblick auf die Mediengestaltung wird zwischen einem innovativen und einem kreativen Medienumgang unterschieden, aber sowohl die Definition von Innovation als auch von Kreativität bleiben vage. Auch wenn dieser Versuch einer Operationalisierung von Medienkompetenz vor dem Hintergrund damals aktueller Medienentwicklungen zu betrachten ist, stellt sich dennoch die Frage, inwiefern damit, trotz des erheblichen Umfangs, tatsächlich Rückschlüsse auf die Medienkompetenz eines Individuums möglich sind, oder nicht eher die Affinität zu digitalen Medien sowie die Beurteilung des medialen Wandels erhoben werden.

Sowka et al. (2015) schließen in ihrem Instrument zur Messung von Medienkritikfähigkeit an Treumann et al. (2007) an und definieren diese als Fähigkeit, Medien und Medieninhalte kritisch, eigen- und sozialverantwortlich zu interpretieren und zu bewerten (Sowka et al., 2015, S. 64). Der Schwerpunkt liegt auf der Bewertung von Medienangeboten hinsichtlich ihrer Aussage, ihrer Qualität, anzunehmender Produktionsumstände und gesellschaftlicher Implikationen. Geprüft wird die Fähigkeit zur Beurteilung von Informationen nach journalistischen Qualitätskriterien. Darüber hinaus werden das Erkennen der Inszenierung von Unterhaltungsangeboten, die Identifikation von Werbung und das Wissen über potentielle Risiken der Onlinekommunikation ermittelt (ebd., 2015, S. 65–68). Das Informationsmanagement macht allerdings nur einen kleinen Teil der Mediennutzung aus; daher ist der starke Fokus auf die Bewertung von Informationen zu hinterfragen. Darüber hinaus wird die Reflexion des eigenen Medienhandelns, welche ebenso als Teil von Medienkritik zu verstehen ist (Baacke, 1999), vernachlässigt, und es stellt sich insgesamt die Frage, inwieweit mit einem Abfragen der Handhabe normativer Regeln der Bewertung von Medieninhalten tatsächlich ein Ausschnitt von Medienkompetenz gemessen werden kann, oder ob dies nicht eher ein Indikator für die Verinnerlichung normativer Regeln und dessen zielsichere Anwendung in Testsituationen ist (Trültzsch-Wijnen, 2020 a, S. 176–177).

Neben kommunikationswissenschaftlichen Auseinandersetzungen wird das Thema Medienkompetenz auch in anderen Disziplinen wie etwa der Informatik oder der Berufsbildung aufgegriffen, und es werden Modelle zur Messung vorgeschlagen (z. B. Petry et al., 2019), die häufig auf das Abfragen von Faktenwissen oder auf Selbsteinschätzungen fokussiert sind. Auf Selbsteinschätzung und einfachen Wissensfragen basieren häufig auch Selbsttests für Heranwachsende im Rahmen von Sensibilisierungskampagnen (Hermida et al., 2017).

Auch in großen repräsentativen Erhebungen zur Mediennutzung Heranwachsender finden sich häufig Abschnitte, welche zumindest teilweise das Thema Medienkompetenz adressieren (z. B. JIM- und KIM-Studien, ARD/ZDF-Onlinestudien). So sind beispielsweise im Erhebungsinstrument von EU Kids Online (Smahel et al., 2020) und Global Kids Online[1] Fragen zur Einschätzung des Internets sowie zur Selbsteinschätzung im Umgang damit enthalten; der Fokus liegt hier auf dem Umgang mit Chancen und Risiken.

Ein Instrument zur Messung unterschiedlicher Kompetenzniveaus auf internationaler Ebene wurde vom JRC der Europäischen Kommission entwickelt. Der Fokus des Digital Competence Framework for Citizens (Carratero et al., 2017) liegt auf der Messung digitaler Kompetenzen mit Blick

---

1 http://globalkidsonline.net/tools/

auf soziale und berufliche Anforderungen der Digitalisierung und die Förderung wirtschaftlicher Wettbewerbsfähigkeit, operationalisiert als Wissen, Fähigkeiten und Einstellungen in Bezug auf digitale Medien. Der Kompetenzraster besteht aus spezifischen Kompetenzbereichen (Umgang mit Informationen und Daten, Kommunikation und Kollaboration, Erstellung digitaler Inhalte, Sicherheit und Problemlösen), für die unterschiedliche Niveaus definiert und die in Bezug auf Wissen, Fähigkeiten und Einstellungen operationalisiert werden. Der Fokus liegt auf Selbsteinschätzungen hinsichtlich unterschiedlicher Aufgaben wie etwa die Suche von und das Bewerben auf Stellenausschreibungen (Carratero et al., 2017, S. 10–21). Trotz seiner Komplexität deckt dieser Kompetenzraster Medienkompetenz nicht zur Gänze ab, da er nur auf den Umgang mit digitalen Medien bezogen ist. Zugleich stellt sich die Frage, inwiefern der starke Fokus auf Selbsteinschätzungen ein sozial erwünschtes Antwortverhalten provoziert und ob die angeführten Beispiele dem Medienhandeln aller gesellschaftlicher Gruppen gleichermaßen gerecht werden (Trültzsch-Wijnen, 2020 b).

Unter dem Begriff *media literacy* wurden, vorangetrieben von der Europäischen Kommission, der UNESCO und verschiedenen nationalen Bestrebungen (z. B. Ofcom), ähnliche Ansätze entwickelt (z. B. van Deursen et al., 2014; Pereira & Moura, 2019). Diese sind oft eng verbunden mit politischen Strategien wie etwa wirtschaftlicher Wettbewerbsfähigkeit, Arbeitsmarktpolitik oder Bildungsstandards, mit dem Ziel, die Wirksamkeit nationaler Maßnahmen zu messen bzw. entsprechende Defizite und Ansatzpunkte für politische Interventionen zu identifizieren. Ein Beispiel dafür ist das im Auftrag der UNESCO (2013) entwickelte Global Media and Information Literacy Assessment Framework. Im Mittelpunkt stehen hier der Zugang zu Informationen, das Verständnis und die Fähigkeit zu einem kritischen Umgang mit Informationen sowie die Kommunikation über Medien mit besonderem Fokus auf die Partizipation in demokratischen Prozessen. Ähnlich dem Ansatz der UNESCO wurde im Auftrag der Europäischen Kommission ein Instrument für den Vergleich der Medienkompetenzniveaus der EU-Mitgliedstaaten bzw. deren politischer Strategien zur Förderung von Medienkompetenz entwickelt (Pérez Tornero, 2013). Medienkompetenz wird hier operationalisiert als Fähigkeit, sich Zugang zu Informationen zu verschaffen, Informationen kritisch zu beurteilen und über Medien zu kommunizieren. Ergänzt wird dies durch Indikatoren für die Fähigkeit zu kritischem Denken, zur Lösung von Problemen und zum Bewusstsein hinsichtlich staatsbürgerlicher Verantwortung. In der Evaluation dieses Modells (Shapiro & Celot, 2011; Bulger, 2012) wird die Gewichtung dieser Indikatoren kritisiert und hinterfragt, inwiefern damit tatsächlich Schlüsse auf Medienkompetenzniveaus der Bevölkerung möglich sind (Trültzsch-Wijnen, 2020 a, S. 237–239).

O'Neill und Hagen (2009) warnen darüber hinaus wie Bulger (2012, S. 84–85) davor, sich bei der Entwicklung von Messinstrumenten aus politischem Druck oder anderen Gründen auf einfach messbare Variablen zu beschränken und sich basierend darauf zu vorschnellen Schlüssen über Medienkompetenzniveaus hinreißen zu lassen. Zusammenfassend stellt sich damit insgesamt die Frage, inwiefern unterschiedliche Bestrebungen zur Messung von Medienkompetenz dem tatsächlichen Medienhandeln verschiedener Bevölkerungsgruppen gerecht werden.

3. *Medienkompetenz aus Perspektive der Mediensozialisation*

Die Mediensozialisationsforschung richtet den Blick auf das Medienhandeln. Medienkompetenz wird hier weniger als ein auf Medien bezogener Kompetenzbegriff im Sinne der Anwendung von Medien und Mitteln (*skills*) oder als Fertigkeit, um den Anforderungen des wirtschaftlichen Wettbewerbs gerecht zu werden, verstanden, sondern wird auf die Lebenswelt und im Sinne Baackes (1999) auf die Emanzipation des Menschen bezogen (Swertz et al., 2016, S. 17). Medienkompetenz wird hier selten explizit untersucht, aber häufig im Kontext eines kritischen und selbstbestimmten Medienumgangs thematisiert. Wenn der Blick stärker als bei der Kompetenzmessung auf das Individuum gerichtet ist, ergeben sich häufig Indizien dafür, dass formal niedriger Gebildete aus sozialökonomisch schwächeren Milieus über ein anderes Medienrepertoire verfügen als sozial besser gestellte formal höher Gebildete. So zeigen verschiedene Studien bei formal niedriger Gebildeten und sozial Schwächeren Defizite im kritischen und selbstbestimmten Umgang mit Medien (z. B. Shala & Grajcevci, 2018; Urbančíková et al., 2017; Sonck et al., 2011). Empirisch zeigt sich also, dass soziale Unterschiede potentiell zu unterschiedlichen Medienumgangsweisen führen. Dies impliziert zugleich die Frage nach möglichen Ursachen, und in Bezug auf die genannten Vorschläge zur Messung von Medienkompetenz stellt sich die Frage, inwiefern standardisierte Instrumente verschiedenen Medienumgangsweisen gerecht werden bzw. was Medienkompetenztests tatsächlich über die Fähigkeit zu kritischem und selbstbestimmtem Medienhandeln aussagen.

Einen Beitrag zur Auseinandersetzung mit diesen Fragen kann die Feldtheorie Bourdieus leisten. Ausgehend davon wird angenommen, dass das Medienhandeln eng verbunden ist mit der Medienbiographie eines Individuums; daraus resultierende Gewohnheiten sind verinnerlicht in dessen

Habitus. Dieser bezeichnet vergangene Erfahrungen, die sich als verinnerlichte Wahrnehmungs-, Denk- und Handlungsschemata niederschlagen
(Bourdieu, 1982) und individuelles sowie kollektives Handeln strukturieren (Carnicer, 2017, S. 33). Der Habitus bildet sich in Sozialisationsprozessen aus und wird von sozialen und individuellen Einflussfaktoren (z. B.
Milieu, Geschlecht, Alter, Migration etc.) bestimmt. Basierend auf den im
Habitus verinnerlichten Erfahrungen erlangen Menschen in bestimmten
Sozialräumen über eine Grundsicherheit im Sinne von Handlungswissen
bzw. in Form eines praktischen Sinns (Bourdieu, 1980), die sie wie selbst-
verständlich sich darin bewegen lässt, während dies in Sozialräumen, die
weniger Nähe zum sozialen Umfeld ihrer frühen Sozialisation haben,
nicht im selben Maße gegeben ist. Dies zeigt sich auch in der sozialen Nähe zur (Medien-)Bildung (Trültzsch-Wijnen, 2020 a, S. 91–99).

Bourdieu und Passeron (1971) zeigen, wie sich soziale Ungleichheiten
im Schulsystem fortsetzen und in besseren Schulerfolgen und höheren
Schullaufbahnen derjenigen resultieren, die aufgrund ihrer sozialen Herkunft über ein höheres kulturelles Kapital bzw. kulturelles Erbe verfügen.
Im Hinblick auf Medien bedeutet dies, dass manche durch den in ihrer Familie gelebten Medienumgang z. B. eine bestimmte Affinität zu Büchern
und schriftlichen Medieninhalten haben, während andere den Umgang
mit audiovisuellen Medieninhalten und bildbasierten Informationen in-
korporiert haben. Auch können sich Familien durch eine eher informationsorientierte oder eine eher unterhaltungsorientierte Mediennutzung unterscheiden, die sich wiederum im Habitus von Kindern und Jugendlichen
niederschlägt. Wieder andere Heranwachsende wachsen in einem anre-
gungsreichen digitalen Medienumfeld auf und haben nicht nur die Bedienung, sondern auch die Logik digitaler Geräte verinnerlicht (Trültzsch-Wijnen, 2020 c).

All dies sind Beispiele für unterschiedliche Formen an medienbezoge-
nem kulturellem Kapital. Im Hinblick auf die Schule als soziales Feld
(Bourdieu & Passeron, 1971) und eine auf die schulische Bildung und die
damit verbundene Vorbereitung auf Anforderungen zukünftiger Arbeits-
märkte oder politische Partizipation fokussierte Messung von Kompetenzen ist allerdings entscheidend, welchen Wert diese unterschiedlichen Arten kulturellen Kapitals bzw. verinnerlichte Medienumgangsformen haben. Im Sinne Bourdieus geht es hier um medienbezogene Spielregeln, die
darauf abzielen, welche Art und Weise mit Medien umzugehen ein hohes
und welche ein geringeres Ansehen hat (z. B. textbasierte vs. bildbasierte
Recherche, unterhaltungsorientierte vs. informationsorientierte Mediennutzung etc.). Kinder und Jugendliche, deren verinnerlichte Medienumgangsformen eher dem entsprechen, was in der Schule angesehen oder ver-

langt bzw. in Testsituationen abgefragt wird, sind dadurch gegenüber Heranwachsenden, die andere Medienumgangsformen habitualisiert haben, im Vorteil (Trültzsch-Wijnen, 2020 a, S. 453–461).

Die soziale Distinktion ist ein weiterer Bestandteil von Bourdieus Theorie, der für ein Verstehen des Medienhandelns von Bedeutung ist. Bourdieu (1982) beschreibt, wie über den Habitus verinnerlichte Prinzipien der Klassifikation, Unterscheidung, Bewertung und letztendlich des Denkens und Handelns in der Praxis der alltäglichen Lebensführung zutage treten. Daraus folgt, dass kulturelle Bedürfnisse, Praktiken und der Geschmack – auch im Umgang mit Medien – immer vor dem Hintergrund der sozialen Herkunft sowie der formalen, non-formalen und informellen Bildung eines Individuums zu betrachten sind. Ähnliche materielle Existenzbedingungen und Kontexte der sozialen Umwelt resultieren in ähnlichen Formen der alltäglichen Lebensführung, und soziale Unterschiede werden durch das Streben nach Distinktion zwischen sozialen Milieus symbolisch markiert, beispielsweise durch ein öffentlich gezeigtes Wertschätzen bestimmter Medien und Medienumgangsformen (Nutzung bestimmter Markengeräte, Zeitunglesen in der Öffentlichkeit etc.).

Aus dieser Perspektive ist es kein Zufall, welche Medien und Medieninhalte bevorzugt, wie bestimmte Medien und Medieninhalte bewertet (z. B. Unterscheidung in „seriöse" und Boulevardmedien), mit welchen Motiven und zu welchen Zwecken Medien genutzt, in welchen Kontexten Medien verwendet oder nicht verwendet werden (z. B. während des gemeinsamen Essens in der Familie), welche Mediengeräte bevorzugt (z. B. eBook-Reader oder Bücher), oder ob und wenn ja, welche Medien als Statussymbol betrachtet werden (Trültzsch-Wijnen, 2020 c).

Die Bedeutung dieser Erkenntnis für die Diskussion von Medienkompetenz zeigt sich im theoretischen Ursprung des (Medien-)Kompetenzkonzepts nach Baacke. In seiner Auseinandersetzung mit kommunikativer Kompetenz schließt dieser an Chomskys (1965) linguistische Unterscheidung zwischen Kompetenz als Sprachkenntnis und Performanz als tatsächlich gesprochene Sprache an. Baacke (1980, S. 11) begreift kommunikative Kompetenz als implizite Regelstruktur menschlichen Verhaltens, die sich in kommunikativer Performanz zeigt. Diese Performanz sieht er allerdings nicht ausschließlich abhängig von der jeweiligen Kompetenz eines Individuums, sondern von zusätzlichen individuellen, sozialen und kulturellen Faktoren beeinflusst (ebd., S. 102) und verweist damit direkt auf Bourdieu.

Aus dieser Perspektive ist Medienhandeln vor dem Hintergrund der Beziehungen zwischen der Kompetenz zu Handeln und der Performanz, dem tatsächlichen Handeln eines Individuums, zu betrachten. Dies ermöglicht es zu verstehen, warum verschiedene Menschen unterschiedlich handeln, auch wenn sie über ähnliche medienbezogene Kompetenzen verfügen (Trültzsch-Wijnen, 2020 c).

Abbildung 1: *Verhältnis von Medienkompetenz und Medienperformanz*
(Trültzsch-Wijnen, 2020 a, S. 292)

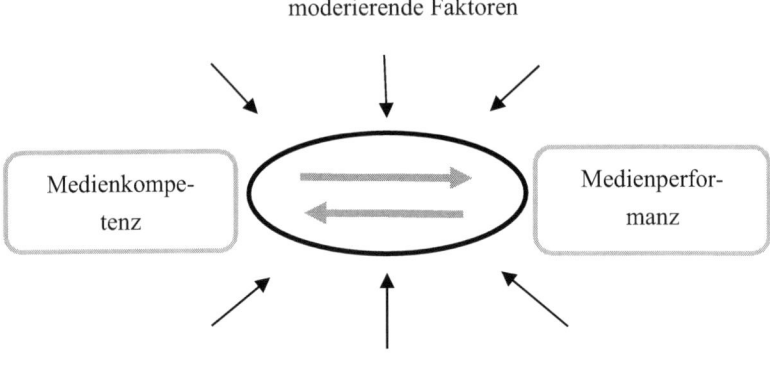

Medienkompetenz und Medienperformanz stehen in enger Beziehung zueinander (Abbildung 1). Medienkompetenz umfasst als inkorporierte Medienbildung Wissen über Medien und das Mediensystem, technische Fertigkeiten im Umgang mit Medien, die kognitive Beherrschung von Regeln des Verhaltens in Bezug auf Medien, verinnerlichte Werte und Einstellungen im Hinblick auf Medien und Medieninhalte sowie Fähigkeiten der kritischen Reflexion von Medien, Medieninhalten und des eigenen Medienhandelns. Sie ist Grundlage für das Medienhandeln als Medienperformanz. Die Medienperformanz wirkt aber auch auf die Medienkompetenz zurück, indem sie zur Aneignung von Medien und zum Aufbau von Medienkompetenz im Rahmen von Sozialisationsprozessen beiträgt. Der Transfer von Medienkompetenz zu Medienperformanz erfolgt jedoch nicht direkt, sondern wird von verschiedenen individuellen Faktoren und Umweltfaktoren moderiert (Trültzsch-Wijnen, 2020 a, c). In der Psychologie wird der Motivation hinsichtlich des Transfers von Kompetenz zu Performanz eine große Bedeutung beigemessen (z. B. Deci & Ryan, 2000), aber auch die Aufmerksamkeit während der Absolvierung einer Aufgabe, das Interesse an und die Vertrautheit mit einer Aufgabe, die individuelle Gedächtnisleistung sowie situationsspezifische Gegebenheiten während der Absolvierung einer Aufgabe werden in Testsituationen als Erklärung für unterschiedliche kognitive Leistungen herangezogen (Müller, 2008; Weinert, 2001; Hofer, 2004).

Es ist daher anzunehmen, dass es unter anderem von der Motivation abhängt, inwiefern sich etwa Heranwachsende ihres Wissens und ihrer technischen Fertigkeiten bedienen, um eine Altersbegrenzung oder einen Internetfilter zu umgehen. Auch ob und in welcher Weise auf die kognitive Beherrschung von Regeln des Verhaltens in Bezug auf Medien sowie Fähigkeiten zur kritischen Reflexion von Medien in einer konkreten Situation der Mediennutzung zurückgegriffen wird, hängt unter anderem von der Motivation ab (z. B. Quellenvergleich, Setzen von Privatsphäreeinstellungen, Beachtung von Persönlichkeits- und Urheberrechten). Ebenso kann es von der Motivation abhängen, ob und auf welche Art und Weise gemachte Medienerfahrungen zum Aufbau von Medienkompetenz beitragen (z. B. Aneignung bestimmter Techniken, eines bestimmten Wissens etc.) (Trültzsch-Wijnen, 2020 c).

Das Interesse an sowie die Vertrautheit mit einer spezifischen Aufgabe kann im Rahmen von Mess- und Testsituationen besonders relevant sein. Basierend auf habitualisierten Medienumgangsformen kann einer Person eine bestimme Art Medien zu nutzen bzw. mit Medieninhalten umzugehen näher liegen als einer anderen, die aufgrund ihrer Medienbiographie andere Medienumgangsformen sowie damit verbundene Einstellungen, Normen und Werte verinnerlicht hat. Beide können theoretisch über dieselbe Kompetenz als Wissen, technische Fertigkeiten, die kognitive Beherrschung von Verhaltensregeln sowie die Fähigkeit zur kritischen Reflexion verfügen und dennoch Unterschiede in ihrer Medienperformanz aufweisen, weil sie unterschiedlich gut mit bestimmten Medieninhalten oder Formen des Medienumgangs (z. B. journalistische Medieninhalte, textbasierte Recherche) vertraut sind, oder ein unterschiedliches Interesse daran haben, sich in Testsituationen über einen legitimen Medienumgang zu profilieren (Trültzsch-Wijnen, 2020 a, b).

Dies unterstreicht die Bedeutung des praktischen Sinns (Bourdieu 1980) als Alltagsrelevanz des Medienhandelns und Einflussfaktor für den Transfer zwischen Medienkompetenz und Medienperformanz. Das betrifft ebenso den umgekehrten Transfer von Medienerfahrungen zum Aufbau von Medienkompetenz, denn bestimmte Techniken oder ein bestimmtes Wissen müssen im Kontext der alltäglichen Lebensführung subjektiv und praktisch Sinn ergeben, damit sie tatsächlich angeeignet und verinnerlicht werden. In engem Zusammenhang mit dem praktischen Sinn stehen neben dem unmittelbaren sozialen Umfeld auch unterschiedliche Lebensphasen, mit denen konkrete Entwicklungsaufgaben verbunden sind, das soziale Geschlecht und damit verbundene spezifische Interessen und Motivationen im Hinblick auf Medien, die persönliche Einordnung innerhalb einer Peergroup, aber auch Einflüsse des weiteren sozialökologischen Umfelds, wie etwa die Kultur, in welcher sich ein Individuum verortet. So kann die Medienperformanz zweier Individuen bspw. aufgrund interkultureller Unterschiede (innerhalb verschiedener Kulturen, Subkulturen oder Milieus), die sich auf den praktischen Sinn, die alltägliche Lebensführung und damit verbundene Motivationen, Gewohnheiten und Interessen auswirken, zwar differieren, dennoch können diese gleichermaßen selbstbestimmt und reflektiert (im Sinne von medienkompetent) handeln (Trültzsch-Wijnen, 2020 c).

4. Fazit: Konsequenzen für die Beurteilung von „kompetentem" Medienhandeln

Für die Beurteilung des Medienhandelns lassen sich folgende Schlüsse ziehen: Medienkompetenz ist nicht direkt, sondern nur über die Medienperformanz zugänglich. Fähigkeiten der kritischen Reflexion von Medien, Medieninhalten und des eigenen Medienhandelns können nur zu einem Teil über Wissensfragen abgedeckt werden. Darüber hinaus kann in Testsituationen zwar Wissen über Medien und das Mediensystem sowie die kognitive Beherrschung von Regeln des Verhaltens abgefragt werden, nicht jedoch ob bzw. in welchen Kontexten im konkreten Medienhandeln darauf zurückgegriffen wird. Umgekehrt kann von einer bestimmten Form des Medienhandelns nicht auf zugrundeliegendes Wissen geschlossen werden. Beispielsweise können Privatsphäreeinstellungen auf Social Network Sites wider besseren Wissens bewusst nicht gesetzt werden, weil man es persönlich nicht für notwendig erachtet, da man vielleicht nur mit wenigen oder ganz bewusst ausgewählten Personen vernetzt ist. Ebenso kann man in der Verwendung von Bildern oder anderen Inhalten aus dem Internet bewusst das Urheberrecht verletzen, weil man das Risiko, dafür belangt zu werden, gering einschätzt.

In praktischen Anwendungsaufgaben können technische Fertigkeiten überprüft werden, die einen kleinen Teil des Medienkompetenzspektrums abdecken. Aber auch technisches Medienhandeln ist durch individuelle Faktoren moderiert (z. B. Motivation zur Entwicklung innovativer Problemlösestrategien).

Mit spezifischen Fähigkeiten, Fertigkeiten und dem Wissen über Medien ist außerdem kulturelles Kapital in Form verinnerlichter gesellschaftlicher Normen und Werte verbunden, das sich unter anderem in Fragen der

Selbsteinschätzung, aber auch darüber hinaus, zeigt. Das heißt, es geht dabei auch um das Wissen, welche Verhaltensregeln im Umgang mit Medien sozial erwünscht und wie Medien und das Mediensystem entsprechend zu beurteilen sind. Personen, die über dieses kulturelle Kapital verfügen, wissen, wie sie in Interviews oder Testsituationen zu antworten und zu handeln haben, um sich als medienkompetent zu präsentieren. Anderen, die nicht über dieses kulturelle Kapital verfügen, wird dies wesentlich schwerer fallen, was zur Folge haben könnte, dass sie bei Studien, die auf die Messung von Medienkompetenz abzielen, schlechter abschneiden (kulturelle Passung).

Eine vergleichende Betrachtung des Medienhandelns mit Blick auf die Relation von Medienkompetenz und Medienperformanz ist schwierig. Sie verlangt eine multiperspektivische Betrachtung des Gegenstandes, die sich aber durch Mixed-Method-Designs und triangulative Verfahren realisieren lässt. Ein Beispiel dafür wäre die Kombination quantitativer Erhebungen und Ansätze der Kompetenzmessung mit qualitativen Verfahren wie etwa lautes Denken oder teilnehmende Beobachtung während der Mediennutzung bzw. bei der Bearbeitung spezifischer Aufgaben (Trültzsch-Wijnen, 2020 a). Zukünftige Ansätze einer „Messung von Medienkompetenz" könnten von einer holistischeren Herangehensweise profitieren.

Literatur

Baacke, D. (1980). *Kommunikation und Kompetenz. Grundlegung einer Didaktik der Kommunikation und ihrer Medien.* München: Juventa.

Baacke, D. (1999). Medienkompetenz als zentrales Operationsfeld von Projekten. In D. Baacke, S. Kornblum, J. Lauffer, L. Mikos & G.A. Thiele (Hrsg.), *Handbuch Medien: Medienkompetenz. Modelle und Projekte* (S. 31–35). Bonn: Bundeszentrale für politische Bildung.

Bourdieu P. & Passeron J. (Hrsg.) (1971), *Die Illusion der Chancengleichheit: Untersuchungen zur Soziologie des Bildungswesen am Beispiel Frankreichs* (S. 19–91). Stuttgart: Klett.

Bourdieu, P. (1980). *Le sens pratique.* Paris: Éditions de Minuit.

Bourdieu, P. (1982). *Die feinen Unterschiede: Kritik der gesellschaftlichen Urteilskraft.* Frankfurt: Suhrkamp.

Bulger, M.E. (2012). „Measuring Media Literacy in a National Context: Challenges of Definition, Method and Implementation", Media Studies 3 (6). S. 83–103.

Carnicer, J.A. (2017). *Bildungsaufstiege mit Migrationshintergrund.* Wiesbaden: Springer VS.

Carretero, S. Vuorikari R. & Punie Y. (2017). *DigComp 2.1. The Digital Competence Framework for Citizens.* Luxembourg: Publications Office of the European Union

Chomsky, N. (1965). *Aspects of the Theory of Syntax*. Cambridge: MIT Press.

Deci, E.L. & Ryan, R.M. (2000). „The ‚what' and ‚why' of goal pursuit: human needs and the self-determination of behavior". *Psychological Inquiry, 11 (4)*, 195–218.

Hermida, M., Hielscher, M. & Petko, D. (2017). Medienkompetenz messen: Die Entwicklung des Medienprofis-Tests in der Schweiz. *MedienPädagogik*, S. 38–60. https://doi.org/10.21240/mpaed/00/2017.06.02.X.

Hofer, S. (2004). *Internationale Kompetenzzertifizierung. Vergleichende Analysen und Rückschlüsse für ein deutsches System*. Münster: Waxmann.

Hoffmann, D., Krotz F. & Reißmann W. (2017). *Mediatisierung und Mediensozialisation: Prozesse – Räume – Praktiken*. Wiesbaden: Springer VS.

Müller, K. (2008). *Schlüsselkompetenzen und beruflicher Verbleib*. Bielefeld: Bertelsmann.

O'Neill, B. & Hagen, I. (2009). „Media Literacy" in S. Livingstone & L. Haddon (Hrsg.). *Kids Online: Opportunities and Risks for Children*. Bristol: The Policy Press. S. 229–239.

Pereira, S. & Moura, P. (2018). „*Assessing media literacy competences: A study with Portuguese people*". European Journal of Communication 34 (1). S. 20–37.

Pérez Tornero, J.M. (2013). *ABC... Media Literacy White Paper*. European Media Literacy. Selected Texts from Studies. Abgerufen von >https://ddd.uab.cat/pub/e studis/2013/131550/abcmed_2013.pdf< [02.06.2021].

Petry, K., Greff, T. & Werth, D. (2019). Entwicklung eines theoretischen Rahmenwerks zur Erfassung von Medienkompetenz innerhalb von E-Learning-Systemen in der beruflichen Bildung. Konzeption, Evaluation und Ausblick in der Domäne des Stuckateur-Handwerks. In K. David, K. Geihs, M. Lange, M. & G. Stumme, G. (Hrsg.), *Informatik 2019: 50 Jahre Gesellschaft für Informatik – Informatik für Gesellschaft*. Bonn: Gesellschaft für Informatik, S. 657–670.

Riesmeyer, C., Pfaff-Rüdiger, S. & Kümpel, A. (2016). '*Wenn Wissen zu Handeln wird: Medienkompetenz aus motivationaler Perspektive*'. M&K 64 (1). S. 36–55.

Shala, A. & Grajcevci, A. (2018). Digital competencies among student populations in Kosovo: the impact of inclusion, socioeconomic status, ethnicity and type of residence, *Education and Information Technologies, 23 (3)*, 1203–1218.

Shapiro, H. & Celot, P. (2011). *Testing and Refining Criteria to Assess Media Literacy Levels in Europe*. Final Report. Abgerufen von >https://op.europa.eu/en/publicati on-detail/-/publication/4cbb53b5-689c-4996-b36b-e920df63cd40< [02.06.2021].

Smahel, D., Machackova, H., Mascheroni, G., Dedkova, L., Staksrud, E., Ólafsson, K., Livingstone, S. & Hasebrink, U. (2020). *EU Kids Online 2020: Survey results from 19 countries*. https://doi.org/10.21953/lse.47fdeqj01ofo

Sonck, N., Livingstone, S., Kuiper, E. & de Haan, J. (2011). *Digital Literacy and Safety Skills*. Abgerufen von: http://www.lse.ac.uk/media@lse/research/EUKidsO nline/EU%20Kids%20II%20(2009-11)/EUKidsOnlineIIReports/DigitalSkillsShor tReport.pdf

Sowka, A., Klimmt, C., Hefner, D., Mergel, F. & Possler, D. (2015). Die Messung von Medienkompetenz. Ein Testverfahren für die Dimension „Medienkritikfähigkeit" und die Zielgruppe „Jugendliche", *M&K, 63 (1)*, 62–82.

Swertz, C., Mildner, K., Berger, C. & Scheidl, G. (2016). Medienkompetenz. Anmerkungen anlässlich einer Untersuchung der Medienkompetenz von und durch SchülerInnen an Neuen Mittelschulen in Wien. *Medienimpulse 54* (2). https://journals.univie.ac.at/index.php/mp/article/view/mi953

Treumann, K., Baacke, D., Haacke, K., Hugger, K. & Vollbrecht, R. (2002). *Medienkompetenz im digitalen Zeitalter. Wie die neuen Medien das Leben und Lernen Erwachsener verändern.* Wiesbaden: Springer VS.

Treumann, K., Meister, D., Sander, U., Burkatzki, E., Hagedorn, J., Kämmerer, M., Strotmann, M. & Wegener, C. (2007). *Medienhandeln Jugendlicher.* Wiesbaden: VS Verlag für Sozialwissenschaften.

Trültzsch-Wijnen, C. (2020 a). *Medienhandeln zwischen Kompetenz, Performanz und Literacy.* Wiesbaden: Springer VS.

Trültzsch-Wijnen, C. (2020 b). *Media Literacy and the Effect of Socialization.* Chams: Springer.

Trültzsch-Wijnen, C. (2020 c). Medienhandeln, Habitus und digitale Kompetenzen. In C.W. Trültzsch-Wijnen & G. Brandhofer (Hrsg.), *Bildung und Digitalisierung.* Baden-Baden: Nomos. S. 73–93.

UNESCO (2013). *Global Media and Information Literacy Assessment Framework. Country Readiness and Competencies.* http://uis.unesco.org/sites/default/files/d ocuments/global-media-and-information-literacy-assessment-framework-country -readiness-and-competencies-2013-en.pdf

Urbančíková, N., Manakova, N. & Bielcheva, G. (2017), Socio-Economic and Regional Factors of Digital Literacy Related to Prosperity, *Quality Innovation Prosperity/ Kvalita Inovácia Prosperita, 21 (2)*, 124–141.

Van Deursen, A., Helsper, E. & Eynon, R. (2014). *Measuring Digital Skills. From Digital Skills to Tangible Outcomes project report.* www.oii.ox.ac.uk/research/projec ts/?id=112

Weinert, F. (2001). Concept of Competence: A Conceptual Clarification. In D. Rychen & L. Salganik (Hrsg.), *Defining and Selecting Key Competencies.* Göttingen: Hogrefe & Huber, S. 45–65.

Nachrichtenverständnis als elementare Nachrichtenkompetenz

Pascal Schneiders

Abstract

Mit dem fundamentalen Wandel des Nachrichtenökosystems und damit einhergehenden, multiplen Entdifferenzierungsprozessen stellt sich die Frage, wie differenziert das Laienverständnis von Nachrichten ist. Das Begriffsverständnis stellt die Voraussetzung dar, Nachrichten von anderen Darstellungsformen wie Werbung, Desinformation, PR und Unterhaltung diskriminieren und sie bewerten zu können. Es bildet somit einen elementaren Bestandteil von News Literacy.

Um zu untersuchen, was Nachrichten aus Nutzersicht in Abgrenzung zu anderen Formen der (öffentlichen) Kommunikation (idealerweise) ausmacht und inwiefern in Abhängigkeit von Alter, Bildung und Mediennutzung Unterschiede bestehen, wurden 26 durch Akteurs- und Ereigniskarten unterstützte Leitfadeninterviews mit Menschen im Alter von 17 bis 85 Jahren durchgeführt. Festzustellen ist, dass auch Jüngere relativ strenge Normen vorhalten, allen voran die journalistische Leitidee der Objektivität und der Unabhängigkeit. So sollte der Inhalt einer Nachricht neu sein, ihre Quelle jedoch nicht, wenn auch eine journalistische Urheberschaft für die meisten Befragten weder eine notwendige noch eine hinreichende Bedingung für die Einstufung eines Beitrags als Nachricht darstellt. In der Realität hingegen sehen viele Befragte ihre Ansprüche verletzt und empfinden Nachrichten als zu negativ und zu meinungsbetont.

1. Einführung

Was sind Nachrichten? Diese Frage schien, in einem weitreichenden Selektions-, Vertriebs- und Deutungsmonopol von Nachrichtenorganisationen auch für Laien jahrzehntelang recht einfach zu beantworten: Nachrichten sind das, was in der Zeitung steht oder abends in der Tagesschau läuft. Sie sind also das Produkt journalistischer Aktivität und Entscheidungsprozesse und gebunden an bestimmte Massenmedien (Schudson, 2011, S. 4; Bennett, 2003, S. 9–10; Jamieson & Campbell, 1988, S. 19). Noch 2006 behauptete Shoemaker, dass eine Definition von Nachrichten im Alltag nicht nötig sei, da jeder wisse, was gemeint ist (S. 105). Dieses postulierte homogene Laienverständnis von Nachrichten mag inzwischen ebenso fragmentiert und entgrenzt sein wie das Angebot an, der Zugang zu und die Rezeption von Nachrichten. Eine wesentliche Rolle bei den Entgrenzungsprozessen kommt dabei digitalen Plattformen zu (Schneiders & Stark, 2020; Stark & Magin, 2019). Es drängen sich daher – nicht abschließend – die Fragen auf: Erleben (junge) Menschen bereits Schlagzeilen auf Facebook oder Instagram als Nachrichten, wie erste Untersuchungen (Welbers & Opgenhaffen, 2019) nahelegen? Stellen auf Twitter veröffentlichte Meinungen von Politikerinnen und Politikern, Warnhinweise von Polizei und Feuerwehr oder Statements von Parteien und Unternehmen für Rezipientinnen und Rezipienten Nachrichten dar? Oder, allgemeiner: Wann werden Informationen aus einer Laienperspektive zu Nachrichten? Und welche botschafts- und rezipientenbezogenen Faktoren sind für solche „naive" Nachrichtendefinitionen relevant?

Diese Fragen hat die Journalismusforschung lange weitgehend ausgeblendet. Sich der Laienperspektive auf das, was Nachrichten ausmacht, zuzuwenden, bietet indes das Potenzial, für die Journalismusforschung gewinnbringender zu sein „than reifying standards that scholarship has designated to be dominant" (Tandoc Jr., 2019, S. 140; siehe auch Eldridge, 2014, 2019). So könnte das seit Jahren monierte Schwinden von Nachrichteninteresse und -nutzung unter Jüngeren (Bennett, 2008; Pew Research Center, 2012; Kohut, 2013; Poindexter, 2018) auf ein zwischen Wissenschaft, Praktikern und Laien divergentes Nachrichtenverständnis zurückzuführen sein (Grabe & Myrick, 2016, S. 216; Lee & Chyi, 2014, S. 808). Dieser Forschungslücke widmet sich die hier vorgestellte explorative Studie.

Zunächst jedoch befasst sich der Beitrag mit Nachrichtenkompetenz im Zusammenhang mit Wissen über Nachrichten, das hier nach den sechs Dimensionen Urheber, Inhalt, Stil, Kanal, Produktion und Funktion von Nachrichten differenziert wird. Daraufhin wird argumentiert, inwiefern sich diese sechs Nachrichtendimensionen in Phasen der Entdifferenzierung befinden, um darauffolgend zu rekapitulieren, inwiefern sich die Entgrenzungsprozesse in den Laienvorstellungen von Nachrichten niederschlagen. Anschließend folgen die Darstellung der Methodik der Untersuchung und die Ergebnisse der qualitativen Befragung.

2. Nachrichtenkompetenz und -dimensionen

Was Menschen unter Nachrichten verstehen, hat nicht nur Auswirkungen auf die Nachrichtenauswahl (Maksl et al., 2015), die Validität der Nachrichtennutzungsforschung (Dalrymple & Scheufele, 2007; Vraga et al., 2016) und die Legitimität journalistischer Institutionen (Domingo et al., 2015). Das Laienverständnis von Nachrichten ist auch für (das Verständnis von) Nachrichtenkompetenz von elementarer Bedeutung. Nachrichtenkompetenz wird assoziiert mit einer Reihe von Fähigkeiten, Kenntnissen und Motivationen, die zur Navigation gerade in komplexen und zunehmend entdifferenzierten Nachrichten- und Informationsumgebungen erforderlich sind (Ashley, 2019, S. 1; Fleming, 2014). Dazu zählt vor allem das Vermögen, kritisch und plattformübergreifend Informationen einzuordnen und zu bewerten. Das gilt etwa im Hinblick auf die Herkunft und Glaubwürdigkeit verschiedener Informationen, die Diskriminierung zwischen Tatsachenbehauptungen und Fakten, Meinung und Bericht sowie zwischen Journalismus und anderen, Journalismus mitunter imitierenden Arten der öffentlichen Kommunikation, wie Werbung, Öffentlichkeitsarbeit, Unterhaltung und alternative Medien (Craft et al., 2016; Holt, 2018; Holzer & Sengl, 2020; Maksl et al., 2015). Dazu müssen Rezipientinnen und Rezipienten freilich ein gewisses Wissen über Journalismus und Nachrichten vorhalten. Dieses Wissen ist in Schemata organisiert. Schemata enthalten typische Eigenschaften und standardisierte Vorstellungen von Konzepten im Sinne subjektiver Definitionen, Hypothesen und Gesetzmäßigkeiten. Sie speisen sich aus generischem semantischem Wissen als auch aus Erfahrungen und Wahrnehmungen (Fiske & Linville, 1980; Rumelhart & Ortony, 1977). Das Wissen über Nachrichten lässt sich, in Anlehnung an Lasswell (1948), Potter (2004), Reinemann et al. (2012) und Schäfer-Hock (2018, S. 81) systematisieren nach den miteinander in Wechselwirkung stehenden Dimensionen:

1. *Nachrichtenurheber*: Dazu zählen potenziell jene, die Nachrichten produzieren und verbreiten (Bennett, 2003, S. 9–10; Ekström et al., 2020, S. 261). Grundsätzlich kann es sich um journalistische oder nicht-journalistische Urheber öffentlicher Kommunikation handeln (Schweiger et al., 2019, S. 12–13; Thorson & Wells, 2016), deren Tätigkeiten wiederum im Grad der Professionalität variieren (Lauk & Harro-Loit, 2017; Meyers et al., 2012; Ryfe, 2006).

2. *Nachrichteninhalt*: Nach Altmeppen und Arnold ist grundsätzlich zu unterscheiden zwischen faktischen und fiktionalen Inhalten (2013, S. 22). Ferner lassen sich Nachrichteninhalte aufschlüsseln nach ihrem

Thema (beispielsweise Kultur, Sport, Politik oder Wirtschaft) und ihrem Fokus (beispielsweise individuelle oder gesellschaftliche Relevanz) (Reinemann et al., 2012).

3. *Nachrichtenstil* oder *-form*: Darunter fallen unter anderem die Länge, das Format, die Text- und Bildsprache sowie der Grad an Subjektivität oder Emotionalisierung (Bogdanić, 2020; Reinemann et al., 2012; Schäfer-Hock, 2018, S. 101–102).

4. *Nachrichtenkanal*: Damit sind die technischen Verbreitungswege gemeint, über die Nachrichten distribuiert werden (Schweiger et al., 2019, S. 13).

5. *Nachrichtenproduktion*: Die Nachrichtenproduktion umfasst die Themenauswahl, Recherche, Faktenprüfung, die Aufbereitung und das Erstellen des Beitrags. Diese Prozesse folgen bestimmten Logiken, die sich in Normen und Standards äußern (Ryfe, 2006, S. 205–206; Asp, 2014).

6. *Nachrichtenfunktion*: Diese zielen auf die Aufgaben, die Nachrichten erfüllen sollen. Sie sind an spezifische Leistungserwartungen gekoppelt. Nach Altmeppen und Arnold zeichnen sich Nachrichten dadurch aus, dass ihnen gerade keine Wirkungsabsichten inne sind (2013, S. 22).

Angesichts des oben angedeuteten, durch digitale Plattformen katalysierten Strukturwandels eines ohnehin schon hybriden Mediensystems (Chadwick, 2017) ist davon auszugehen, dass sich bei all diesen sechs Nachrichtendimensionen Prozesse der Entdifferenzierung[1] vollziehen:

1. So kann aufgrund der niedrigen Partizipationshürden potenziell jeder *Urheber* von Nachrichten sein (Bruns, 2005; Hartley, 2008), deren Glaubwürdigkeit mitunter nur schwerlich einzuschätzen ist (Metzger & Flanagin, 2013). In den Fokus jüngerer Forschung rücken in diesem Zusammenhang vor allem Roboterjournalisten (Carlson, 2015) und auf digitalen Plattformen tätige Meinungsführer (Haarkötter, 2019; Maares & Hanusch, 2020).

2. Digitale Plattformen erlauben eine schnelle und massenhafte Verbreitung von fiktionalisierter, im journalistischen Gewand verkleideter Fehl- und Desinformation (Giglietto et al., 2019).

---

1 Wir konzentrieren uns in der vorliegenden Untersuchung auf Entdifferenzierungen innerhalb von Beiträgen und auf Beitragsebene. Darüber hinaus werden in der Forschung Entdifferenzierungen auf Genreebene (wie Infotainment), Gattungsebene (wie Boulevardisierung) und Systemebene (Aufweichen der Grenzen zwischen Journalismus und anderen gesellschaftlichen Teilsystemen) beschrieben (Otto et al., 2017; siehe auch Loosen, 2016).

3. Digitale Plattformen richten Längen- und Layoutvorgaben an die Beiträge, die auf ihnen hochgeladenen werden. Darüber hinaus liefern die Plattformen Metriken zur Messung der Popularität von Beiträgen. In der Konsequenz sind die dort vertriebenen Beiträge beziehungsweise „news bites" (Knox, 2007; Requejo & Belmonte, 2016) recht kurz (Newman, 2017; Vázquez-Herrero et al., 2019) und austauschbar (Welbers & Opgenhaffen, 2019).

4. Werden Nachrichten nicht über proprietäre Nachrichtenkanäle (owned media) vertrieben, sondern auf digitalen Drittplattformen, sind die Nachrichteninhalte verlinkt oder eingebettet zwischen den (nicht zwingend journalistischen) Inhalten weiterer Anbieter (Bonchek, 2014; Cornia et al., 2016, S. 35–36; Schweiger et al., 2019, S. 13). In diesem Fall werden Nachrichten (da sie meist nicht exklusiv für digitale Plattformen produziert werden) aus ihrem ursprünglichen redaktionellen Kontext gelöst (Ekström & Westlund, 2019; Schweiger et al., 2019).

5. Nachrichten werden zunehmend algorithmisch selektiert, erstellt und vertrieben. So konkurrieren in sozialen Netzwerken algorithmische Logiken mit journalistischen Selektions- und Gewichtungskriterien. Während sich erstere überwiegend an Interaktionen und individueller Relevanz orientieren (DeVito, 2017; van Dijck & Poell, 2013; Steiner, 2020) werden die journalistischen Selektionsmechanismen maßgeblich von den Nachrichtenfaktoren und damit dem Nachrichtenwert eines Ereignisses bestimmt.

6. Aufgrund von Entgrenzungen auf Systemebene vermischen sich dem Nachrichtenjournalismus zugeschriebene Funktionen wie Information, Bildung, Orientierung und Integration (Lilienthal et al., 2014, S. 35–38) mit denen von Unterhaltung, Werbung und PR, also beispielsweise Zerstreuung und Persuasion (Hohlfeld, 2003, S. 234).

Diese multidimensionalen Entdifferenzierungen, die Vielzahl und Vielfalt neu-institutionalisierender pseudo- und quasijournalistischer Angebote im Netz (Neuberger, 2014, S. 234) stehen einer distinkten Identität von Nachrichten entgegen. Das sollte es Rezipienten erschweren, Nachrichten zu identifizieren (Domingo et al., 2015, S. 54; Hohlfeld, 2003, S. 235) und von (insbesondere journalistisch aufbereiteter) Werbung (Kim & Hancock, 2017) oder anderen Formen öffentlicher Kommunikation zu unterscheiden.

3. Forschungsstand

Inwiefern finden sich die geschilderten Entdifferenzierungen nun in den Laienkonzepten von Nachrichten wieder? Studien in der Journalismus- und Mediennutzungsforschung, die sich explizit und mit offenen Abfragen dem Nachrichtenbegriff aus Laiensicht nähern, sind wie angedeutet rar. Die wenigen vorhandenen qualitativen Ansätze zeigen, dass es Laien schwerfällt, Nachrichten begrifflich zu fassen (Kümpel, 2020, S. 22; Swart et al., 2017, S. 1354; Tamboer et al., 2020, S. 8). Das lässt grundlegend zwei Möglichkeiten zu: Laien halten (nahezu) kein Wissen über Nachrichten vor, oder es ist ihnen kaum möglich, ihr Wissen (spontan) zu verbalisieren (Shoemaker, 2006). Im zweiten Fall wäre das Wissen impliziter Art. Das heißt, Laien sind intuitiv, vor allem basierend auf ihren Erfahrungen (Polanyi, 2009) imstande, Nachrichten zu erkennen und von anderen Formen öffentlicher Kommunikation zu unterscheiden.

In Bezug auf die Nachrichtendimensionen weisen jüngere Nutzer ein recht breites Verständnis der *Urheber* von Nachrichten auf (Edgerly, 2017 a; Marchi, 2012). So stellt Costera Meijer fest, dass die in qualitativen Interviews befragten Jugendlichen „everything that is new: from the developments in the personal life of your Facebook friends, opinions on Twitter to information on specific websites within your field" (2007, S. 106) als Nachricht werten. Edgerly (2017 b) identifiziert in ihrer qualitativen Befragung unter anderem sogenannte „Critical Hybrids", die, sofern sie traditionelle Normen erfüllen, etwa auch Satire als Nachrichten auffassen (siehe auch Marchi, 2012, S. 253). Im deutschsprachigen Raum führte Reineck Gruppendiskussionen mit zwischen 16 und 35 Jahre alten Teilnehmerinnen und Teilnehmern durch. Er kommt zu dem Schluss, dass diese Journalismus mit „Mainstream-Medien" gleichsetzen (Reineck, 2018, S. 300).

Hinsichtlich des Inhalts von Nachrichten stellen Craft et al. (2016, S. 151) fest, dass die in Gruppeninterviews befragten Jugendlichen eher konventionelle Definitionen von Nachrichten vorhalten. Demnach seien Nachrichten beispielsweise das, „was gerade passiert", etwas Außergewöhnliches, Interessantes, und auf Politiker, Konflikte und Berühmtheiten fokussiert (siehe auch Hartley, 2018; Schmidt et al., 2017). Gleichermaßen stellt Kümpel fest, dass die untersuchten jungen Erwachsenen Nachrichten mit klassischen öffentlichkeitstheoretischen Kriterien wie Aktualität, Universalität und einem öffentlichen Interesse assoziieren (2020, S. 23–24; zu ähnlichen Ergebnisse kommen Kramp & Weichert, 2018; Tamboer et al., 2020).

Weiterhin scheinen Nachrichten für Jugendliche ein ubiquitäres Gut darzustellen (Reineck, 2014, S. 42), das losgelöst von spezifischen *Nachrich-*

tenkanälen zu ihnen findet (Edgerly, 2017 a; Galan et al., 2019). Soziale Medien allein hingegen erachten Jugendliche als Nachrichtenkanal für zu oberflächlich (Stark et al., 2017, S. 123; Sveningsson, 2015). Gefragt nach typischen *journalistischen Tätigkeiten*, setzten die Teilnehmer der Studie von Reineck diese meist mit Recherche gleich. Insgesamt äußerten sie allerdings „wenig Wissen zu den eigentlichen journalistischen Darstellungstätigkeiten und -techniken" (2018, S. 296). Neue, kurze *Darstellungsformen* wie Instagram-Zitatkacheln oder Facebook-Teaser verunsichern Jugendliche und junge Erwachsene, wenn es darum geht, Nachrichten von anderen Beiträgen zu diskriminieren (Kümpel, 2020, S. 23–24). Ferner entnahm Reineck seinen Gruppendiskussionen, dass Jugendliche und junge Erwachsene Journalismus primär mit einer Informations- statt mit einer Unterhaltungs*funktion* assoziieren (2018, S. 297).

Kritisch anzumerken ist, dass die herangezogenen Studien durchweg mit (meist formal höher gebildeten) Jugendlichen und jungen Erwachsenen durchgeführt wurden. Es ist jedoch davon auszugehen, dass unterschiedliche Laien „unterschiedliche Vorstellungen davon [haben], was ‚Nachrichten' sind" (van Eimeren, 2015, S. 2; siehe auch Loosen et al., 2020, S. 32; Swart et al., 2017, S. 1354). Für die individuelle Vorstellung von Nachrichten dürften neben der oben erwähnten Erfahrung der soziodemografische Hintergrund relevant sein (Zelizer, 2004, S. 13; siehe auch Edgerly & Vraga, 2020; Picone, 2016). So zeigte Hartley (2018), dass Jugendliche mit geringem kulturellen Kapital ihren Nachrichtenkonsum eher unterschätzen, da sich ihr Verständnis von Nachrichten auf etablierte Qualitätsangebote begrenzt. Ihren Konsum hybrider Nachrichtenformate fassen sie also nicht als Nachrichtenrezeption auf. Daneben dürften das Alter beziehungsweise die Alterskohorte eine tragende Rolle für die Ausprägung des Nachrichtenverständnisses spielen. Jüngere Kohorten wachsen in anderen, mehr Freiheiten bietenden Medienumgebungen auf als ältere, mit digitalen Plattformen, aber quasi ohne Printzeitungen (Pearson & Kosicki, 2017, S. 1088). Dementsprechend ist der Anteil an der Nutzung algorithmisch personalisierter Nachrichtenkanäle (wie Social Network Sites, Suchmaschinen, personalisierte Nachrichtenwebsites und -apps) desto höher, je jünger Mediennutzende sind (Schweiger et al., 2019, S. 61). Thurman und Fletcher finden Hinweise dafür, „dass früh im Erwachsenenalter erworbene Medienkonsumgewohnheiten auch im mittleren Lebensalter noch vorhanden sind" (2019, S. 557).

Ausgehend von diesen Beobachtungen ist von Interesse: Wie definieren Laien Nachrichten? Und welche Faktoren sind für das Laienverständnis relevant?

4. Methodik

Um das Laienverständnis von Nachrichten in der Tiefe und, soweit es der qualitative Ansatz zulässt, in der Breite zu erfassen, wurden Leitfadeninterviews (Brinkmann, 2013) mit einer nach Alter, Geschlecht und Bildung quotierten Stichprobe durchgeführt, wobei in der Befragung auf Urheber, Inhalt, Stil, Kanal, Produktion und Funktion von Nachrichten eingegangen wurde.

Insgesamt wurden von Dezember 2018 bis Januar 2020 26 durchschnittlich 49 Minuten dauernde Interviews mit 27 Personen in Deutschland durchgeführt. Das Durchschnittsalter der Teilnehmenden betrug 47 Jahre bei einer Altersspanne von 17 bis 85 Jahren. Junge Teilnehmerinnen mit niedriger und mittlerer formaler Bildung waren etwas unterrepräsentiert, während Männer und Frauen mittleren Alters mit niedriger formaler Bildung etwas überrepräsentiert waren.

Um Zugang zum lebensweltlichen Wissen und zu Deutungsmustern von Laien im Zusammenhang mit Nachrichten zu erhalten, sollten die Teilnehmerinnen und Teilnehmer im ersten Teil des Interviews möglichst selbstläufig zunächst davon erzählen, wie sie sich „auf dem Laufenden" halten. Dabei wurde ein Priming der Begrifflichkeiten und der naiven Vorstellungen von Nachrichten vermieden, Worte wie „Journalismus" oder „Nachrichten" also nicht angeführt (Bengtsson & Johansson, 2020, S. 2; Reineck, 2018, S. 242). Erst daraufhin wurden die Teilnehmer gefragt, was sie unter Nachrichten verstehen und welche typischen Eigenschaften sie ihnen zuschreiben. Dabei wurde eine Kombination aus offenen Fragen und praktischen Legeaufgaben (siehe dazu auch Gillham, 2005, S. 83; Reineck, 2018, S. 241–246; Schrøder, 2019, S. 10–11) angewandt. So wurden die Teilnehmer beispielsweise gebeten, unter verschiedenen realen Akteuren Nachrichtenurheber oder unter verschiedenen Social Media-Beiträgen Nachrichten zu identifizieren.

Alle Interviews wurden aufgezeichnet, transkribiert und mithilfe von MaxQDA qualitativ ausgewertet. Die theoretisch identifizierten Dimensionen von Nachrichten stellten zugleich die wesentlichen Auswertungskategorien dar.

5. Ergebnisse

Noch bevor die Begriffe Nachrichten oder Journalismus genannt wurden, erwähnte die Hälfte der Teilnehmerinnen und Teilnehmer auf die Frage hin, wie sie sich auf dem Laufenden halten, den Begriff Nachrichten.

Die Schwierigkeiten, Nachrichten ad hoc zu definieren, begrenzen sich nicht auf Heranwachsende, sondern äußerten sich auch unter Älteren und formal höher Gebildeten. Meist setzen die Befragten Nachrichten mit Mediengattungen, allen voran Fernsehen oder bestimmten, überwiegend öffentlich-rechtlichen Medienmarken gleich. Daneben dienten Verweise auf aktuelle Ereignisse oder Nachrichtenwerte wie Relevanz und Aktualität der Begriffserläuterung. Andere, überwiegend medienskeptische Probanden verstanden Nachrichten per definitionem als verzerrt und einseitig. Bezugnehmend auf die einzelnen Nachrichtendimensionen ist festzuhalten:

Die Vorstellung, dass „Nachrichten von unparteiischen, professionellen Journalisten geschrieben werden sollten" (Ina, 51), bildete nahezu eine Ausnahme. Jüngere Befragte argumentierten zuweilen, dass im Prinzip jeder, zum Beispiel Feuerwehr und Polizei, *Urheber* von Nachrichten sein kann (Sandra, 28). Andere Befragte knüpfen dies an Qualifikationsanforderungen wie Eigenrecherche, Expertise, Seriosität, Objektivität und einen gewissen Bekanntheitsgrad (was damit an die beiden Dimensionen von Quellenglaubwürdigkeit „expertness" und „trustworthiness" nach Hovland et al. [1953] erinnert). Diese Anforderungen spiegelten sich größtenteils in der Einteilung der Legekarten wider.

Weitgehend unabhängig von Alter und Bildung schlossen die Teilnehmerinnen und Teilnehmer Werbetreibende und private Unternehmen aus dem Kreis der Nachrichtenurheber aus, nicht aber gemeinnützige Organisationen, Vereine und staatliche Institutionen. Hinsichtlich der Frage, ob Satiriker Urheber von Nachrichten sind, ergab sich ein ambivalentes Bild. Während ältere Teilnehmerinnen und Teilnehmer sie eher der Unterhaltung zuordneten, bejahten jüngere die Frage überwiegend, beispielsweise mit der Begründung, dass insbesondere Satiriker die Wahrheit sprechen. Andere argumentierten, dass Satiriker Nachrichten lediglich „aufwärmen" (Alina, 28) oder zu meinungsbezogen seien, um sie Nachrichtenurhebern zuzurechnen. YouTuber, Blogger und Influencer schlossen ältere Teilnehmer meist kategorisch als Nachrichtenurheber aus, weil sie entweder keine Berührungspunkte teilten und deren Vertrauenswürdigkeit nicht einschätzen konnten oder weil sie ihnen (zu) großen Einfluss und Meinungsbildung zuschrieben. Jüngere und internetaffine Befragte mittleren Alters zeigten sich diesbezüglich offener – wenn auch nicht vorbehaltlos.

Der Nachrichten*inhalt* charakterisiert sich aus Laiensicht in erster Linie durch den Bezug zu einem aktuellen, originären Ereignis. Nachrichten beziehen sich also auf etwas, das bereits geschehen ist, sie fügen unbekannte Informationen hinzu. Gleichzeitig sind Nachrichten aus Sicht der Nutzenden für die Zukunft relevant. Das liegt daran, dass sie eine Veränderung bewirken, die sie selbst (und andere) betrifft (siehe auch Shoemaker, 2006). Darüber hinaus führten vor allem Befragte mittleren und höheren Alters Wahrhaftigkeit als konstitutives Element von Nachrichten (siehe auch Harrison, 2006, S. 3; Schweiger, 2017, S. 27) an. Thematisch befassen sich Nachrichten typischerweise mit Politik, negativen Aspekten wie Konflikten und Katastrophen, Wirtschaft und – von Befragten aller Altersgruppen hervorgehoben – Umwelt.

Recht kohärent waren die Vorstellungen der Befragten von *Stil* und *Form* von Nachrichten. Diese setzen sie meist gleich mit der Darstellungsform eines Berichts. So müssen Nachrichten sachlich, kurz, etwas „Prägnantes, was Dir ins Auge sticht" (Ada, 18) sein. Auch bei der Zuordnung der Social-Media-Beiträge zeigte sich, dass Botschaften, insbesondere solche unbekannter Urheber, ein bestimmtes Schema adressieren und sich abheben müssen, um als Nachrichten erkannt zu werden (siehe dazu auch Metzger et al., 2003, S. 302). Der Überschrift des Artikels kommt dabei eine bedeutende Rolle zu. Sie muss Neugierde wecken und gleichzeitig erklären, was passiert ist. Befragte aller Altersgruppen und Nutzungsrepertoires stuften Schlagzeilen als Nachrichten ein – solange sie „transportiert, was die Nachricht ist" (Semra, 34). Andere waren dagegen der Ansicht, eine Schlagzeile könne keine Nachricht sein, weil es ihr an Hintergrund mangele. Vielmehr handle es sich um einen Leseanreiz.

Den Nachrichten*kanal* assoziierten ältere Befragte hauptsächlich mit Fernsehen, aber auch mit Printzeitungen. So äußerte eine Befragte: „Also eine Nachricht ist es tatsächlich, wenn sie in der Zeitung bei mir steht" (Kirstin, 55). Die Vorstellungen der Jüngeren waren weniger an bestimmte Kanäle gebunden. Ihrer Auffassung nach erreichen sie Nachrichten über alle möglichen Kanäle, insbesondere digitale.

Die Vorstellungen der Nutzerinnen und Nutzer von Charakteristika der Nachrichten*produktion* waren diffuser. Meist führten sie die Entstehung von Nachrichten auf ein genuines Ereignis zurück, das von Menschen aufgegriffen und verbreitet wird. Nur wenige, vorwiegend Befragte höheren und mittleren Alters, nannten in diesem Kontext Recherche oder gar Verifikation; die Vorstellungen der Befragten konzentrierten sich vielmehr auf die Distribution von Nachrichten.

Als Nachrichten*funktion* betrachteten die Befragten überwiegend Information, ältere auch Orientierung. Nachrichten sind „uneigennützig" (Clara, 51), sie dienen der Weiterbildung, nicht der Überzeugung.

Im Allgemeinen fiel es den Befragten leichter zu definieren, was Nachrichten *nicht* sind. Demnach sind Nachrichten abzugrenzen von medial inszeniertem Pseudojournalismus (Hohlfeld, 2003), von Hinweisen auf zukünftige Ereignisse, Absichtserklärungen, Statements, Vermutungen, Interviews und als redundant empfundenen Informationen. Darüber hinaus gelang es vor allem jüngeren Teilnehmerinnen und Teilnehmern, gesponsorte Social-Media-Beiträge als Werbung zu identifizieren, weil diese offenbar ein anderes Schema aktivierten (siehe auch Buvár & Orosz, 2020).

6. Diskussion

Was Menschen unter Nachrichten begreifen, ist so heterogen wie die Menschen selbst. Nichtsdestotrotz: Vor allem drei Dimensionen der Laienvorstellungen von Nachrichten überschneiden sich mit der Konzeption von *hard news* (Reinemann et al., 2012). Demnach beziehen sich Nachrichten

- *inhaltlich* auf aktuelle, isolierte Ereignisse, sind charakterisiert durch Abweichung und persönliche wie gesellschaftliche Relevanz (was die Ergebnisse von Kümpel, 2020 und Tamboer et al., 2020 bestätigt).
- *Stilistisch* sind sie von prägnanter, klarer Form, sachlichem Ton und weisen eine zusammenfassende, abgeschlossene Struktur auf, die typisch für konventionelle (Online-)Nachrichtenartikel ist (Thorsen & Jackson, 2018, S. 862). Nachrichten sind zu trennen von Meinung.
- *Funktionell* bieten Nachrichten Informationen und Orientierung.

Offener waren die Befragten, darunter nicht nur die Jüngeren, was die *Kanäle* und *Urheber* von Nachrichten betrifft. Ähnlich den „Critical Hybrids" (siehe oben, Edgerly, 2017 b) stellt eine journalistische Urheberschaft für die meisten weder eine notwendige noch eine hinreichende Bedingung für die Einstufung eines Beitrags als Nachricht dar. Laien verstehen neue hybride Akteure jedoch nicht vorbehaltlos als Urheberinnen und Urheber von Nachrichten. Viele setzen in allererster Linie voraus, dass die Urheber (und demzufolge ihr Output) „objektiv" sind, andernfalls werden sie skeptisch (siehe auch Reineck, 2018, S. 297). Dass staatliche Institutionen diese Bedingung mitunter zu erfüllen scheinen, sollte nicht weiter überraschen, wird dem Bundesverfassungsgericht und dem Bundestag in Deutschland in Befragungen doch mehr Vertrauen zugeschrieben als öffentlich-rechtlichen Medien und überregionalen Tagezeitungen (Decker et al., 2019, S. 39). Hier bedarf es mehr Sensibilisierung für die Risiken der Disintermediation journalistischer Medien durch politische Akteure (Eldridge II et al., 2019) und für die Notwendigkeit von Medien als mehr oder weniger unabhängige Institution der gesellschaftlichen Selbstbeobachtung. Gleiches gilt für journalistische Produktionsprozesse, über die Laien recht wenig Wissen zu haben scheinen.

Erfolgreich und unabhängig von Alter, Nachrichtennutzung und Bildung in den Köpfen von Laien verankert scheint hingegen das **journalistische Narrativ** der professionellen Objektivitätsnorm (siehe dazu Bogdanić, 2020; Broersma & Peters, 2013; Ward, 2010). Hier gilt es, Laien zu verdeutlichen, dass unter Objektivität in ihrem weiten Verständnis subsumierte evaluative Kriterien wie Relevanz, Vollständigkeit, Neutralität, Ausgewogenheit und Maßstabsgerechtigkeit unerfüllbar sind (Neuberger, 2017). Andernfalls besteht die Gefahr, dass sie verzerrte Erwartungen an Nachrichten und Journalismus richten, die im ungünstigsten Fall in Medienzynismus oder -feindlichkeit münden (Fawzi, 2020).

Untrennbar verbunden mit Vorstellungen typischer Nachrichteneigenschaften sind Bewertungen und Qualitätsurteile. Über alle Alters- und Bildungsgruppen hinweg übten die Befragten Medienkritik. Obwohl – oder gerade, weil – sie „ideale" Nachrichten als unparteilich und sachlich definieren, übten viele Teilnehmer Kritik am sensationalistischen Stil (Nachrichten seien „aufgebauscht", „gehypt", „spekulativ", „überdramatisiert") und an mangelnder inhaltlicher Vielfalt der Perspektiven, Themen und Akteure (ähnliche Kritik dokumentierten bereits Galan et al., 2019; Kalogeropoulos, 2019; van Eimeren et al., 2017). Bei den Jüngeren allerdings schlug sich die Medienkritik eher in Vermeidung etablierter Angebote nieder als bei Älteren. Des Weiteren betonen Laien einen selbstbestimmten Nachrichtenkonsum. Zumindest ihren Selbstauskünften zufolge möchten sie keine Meinung „aufgedrückt" bekommen. Dass Satirikerinnen und Satiriker meinungsstark sind und dennoch vor allem von jungen Erwachsenen als Urheber von Nachrichten akzeptiert werden, muss indes kein Widerspruch bedeuten, wenn Satiriker alle Seiten gleichermaßen ins Visier zu nehmen.

Trotz einiger Defizite sollten journalistische Organisationen und Journalismusforschung Laien nicht unterschätzen. Gerade Jüngere scheinen durchaus fähig, sich kompetent durch Online-Umgebungen bewegen zu können. Trotz – oder gerade, um sich dort zurechtzufinden, wegen – des hybriden Nachrichtenökosystems mitsamt seinen mannigfaltigen Entdifferenzierungen weisen auch sie ein differenziertes Nachrichtenschemata auf und wissen es anzuwenden, um Nachrichten zu identifizieren. Das bedeutet allerdings nicht, dass sie dogmatisch eine Grenze zwischen Journalisten und anderen Akteuren der öffentlichen Kommunikation ziehen. Erfüllen sie gewisse, recht klassische normative Ansprüche, können auch neue Akteure und deren Output funktionale Äquivalente von Journalisten und von Nachrichten darstellen (Haarkötter, 2019; Neuberger & Quandt, 2010; Williams et al., 2015). Dieser Tatsache muss die Konzeption von Nachrichtenkompetenz Rechnung tragen und sich nicht-originär journalistischen

Akteuren (Holton & Belair-Gagnon, 2018) öffnen. Leitend sollten statt der Urheberschaft die Sorgfalt der Recherche und der Darstellung sein (Meyers et al., 2012). Andernfalls würde die Nachrichtenkompetenz vor allem jüngerer Laien unterschätzt.

Literatur

Altmeppen, K.-D., & Arnold, K. (2013). *Journalistik: Grundlagen eines organisationalen Handlungsfeldes*. Oldenbourg: Wissenschaftsverlag Verlag. https://doi.org/10.1524/9783486719437

Ashley, S. (2019). News Literacy. In T. P. Vos, F. Hanusch, D. Dimitrakopoulou, M. Geertsema-Sligh, & A. Sehl (Hrsg.), *The International Encyclopedia of Journalism Studies*. Hoboken, NJ: Wiley-Blackwell.

Asp, K. (2014). News media logic in a New Institutional perspective. *Journalism Studies, 15*(3), 256–270. https://doi.org/10.1080/1461670X.2014.889456

Bengtsson, S., & Johansson, S. (2020). A phenomenology of news: Understanding news in digital culture. *Journalism.* https://doi.org/10.1177/1464884919901194

Bennett, W. L. (2003). *News. The politics of illusion* (5. Aufl.). White Plains, NY: Longman.

Bennett, W. L. (2008). Changing Citizenship in the Digital Age. In *Civic Life Online: Learning How Digital Media Can Engage Youth.* (S. 1–24). MIT Press.

Bogdanić, A. (2020). Theorizing News: Toward a Constitutive Model of Journalistic Discourse. *Journalism & Mass Communication Quarterly.* https://doi.org/10.1177/1077699020966755

Bonchek, M. (2014, Oktober 10). Making Sense of Owned Media. *Harvard Business Review.* https://hbr.org/2014/10/making-sense-of-owned-media

Brinkmann, S. (2013). *Qualitative interviewing*. Oxford: University Press.

Broersma, M. J., & Peters, C. (2013). Introduction: Rethinking journalism: The structural transformation of a public good. In C. Peters & M. J. Broersma (Hrsg.), *Rethinking journalism: Trust and participation in a transformed news landscape* (S. 1–12). Routledge.

Bruns, A. (2005). *Gatewatching: Collaborative news production* (Bd. 26). New York: Peter Lang.

Buvár, Á., & Orosz, G. (2020). "Branded, biased and it wants to sell a product": Typical ad representations influence the effect of ad recognition: a mixed-method research. *International Journal of Advertising, 39*(1), 32–50. https://doi.org/10.1080/02650487.2019.1613848

Carlson, M. (2015). The Robotic Reporter: Automated journalism and the redefinition of labor, compositional forms, and journalistic authority. *Digital Journalism, 3*(3), 416–431. https://doi.org/10.1080/21670811.2014.976412

Chadwick, A. (2017). *The hybrid media system: Politics and power* (Second Edition). Oxford: University Press.

Cornia, A., Sehl, A., & Nielsen, R. K. (2016). *Private Sector Media and Digital News* (Digital News Project 2016). Reuters Institute for the Study of Journalism. http://reutersinstitute.politics.ox.ac.uk/sites/default/files/research/files/Cornia%2520-%2520Private%2520-Sector%2520Media%2520and%2520Digital%2520News%2520FINAL.pdf

Costera Meijer, I. (2007). The Paradox of Popularity: How young people experience the news. *Journalism Studies*, *8*(1), 96–116. https://doi.org/10.1080/14616700601056874

Craft, S., Ashley, S., & Maksl, A. (2016). Elements of News Literacy: A Focus Group Study of How Teenagers Define News and Why They Consume It. *Electronic News*, *10*(3), 143–160. https://doi.org/10.1177/1931243116656716

Dalrymple, K. E., & Scheufele, D. A. (2007). Finally Informing the Electorate? How the Internet Got People Thinking about Presidential Politics in 2004. *Harvard International Journal of Press/Politics*, *12*(3), 96–111. https://doi.org/10.1177/1081180X07302881

Decker, F., Best, V., Fischer, S., & Küppers, A. (2019). *Vertrauen in Demokratie. Wie zufrieden sind die Menschen in Deutschland mit Regierung, Staat und Politik?* Berlin: Friedrich-Ebert-Stiftung.

DeVito, M. A. (2017). From Editors to Algorithms: A values-based approach to understanding story selection in the Facebook news feed. *Digital Journalism*, *5*(6), 753–773. https://doi.org/10.1080/21670811.2016.1178592

Dijck, J. V., & Poell, T. (2013). *Understanding Social Media Logic* (Nr. 2–14; S. 2–14). https://doi.org/10.12924/mac2013.01010002

Domingo, D., Masip, P., & Costera Meijer, I. (2015). Tracing Digital News Networks: Towards an integrated framework of the dynamics of news production, circulation and use. *Digital Journalism*, *3*(1), 53–67. https://doi.org/10.1080/21670811.2014.927996

Edgerly, S. (2017 a). Seeking Out and Avoiding the News Media: Young Adults' Proposed Strategies for Obtaining Current Events Information. *Mass Communication and Society*, *20*(3), 358–377. https://doi.org/10.1080/15205436.2016.1262424

Edgerly, S. (2017 b). Making Sense and Drawing Lines: Young adults and the mixing of news and entertainment. *Journalism Studies*, *18*(8), 1052–1069. https://doi.org/10.1080/1461670X.2015.1100522

Edgerly, S., & Vraga, E. K. (2020). Deciding What's News: News-ness As an Audience Concept for the Hybrid Media Environment. *Journalism & Mass Communication Quarterly*. https://doi.org/10.1177/1077699020916808

Ekström, M., Lewis, S. C., & Westlund, O. (2020). Epistemologies of digital journalism and the study of misinformation. *New Media & Society*, *22*(2), 205–212. https://doi.org/10.1177/1461444819856914

Ekström, M., & Westlund, O. (2019). The Dislocation of News Journalism: A Conceptual Framework for the Study of Epistemologies of Digital Journalism. *Media and Communication*, *7*(1), 259. https://doi.org/10.17645/mac.v7i1.1763

Eldridge II, S. A., García-Carretero, L., & Broersma, M. (2019). Disinterme-diation in Social Networks: Conceptualizing Political Actors' Construction of Publics on Twitter. *Media and Communication*, 7(1), 271. https://doi.org/10.17645/mac.v7i1.1825

Eldridge, S. A. (2014). Boundary Maintenance and Interloper Media Reaction: Differentiating between journalism's discursive enforcement processes. *Journalism Studies*, 15(1), 1–16. https://doi.org/10.1080/1461670X.2013.791077

Eldridge, S. A. (2019). "Thank god for Deadspin": Interlopers, metajournalistic commentary, and fake news through the lens of "journalistic realization". *New Media & Society*, 21(4), 856–878. https://doi.org/10.1177/1461444818809461

Fawzi, N. (2020). Objektive Informationsquelle, Watchdog und Sprachrohr der Bürger? Die Bewertung der gesellschaftlichen Leistungen von Medien durch die Bevölkerung. *Publizistik*. https://doi.org/10.1007/s11616-020-00572-w

Fiske, S. T., & Linville, P. W. (1980). What does the Schema Concept Buy us? *Personality and Social Psychology Bulletin*, 6(4), 543–557. https://doi.org/10.1177/014616728064006

Fleming, J. (2014). Media Literacy, News Literacy, or News Appreciation? A Case Study of the News Literacy Program at Stony Brook University. *Journalism & Mass Communication Educator*, 69(2), 146–165. https://doi.org/10.1177/1077695813517885

Galan, L., Osserman, J., & Taylor, M. (2019). *How Young People Consume News and The Implications For Mainstream Media*. Flamingo, commissioned by the Reuters Institute for the Study of Journalism, Oxford University. https://reutersinstitute.politics.ox.ac.uk/sites/default/files/2019-08/FlamingoxREUTERS-Report-Full-KG-V28.pdf

Giglietto, F., Iannelli, L., Valeriani, A., & Rossi, L. (2019). 'Fake news' is the invention of a liar: How false information circulates within the hybrid news system. *Current Sociology*, 67(4), 625–642. https://doi.org/10.1177/0011392119837536

Gillham, B. (2005). *Research interviewing: The range of techniques*. Open University Press.

Grabe, M. E., & Myrick, J. G. (2016). Informed Citizenship in a Media-Centric Way of Life: Informed Citizenship. *Journal of Communication*, 66(2), 215–235. https://doi.org/10.1111/jcom.12215

Haarkötter, H. (2019). YouTuber als Nachrichtenquelle: Können genuine Online-videokanäle über relevante Themen genauso informieren wie die News-Kanäle etablierter Medien? Eine empirische Untersuchung. In H. Haarkötter & J. Wergen (Hrsg.), *Das YouTubiversum* (S. 11–36). Springer Fachmedien Wiesbaden. https://doi.org/10.1007/978-3-658-22846-0_2

Harrison, J. (2006). *News*. London: Routledge.

Hartley, J. (2008). Journalism as a human right: The cultural approach to journalism. In M. Löffelholz & M. Weaver (Hrsg.), *Journalism Research in an Era of Globalization* (S. 40–50). London: Routledge.

Hartley, J. M. (2018). 'It's Something Posh People Do': Digital Distinction in Young People's Cross-Media News Engagement. *Media and Communication*, 6(2), 46. https://doi.org/10.17645/mac.v6i2.1322

Hohlfeld, R. (2003). Vom Informations- zum Pseudojournalismus. Berichterstattungsmuster im Wandel. *Communicatio Socialis, 36*(3), 223–243. https://doi.org/10.5771/0010-3497-2003-3-223

Holt, K. (2018). Alternative Media and the Notion of Anti-Systemness: Towards an Analytical Framework. *Media and Communication*, 6(4), 49–57. https://doi.org/10.17645/mac.v6i4.1467

Holton, A. E., & Belair-Gagnon, V. (2018). Strangers to the Game? Interlopers, Intralopers, and Shifting News Production. *Media and Communication*, 6(4), 70–78. https://doi.org/10.17645/mac.v6i4.1490

Holzer, S., & Sengl, M. (2020). Quelle gut, alles gut? Glaubwürdigkeitsbeurteilung im digitalen Raum. In R. Hohlfeld, M. Harnischmacher, E. Heinke, L. Lehner, & M. Sengl (Hrsg.), *Fake News und Desinformation* (S. 155–178). Nomos Verlagsgesellschaft mbH & Co. KG. https://doi.org/10.5771/9783748901334-155

Hovland, C. I., Janis, I. L., & Kelley, H. K. (1953). *Communication and persuasion. Psychological studies of opinion change.* New Haven: Yale University Press.

In Changing News Landscape, Even Television is Vulnerable. Trends in News Consumption: 1991–2012. (2012). Pew Research Center. http://www.people-press.org/2012/09/27/in-changing-news-landscape-even-television-is-vulnerable/

Jamieson, K. H., & Campbell, K. K. (1988). *The interplay of influence: Mass media and their publics in news, advertising, politics* (2nd ed).
Belmont, CA: Wadsworth Pub. Co.

Kalogeropoulos, A. (2019). How Younger Generations Consume News Differently. In N. Newman, R. Fletcher, A. Kalogeropoulos, & R. Kleis Nielsen (Hrsg.), *Reuters Institute Digital News Report 2019* (S. 54–59). Oxford: Reuters Institute for the Study of Journalism.

Kim, S. J., & Hancock, J. T. (2017). How Advertorials Deactivate Advertising Schema: MTurk-Based Experiments to Examine Persuasion Tactics and Outcomes in Health Advertisements. *Communication Research*, 44(7), 1019–1045. https://doi.org/10.1177/0093650216644017

Knox, J. (2007). Visual-verbal communication on online newspaper home pages. *Visual Communication*, 6(1), 19–53. https://doi.org/10.1177/1470357207071464

Kohut, A. (2013). *Pew surveys of audience habits suggest perilous future for news.* St. Petersburg, FL: Poynter.

Kramp, L., & Weichert, S. (2018). Millennials, die unbekannten Wesen: Wie journalistische Medien und Nachrichtenangebote junge Menschen im digitalen Zeitalter erreichen – und was sie von ihnen lernen. In K. Otto & A. Köhler (Hrsg.), *Crossmedialität im Journalismus und in der Unternehmenskommunikation* (S. 269–290). Wiesbaden: Springer Fachmedien. https://doi.org/10.1007/978-3-658-21744-0_13

Kümpel, A. S. (2020). Nebenbei, mobil und ohne Ziel? Eine Mehrmethodenstudie zu Nachrichtennutzung und -verständnis von jungen Erwachsenen. *Medien & Kommunikationswissenschaft*, *68*(1–2), 11–31. https://doi.org/10.5771/1615-634X-2020-1-2-11

Lasswell, H. (1948). The structure and function of communication in society. In L. Bryson (Hrsg.), *The communication of ideas* (S. 37–51). Harper & Row.

Lauk, E., & Harro-Loit, H. (2017). Journalistic Autonomy as a Professional Value and Element of Journalism Culture: The European Perspective. *International Journal of Communication*, *11*, 1956–1974.

Lee, A. M., & Chyi, H. I. (2014). When Newsworthy is Not Noteworthy: Examining the value of news from the audience's perspective. *Journalism Studies*, *15*(6), 807–820. https://doi.org/10.1080/1461670X.2013.841369

Lilienthal, V., Weichert, S., Reineck, D., Sehl, A., & Worm, S. (2014). *Digitaler Journalismus: Dynamik – Teilhabe – Technik*. Leipzig:Vistas.

Loosen, W. (2016). Journalismus als (ent-)differenziertes Phänomen. In M. Löffelholz & L. Rothenberger (Hrsg.), *Handbuch Journalismustheorien* (S. 177–189). Wiesbaden: Springer Fachmedien. https://doi.org/10.1007/978-3-531-18966-6_9

Loosen, W., Reimer, J., & Hölig, S. (2020). *Was Journalisten wollen und sollen. (In-)Kongruenzen zwischen journalistischem Rollenselbstverständnis und Publikumserwartungen*. Verlag Hans-Bredow-Institut. https://www.hans-bredow-institut.de/uploads/media/default/cms/media/c9i0j1q_AP49Was%20Journalisten%20sollen%20und%20wollen.pdf

Maares, P., & Hanusch, F. (2020). Exploring the boundaries of journalism: Instagram micro-bloggers in the twilight zone of lifestyle journalism. *Journalism*, *21*(2), 262–278. https://doi.org/10.1177/1464884918801400

Maksl, A., Ashley, S., & Craft, S. (2015). Measuring News Media Literacy. *Journal of Media Literacy Education*, *6*(3), 29–45.

Marchi, R. (2012). With Facebook, Blogs, and Fake News, Teens Reject Journalistic "Objectivity". *Journal of Communication Inquiry*, *36*(3), 246–262. https://doi.org/10.1177/0196859912458700

Metzger, M. J., & Flanagin, A. J. (2013). Credibility and trust of information in online environments: The use of cognitive heuristics. *Journal of Pragmatics, 59*, 210–220. https://doi.org/10.1016/j.pragma.2013.07.012

Metzger, M. J., Flanagin, A. J., Eyal, K., Lemus, D. R., & Mccann, R. M. (2003). Credibility for the 21st Century: Integrating Perspectives on Source, Message, and Media Credibility in the Contemporary Media Environment. *Annals of the International Communication Association*, *27*(1), 293–335. https://doi.org/10.1080/23808985.2003.11679029

Meyers, C., Wyatt, W. N., Borden, S. L., & Wasserman, E. (2012). Professionalism, Not Professionals. *Journal of Mass Media Ethics*, *27*(3), 189–205. https://doi.org/10.1080/08900523.2012.700212

Neuberger, C. (2014). Die Identität und Qualität des Journalismus im Internet aus der Sicht des Publikums. In W. Loosen & M. Dohle (Hrsg.), *Journalismus und (sein) Publikum* (S. 229–251). Wiesbaden: Springer Fachmedien. https://doi.org/1 0.1007/978-3-531-19821-7_13

Neuberger, C. (2017). Journalistische Objektivität. Vorschlag für einen pragmatischen Theorierahmen. *Medien & Kommunikationswissenschaft, 65*(2), 406–431. https://doi.org/10.5771/1615-634X-2017-2-406

Neuberger, C., & Quandt, T. (2010). Internet-Journalismus: Vom traditionellen Gatekeeping zum partizipativen Journalismus? In W. Schweiger & K. Beck (Hrsg.), *Handbuch Online-Kommunikation* (S. 59–79). VS Verlag für Sozialwissenschaften. https://doi.org/10.1007/978-3-531-92437-3_3

Newman, N. (2017). *Journalism, Media, and Technology Predictions 2017.* Reuters Institute for the Study of Journalism. https:// reutersinstitute.politics.ox.ac.uk/sites/default/files/2017-04/Journalism%2C%20-Media%20and%20Technology%20Trends%20and%20Predictions%202017.pdf

Otto, L., Glogger, I., & Boukes, M. (2017). The Softening of Journalistic Political Communication: A Comprehensive Framework Model of Sensationalism, Soft News, Infotainment, and Tabloidization: Softening of Journalistic Political Communication. *Communication Theory, 27*(2), 136–155. https://doi.org/ 10.1111/comt.12102

Pearson, G. D. H., & Kosicki, G. M. (2017). How Way-Finding is Challenging Gatekeeping in the Digital Age. *Journalism Studies, 18*(9), 1087–1105. https:// doi.org/10.1080/1461670X.2015.1123112

Picone, I. (2016). Grasping the Digital News User. *Digital Journalism, 4*(1), 125–141. https://doi.org/10.1080/21670811.2015.1096616

Poindexter, P. M. (2018). *Millennials, news, and social media: Is news engagement a thing of the past?* (Revised and updated 2nd edition). New York: Peter Lang.

Polanyi, M. (2009). *The tacit dimension.* University of Chicago Press.

Potter, W. J. (2004). *Theory of media literacy: A cognitive approach.* Los Angeles: SAGE Publications.

Reineck, D. (2014). „Ich glaub' aber, die besten Nachrichten sind bei den Sendern, wo wir's nicht gucken". Wie junge Erwachsene aushandeln, was guter Journalismus ist. In J. Urban & W. Schweiger (Hrsg.), *Nachrichten und Qualität. Was Mediennutzer vom Journalismus erwarten und wie sie dessen Leistung beurteilen (können). Tagungsbericht* (S. 41–46). Hohenheim:H Schader-Stiftung.

Reineck, D. (2018). *Die soziale Konstruktion journalistischer Qualität: Fachdiskurs, Theorie und Empirie.* Köln: Herbert von Halem Verlag.

Reinemann, C., Stanyer, J., Scherr, S., & Legnante, G. (2012). Hard and soft news: A review of concepts, operationalizations and key findings. *Journalism: Theory, Practice & Criticism, 13*(2), 221–239. https://doi.org/10.1177/1464884911427803

Requejo, M. D. P., & Belmonte, I. A. (2016). Genres and online newspapers: Newsbites from a socio-cognitive perspective. In N. Stukker, W. Spooren, & G. Steen (Hrsg.), *Genre in Language, Discourse and Cognition.* De Gruyter. https:// doi.org/10.1515/9783110469639-012

Rumelhart, D. E., & Ortony, A. (1977). The representation of knowledge in memory. In R. C. Anderson, R. J. Spiro, & W. E. Montague (Hrsg.), *Schooling and the acquisition of knowledge* (S. 99–135). Mahwah, NJ: Erlbaum.

Ryfe, D. M. (2006). The Nature of News Rules. *Political Communication, 23*(2), 203–214. https://doi.org/10.1080/10584600600629810

Schäfer-Hock, C. (2018). *Journalistische Darstellungsformen im Wandel: Eine Untersuchung deutscher Tageszeitungen von 1992 bis 2012.* Wiesbaden: Springer VS, Springer Fachmedien.

Schmidt, M. G., Gessner, F., & Badura, L. (2017). Die Publikumsnorm. Eine Studie zur Leserbeurteilung der Qualität journalistischer Online-Artikel unter Berücksichtigung des Einflussfaktors Medienreputation. *Medien & Kommunikationswissenschaft, 65*(1), 45–63. https://doi.org/10.5771/1615-634X-2017-1-45

Schneiders, P., & Stark, B. (2020). Was der Mensch zusammengefügt hat, sollen Plattformen nicht scheiden: Zum institutionellen Wandel von Journalismus und Medien. In N. Jackob, O. Quiring, & M. Maurer (Hrsg.), *Traditionen und Transformationen des Öffentlichen* (S. 91–118). Wiesbaden: Springer Fachmedien. https://doi.org/10.1007/978-3-658-29321-5_5

Schrøder, K. C. (2019). *What do News Readers Really Want to Read about? How Relevance Works for News Audiences.* Oxford: Reuters Institute for the Study of Journalism.

Schudson, M. (2001). The objectivity norm in American journalism. *Journalism, 2*(2), 149–170. https://doi.org/10.1177/146488490100200201

Schudson, M. (2011). *The sociology of news* (2. Aufl.). New York: W.W. Norton & Company.

Schweiger, W. (2017). *Der (des)informierte Bürger im Netz: Wie soziale Medien die Meinungsbildung verändern.* Wiesbaden: Springer.

Schweiger, W., Weber, P., Prochazka, F., & Brückner, L. (2019). *Algorithmisch personalisierte Nachrichtenkanäle: Begriffe, Nutzung, Wirkung.* Wiesbaden: Springer Fachmedien. https://doi.org/10.1007/978-3-658-24062-2

Shoemaker, P. J. (2006). News and newsworthiness: A commentary. *Communications, 31*(1), 105–111. https://doi.org/10.1515/COMMUN.2006.007

Stark, B., & Magin, M. (2019). Neuer Strukturwandel der Öffentlichkeit durch Informationsintermediäre: Wie Facebook, Google & Co. die Medien und den Journalismus verändern. In M. Eisenegger, L. Udris, & P. Ettinger (Hrsg.), *Wandel der Öffentlichkeit und der Gesellschaft* (S. 377–406). Wiesbaden: Springer Fachmedien. https://doi.org/10.1007/978-3-658-27711-6_18

Stark, B., Magin, M., & Jürgens, P. (2017). *Ganz meine Meinung? Informationsintermediäre und Meinungsbildung – eine Mehrmethodenstudie am Beispiel von Facebook.* Düsseldorf: Landesanstalt für Medien Nordrhein-Westfalen (LfM).

Steiner, M. (2020). Soft Presentation of Hard News? A Content Analysis of Political Facebook Posts. *Media and Communication, 8*(3), 244–257. https://doi.org/10.17645/mac.v8i3.3152

Sveningsson, M. (2015). "It's Only a Pastime, Really": Young People's Experiences of Social Media as a Source of News about Public Affairs. *Social Media + Society*, *1*(2), 1–11. https://doi.org/10.1177/2056305115604855

Swart, J., Peters, C., & Broersma, M. (2017). Navigating cross-media news use: Media repertoires and the value of news in everyday life. *Journalism Studies*, *18*(11), 1343–1362. https://doi.org/10.1080/1461670X.2015.1129285

Tamboer, S. L., Kleemans, M., & Daalmans, S. (2020). 'We are a neeeew generation': Early adolescents' views on news and news literacy. *Journalism*. https://doi.org/10.1177/1464884920924527

Tandoc Jr., E. C. (2019). Journalism at the Periphery. *Media and Communication*, *7*(4), 138. https://doi.org/10.17645/mac.v7i4.2626

Thorsen, E., & Jackson, D. (2018). Seven Characteristics Defining Online News Formats: Towards a typology of online news and live blogs. *Digital Journalism*, *6*(7), 847–868. https://doi.org/10.1080/21670811.2018.1468722

Thorson, K., & Wells, C. (2016). Curated Flows: A Framework for Mapping Media Exposure in the Digital Age: Curated Flows. *Communication Theory*, *26*(3), 309–328. https://doi.org/10.1111/comt.12087

Thurman, N., & Fletcher, R. (2019). Has Digital Distribution Rejuvenated Readership?: Revisiting the age demographics of newspaper consumption. *Journalism Studies*, *20*(4), 542–562. https://doi.org/10.1080/1461670X.2017.1397532

van Eimeren, B. (2015). Nachrichtenrezeption im Internet. *Media Perspektiven*, *1*, 2–7.

van Eimeren, B., Simon, E., & Riedl, A. (2017). Medienvertrauen und Informationsverhalten von politischen Zweiflern und Entfremdeten. *Media Perspektiven*, *11*, 538–554.

Vázquez-Herrero, J., Direito-Rebollal, S., & López-García, X. (2019). Ephemeral Journalism: News Distribution Through Instagram Stories. *Social Media + Society*, *5*(4). https://doi.org/10.1177/2056305119888657

Vraga, E. K., Bode, L., Smithson, A.-B., & Troller-Renfree, S. (2016). Blurred lines: Defining social, news, and political posts on Facebook. *Journal of Information Technology & Politics*, *13*(3), 272–294. https://doi.org/10.1080/19331681.2016.1160265

Ward, S. A. J. (2010). Inventing Objectivity: New Philosophical Foundations. In C. Meyers (Hrsg.), *Journalism Ethics: A Philosophical Approach*. Oxford: University Press.

Welbers, K., & Opgenhaffen, M. (2019). Presenting News on Social Media: Media logic in the communication style of newspapers on Facebook. *Digital Journalism*, *7*(1), 45–62. https://doi.org/10.1080/21670811.2018.1493939

Williams, A., Harte, D., & Turner, J. (2015). The Value of UK Hyperlocal Community News: Findings from a content analysis, an online survey and interviews with producers. *Digital Journalism*, *3*(5), 680–703. https://doi.org/10.1080/21670811.2014.965932

Zelizer, B. (2004). *Taking journalism seriously: News and the academy*. Los Angeles: Sage.

Digitalisierte Newsrepertoires. Was leisten Social Media in den Newsrepertoires junger Schweizerinnen und Schweizer?

Lisa Schwaiger, Mark Eisenegger, Jörg Schneider

Abstract

Seit 2009 zeigt unsere auf Befragungsdaten basierende Newsrepertoire-Forschung eine kontinuierliche Zunahme der so genannten „News-Deprivierten" innerhalb der Schweizer Bevölkerung. „News-Deprivation" beschreibt das Repertoire jener Bevölkerungsgruppe, die mit Nachrichten unterversorgt ist und nur punktuell, insbesondere über Social Media, Nachrichten rezipiert. Mittlerweile liegt der Anteil bei 37 %, unter den jungen Schweizer:innen ist im Schnitt die Hälfte news-depriviert. Aus demokratiepolitischer Sicht ist der Befund problematisch, weil diese Gruppe komplexere, gesellschaftspolitische Themen weniger wahrnimmt, im Vergleich zu emotionalisierenden und personalisierten Beiträgen, die vor allem auf Social Media zirkulieren. Unsere qualitative Online-Studie mit jungen Schweizer:innen zeigt jedoch, dass die Gruppe der „News-Deprivierten" für den professionellen Informationsjournalismus nicht verloren ist. Nachrichten werden von der jungen Zielgruppe vor allem dann rezipiert, wenn sie im persönlichen Netzwerk – online wie offline – darauf aufmerksam gemacht werden und wenn News sie in ihrer persönlichen Lebenswelt berühren. Das Interesse an Nachrichten kann situativ sogar sehr ausgeprägt sein, insbesondere dann, wenn sich die jungen Schweizer:innen mit den Themen identifizieren können und diese einen mobilisierenden Charakter haben.

1. Einleitung

Seit 2009 untersucht das Forschungszentrum Öffentlichkeit und Gesellschaft (fög) der Universität Zürich mittels Bevölkerungsbefragungen die Newsrepertoires in der Schweiz, die unterschiedliche Nachrichtennutzungstypen abbilden (fög – Forschungszentrum Öffentlichkeit und Gesellschaft, 2020). Unter den sechs identifizierten Repertoires steigt vor allem jenes der so genannten „News-Deprivierten" mit einem Anteil von mittlerweile rund 37 % (2020) in der Schweizer Bevölkerung gegenüber rund 21 % im Jahr 2009 (Eisenegger et al., 2020; Schwaiger et al., 2020); jene Gruppe, die mit Nachrichten unterversorgt ist, sich nur punktuell informiert und dabei fast ausschliesslich auf Social Media zurückgreift. Vor allem unter den jungen Schweizer:innen ist der Anteil mit fast 55 % besorgniserregend hoch. Aus demokratiepolitischer Sicht ist die Zunahme dieses Nachrichtennutzungstyps problematisch, da eine verzerrte oder verminderte Themenwahrnehmung gesellschaftlicher Ereignisse beispielsweise die politische Meinungsbildung negativ beeinflussen könnte. In diesem Zusammenhang stellt sich die Frage, inwiefern die junge Zielgruppe in Anbetracht einer veränderten (digitalen) Mediensozialisation dennoch Informations- und Medienkompetenz („information and media literacy") aufbauen kann. Es ist daher von besonderer Relevanz, die Nachrichtennutzung vor allem junger Erwachsener, die einen ausgeprägten Social-Media-Konsum haben, genauer zu betrachten. Zu diesem Zweck wurde aufbauend auf den quantitativen Daten zur News-Deprivation ergänzend eine qualitative Online-Studie mit jungen Schweizer:innen durchgeführt. Der vorliegende Beitrag soll vor allem Aufschluss darüber geben, wodurch sich die Nachrichtenrepertoires junger Erwachsener auszeichnen, wie sich ihr Informationsverhalten beschreiben lässt und welche Erwartungen die Zielgruppen an den professionellen Journalismus haben respektive wie sie für dessen Nutzung wieder gewonnen werden können.

2. Veränderte Newsrepertoires in der Schweizer Bevölkerung

Die Digitalisierung verändert durch die Vervielfachung von Medienangeboten hin zu einem „high choice media environment" die individuelle Nachrichtennutzung (van Aelst et al., 2017). Vor allem die Etablierung digitaler Nachrichtenangebote, wie beispielsweise Social-Media-Plattformen, setzt dabei den traditionellen Informationsjournalismus wie Presse, Radio und TV, der unter aufmerksamkeitsökonomischen Bedingungen mit neuen Angeboten in Konkurrenz steht und um Nachrichtenkonsument:innen kämpft, zunehmend unter Druck (Franck, 2007; Webster, 2014). Die Digitalisierung verändert auch das „Medien-Menü" der Nutzer:innen, das sich empirisch mittels so genannter News- oder Medienrepertoires untersuchen lässt. Darunter wird das individuelle Medien-Menü verstanden, d.h. die Kombination unterschiedlicher Medien, die eine Person üblicherweise nutzt (Hasebrink & Domeyer, 2012; Hasebrink & Hepp, 2017). Unter den Begriff der Newsrepertoires lässt sich in der Repertoireforschung der Fokus auf Medien zu Informationszwecken fassen (z. B. Edgerly, 2015; Schneider & Eisenegger, 2018). Die Newsnutzung in digitalen Gesellschaften hat sich insofern transformiert, dass – vor allem durch die Etablierung von Social-Media-Plattformen – unterschiedliche Motive der Mediennutzung aufeinandertreffen. Der Konsum von Nachrichten verschränkt sich demnach mit der Alltagsorganisation, der interpersonellen Kommunikation und sozialen Kontaktpflege oder auch der Unterhaltung. Die transformierten Nachrichtennutzungsmuster führen zu einer Ausdifferenzierung von Newsrepertoires, die gleichzeitig die Gefahr einer Publikumsfragmentierung implizieren (Hasebrink, 2008). Diese Fragmentierung kann bedeuten, dass die gesellschaftliche Integrationsfunktion medienöffentlicher Kommunikation weniger erfüllt werden kann (Prior, 2005, 2007; Stroud, 2011). Zudem manifestiert sich das jeweilige Nachrichtennutzungsmuster auch auf der Verhaltensebene, indem beispielsweise das Ausmass politischer Partizipation vom jeweiligen Newsrepertoire abhängt (z. B. Edgerly et al., 2018; Mourão et al., 2018; Young & Anderson, 2017).

In internationalen (meist quantitativen) Studien zur Repertoireforschung werden insbesondere zwei stark kontrastierende Newsrepertoires herausgestrichen. Einerseits die so genannten „News-Seekers" als jene Gruppe von Nachrichtenkonsument:innen, die über einen besonders ausgeprägten Newskonsum über unterschiedliche Kanäle hinweg verfügen, und die „News-Avoiders", worunter Personen zu fassen sind, die Nachrichten bewusst verweigern (Ksiazek et al., 2010; Levendusky, 2013; Strömbäck et al., 2017). News-Avoidance stellt insofern ein wesentliches Problem für demokratische Gesellschaften dar, da Nutzer:innen, die mit Nachrichten unterversorgt sind, über geringeres politisches Wissen verfügen (Hyunwoo & JungAe, 2014), eine geringe gesellschaftliche Teilhabe vorweisen (Blekesaune et al., 2012) und ein vermindertes politisches Wissen, Vertrauen in gesellschaftliche Institutionen und mangelnde Demokratiezufriedenheit aufweisen (Strömbäck et al., 2017). Im internationalen Vergleich ist der Anteil an Personen, die willentlich Nachrichten vermeiden, besorgniserregend. Laut Umfragen des Reuters Instituts (2019) trifft der Repertoiretyp der „News-Avoiders" auf 26 % der Schweizer:innen zu – vergleichbar mit den Werten aus Deutschland (25 %) und Österreich (30 %). Am höchsten liegt der Anteil mit 41 % in der US-Bevölkerung. Besonders betroffen sind Personen unter 30 Jahren, insbesondere in der Schweiz (31 %) und Österreich (37 %), während der Anteil in Deutschland auf ähnlichem Niveau der Gesamtbevölkerung liegt (25 %) (vgl. auch Eisenegger et al., 2020).

Wir untersuchen seit 2009 die Newsrepertoires der Schweizer:innen mittels quantitativer Bevölkerungsbefragungen (jährlich durchgeführte Mediennutzungsstudie des fög in Zusammenarbeit mit GfK Switzerland) und entwickelten eine dahingehende Typologie, die nicht nur die Extrempole „News-Seekers" und „News-Avoiders" fokussiert. Zudem gehen wir davon aus, dass der Begriff der „News-Avoidance", als willentliche Vermeidung von Nachrichten, nicht zutreffend ist, da weniger von einer intentionalen Strategie auszugehen ist als vielmehr von einer Nachrichtenunterversorgung, die auch nicht-intentionale Ursachen hat, zum Beispiel in Form von Verdrängungseffekten durch nicht-informationelle Nutzungsmotive insbesondere auf digitalen Plattformen. Wir ziehen daher den Begriff der „News-Deprivation" vor, worunter eine Deprivation (Unterversorgung) mit Nachrichten verstanden wird, die auf die hauptsächlich genutzten Medienquellen – in diesem Zusammenhang vor allem Social Media – zurückzuführen ist. Unsere Befragung richtet sich seit 2009 an die Wohnbevölkerung der Deutschschweiz und Suisse Romande im Alter zwischen 16 und 69 Jahren. In den mittlerweile 12 Erhebungswellen wurden insgesamt 41118 Personen befragt; die Daten sind vergleichbar, da das Befragungsinstrument im Kern unverändert geblieben ist und durch Mediennutzungen ergänzt wurde, die im Zuge der Digitalisierung an Bedeutung gewonnen haben. Mithilfe der Abfrage der individuellen Mediennutzung (Häufigkeit der Nutzung unterschiedlicher Medienangebote, z. B. Tageszeitungen, Gratiszeitungen, Radio, TV, Social Media) konnten mithilfe von Clusteranalysen insgesamt sechs Repertoiretypen identifiziert werden (Schneider & Eisenegger, 2018, 2019; Schwaiger et al., 2020). Diese Typen lassen sich wiederum der „alten" (Old-World-Repertoires) und der „neuen" (New-World-Repertoires) Medienwelt zuordnen (vgl. Abbildung 1). Während die Old-World-Repertoiretypen durch eine häufige Nutzung von klassischen Nachrichtenmedien wie Presse, Radio und TV gekennzeichnet sind, spielen für die New-World-Repertoires digitale Online-Kanäle eine wesentliche Rolle. Zu den Repertoiretypen der „Old World" zählen die so genannten „Homeland Oriented"-, „Old World Boulevard"- und „Old World & Onlinependants"-Nutzer:innen, zu den Repertoiretypen der „New World" zählen „Intensivnutzer:innen", „Global Surfers" und „News-Deprivierte".

Die Old-World-Repertoires sind durch die Nutzung von traditionellen Nachrichtenmedien gekennzeichnet. Zu den Hauptquellen zählen die (regionale) Tageszeitung, Fernsehen und Radio, darunter sowohl nationale öffentlich-rechtliche als auch regionale private Sender. Die Repertoiretypen „Old World Boulevard" und „Old World & Onlinependants" nutzen zudem Online-News und Nachrichtenportale, einerseits um Boulevardmedien und weitere Human-Interest-Medien zu konsumieren, andererseits um jene Nachrichtenmedien anzusteuern, die sie auch offline nutzen. Im Gegensatz dazu nutzen die „Homeland Oriented" kaum Online-Nachrichten, auch Social Media werden selten konsumiert. Die Logik hinter der

Abbildung 1: Profile der Repertoiretypen 2020 (Eigene Darstellung)

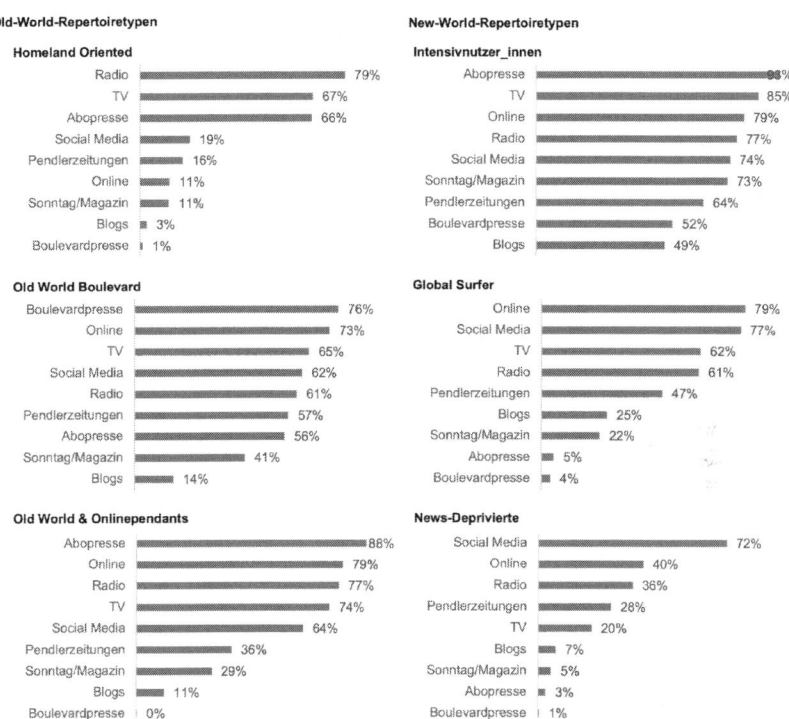

Die Abbildung zeigt die Profile der Repertoiretypen anhand der wichtigsten Medienkategorien. Abgebildet sind die Anteile der Befragten, die als Nutzungshäufigkeit des Medientyps zu Informationszwecken „oft" oder „sehr oft" angegeben haben.

Newsnutzung der Old-World-Repertoires folgt jener der Massenmedien, wonach Inhalte linear rezipiert werden.

Die New-World-Repertoires sind kennzeichnend für Digital Natives oder Digital Immigrants und geprägt durch einen ausgeprägten Konsum von Online-News. Neben der Nutzung von Nachrichten sind aber auch weitere Nutzer:innenbedürfnisse wesentlich, so beispielsweise Unterhaltung, soziale Kontaktpflege und expressive Selbstdarstellung. Die „Intensivnutzer:innen" nutzen ein breites Repertoire an Medien, „News-Deprivierte" nutzen nur selten Nachrichten und im Vergleich zu den anderen Repertoires fast ausschliesslich via Social Media. Die „Global Surfers" konsumieren vor allem Online- und Social-Media-Nachrichten. Mehr als alle anderen Repertoiretypen greifen sie dabei auf internationale Angebote zu.

Pendlerzeitungen sind für alle drei Repertoires der „New World" von Relevanz, wenn auch in den vergangenen Jahren mit sinkender Tendenz. Insgesamt zählt nur mehr ein Viertel der Schweizer:innen zu den Old-World-Repertoires, während der Anteil im Jahr 2009 noch bei etwa 50 % lag. Entsprechend stark ist die Zunahme der New-World-Repertoires – insbesondere ist der Anteil der „News-Deprivierten" von 21 % im Jahr 2009 auf 37 % im Jahr 2020 gestiegen.

3. *News-Deprivation als Herausforderung für moderne Gesellschaften*

Im Rahmen dieses Beitrages möchten wir den Repertoiretyp, der sich durch News-Deprivation auszeichnet, näher betrachten. Mit einer Zunahme von 16 Prozentpunkten seit 2009 nimmt er in der Schweizer Bevölkerung mittlerweile den grössten Anteil ein, unter den 16- bis 29-Jährigen weist mehr als die Hälfte ein entsprechendes Newsrepertoire auf (Eisenegger et al., 2020). In den letzten Jahren bleibt der Anteil konstant auf diesem hohen Niveau. Bei diesem Repertoiretyp ist die Bereitschaft, für News zu bezahlen, minimal. Diese werden über Social Media kostenlos bezogen oder allenfalls über Gratiszeitungen. Entsprechend gering ist das Bewusstsein für qualitativ hochwertigen Journalismus. „News-Deprivation" ist jedoch nicht gleichzusetzen mit einer intentionalen Newsverweigerung, wie sie das Konzept der „News-Avoidance" nahelegt (z. B. Edgerly et al., 2018). Das bedeutet gleichzeitig, dass sich die „News-Deprivierten" situativ sehr wohl Nachrichten zuwenden.

Wesentlich für die New-World-Repertoires im Allgemeinen und den Repertoiretyp der „News-Deprivierten" im Speziellen ist der ausgeprägte Social-Media-Konsum. Im Zuge unserer Repertoireforschung haben wir deshalb konkret mittels Online-Befragung untersucht, für welche Zwecke Social Media genutzt werden (Schneider & Eisenegger, 2019). Über alle Repertoiretypen hinweg liegen die Hauptnutzungsmotive in den Bereichen Socializing, expressive Identitätsdarstellung und Unterhaltung sowie dem Folgen bekannter Personen. Die Nutzung von Plattformen für den Nachrichtenkonsum spielt eine geringere Rolle, ebenso das Produzieren von eigenen Inhalten, die über Social Media veröffentlicht werden. Zentral sind zudem die Unterschiede zwischen den Repertoires hinsichtlich der genutzten Plattformen. So nutzen News-Deprivierte vor allem Instagram und Snapchat, die „Global Surfers" zum Vergleich hingegen signifikant häufiger Twitter oder die Business-Plattformen XING und LinkedIn. Insgesamt kombinieren die Repertoires der New-World unterschiedliche Nutzungsmotive auf den Plattformen – vor allem aber die jungen Schweizer:innen (vgl. Abschnitt 4) –, während die Old-World-Repertoires Social Media signifikant seltener nutzen und auch unterschiedliche Nutzungsmotive in geringem Ausmass miteinander verknüpfen.

Unter der Annahme, dass News-Deprivierte nicht ausreichend mit gesellschaftlich relevanten Nachrichten versorgt werden, stellt sich die Frage, mit welchen Themen sie überhaupt in Berührung kommen. Anhand unserer Befragungsdaten können wir zeigen, in welchem Ausmass konkrete Kommunikationsereignisse aus dem vorangegangen Jahr (2019) wahrgenommen wurden (Schneider & Eisenegger, 2020). Das Gesamtsample der Schweizer Bevölkerung verfolgte am intensivsten die Politik von Donald Trump als US-Präsident, den Brexit-Streit und Sieg von Boris Johnson, Greta Thunberg und die Fridays-for-Future-Bewegung, den Brand der Kirche Notre Dame in Paris sowie die Schweizer Nationalratswahlen. Bezogen auf die einzelnen Repertoiretypen als Untergruppen der Bevölkerung zeigt sich jedoch ein differenzierteres Bild. Wir fokussieren uns folgend auf die Themenwahrnehmung der Gruppe der „News-Deprivierten" (vgl. Abbildung 2).

Abbildung 2: Themenagenda 2019 der „News-Deprivierten" (Schneider & Eisenegger, 2020)

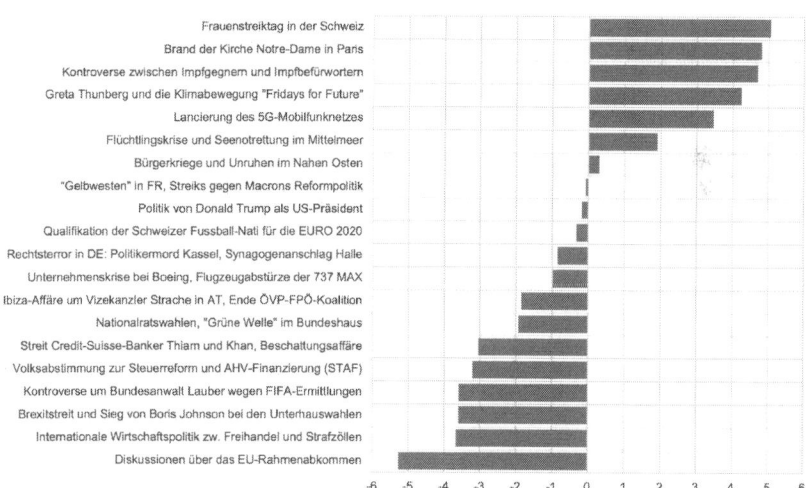

Die Abbildung zeigt standardisierte Residuen (als statistisches Mass der Abweichung vom Durchschnitt), die angeben, wie über- bzw. unterdurchschnittlich ein Kommunikationsereignis im Vergleich zum Gesamtsample wahrgenommen wird. Eine Abweichung von mehr als zwei Punkten verweist auf substanzielle

Unterschiede zum Gesamtsample, während geringere Abweichungen vom 0-Wert auf eine weitgehende Übereinstimmung mit dem Gesamtsample hindeuten.

Insgesamt zeigt sich, dass die „News-Deprivierten" komplexere Kommunikationsereignisse des politischen Meinungs- und Entscheidungsfindungsprozesses unterdurchschnittlich stark verfolgen. Ebenso erreichen wirtschaftspolitische Debatten kaum deren Aufmerksamkeit, während Themen, die insbesondere auf Social Media eine vergleichsweise hohe Resonanz auslösten, die Agenden der „News-Deprivierten" dominieren. So erzielten beispielsweise die #MeToo-Debatte oder der Skandal über Datenmissbrauch von Facebook überdurchschnittliche Aufmerksamkeit bei dieser Gruppe. Während des Brandes von Notre-Dame konnte zudem beobachtet werden, wie stark der Fokus auf diesem Ereignis über sämtliche Social-Media-Plattformen hinweg lag (Global Editors Network, 2019). Entsprechend stark wurde das Ereignis von den Social-Media-affinen „News-Deprivierten" wahrgenommen. Vor allem mobilisierende Themen, wie der Frauenstreiktag und die Klimabewegung, waren wichtige Themen für die „News-Deprivierten", die bestimmte Milieus (z. B. politisch linkspositionierte oder feministisch engagierte Personen) auch politisch aktiviert haben. Ebenso brachten die Flüchtlingskrise und die Seenotrettung im Mittelmeer (Platz 6 auf der Themenagenda) solidarische Aktionen hervor. Das Themenrepertoire der „News-Deprivierten" ist demnach vergleichsweise stärker durch bedrohliche und emotional aufgeladene Themen geprägt, wie auch frühere Studien belegen (Schneider & Eisenegger, 2016, 2018). Zudem wurden Themen mit potentiell verschwörungstheoretischen Zügen von den „News-Deprivierten" stärker wahrgenommen, darunter beispielsweise die Kontroverse zwischen Impfbefürworter:innen und -gegner:innen oder die 5G-Debatte. Alle Themen haben gesamthaft betrachtet gemein, dass sie auf Social Media stark verhandelt wurden bzw. bei den eigenen Netzwerk-Communities auf Resonanz stossen, dies oftmals allerdings in problematischen Kommunikationsformen. Während der Brandkatastrophe von Notre-Dame kursierte beispielsweise auf Social Media prominent die Falschinformation, der Brand sei Resultat eines Terrorakts. Auch der Schweizer Frauenstreiktag, die Klimabewegung und die Seenotrettung wurden auf Social Media stark kontrovers bis hin zu aggressiv abwertend verhandelt, vor allem unter Bezugnahme auf die Exponent:innen der Bewegungen (Feminist:innen, Greta Thunberg, Carola Rackete). Dennoch zeigen diese Ergebnisse, dass News-Deprivation nicht mit einer intentionalen Nachrichtenverweigerung einhergeht. Besonders Themen, die einen mobilisierenden Charakter haben und mit Identifikationsfiguren verknüpft sind, erreichen die Gruppe der „News-Deprivierten" und können starkes Interesse auslösen. Dieser Befund veranlasste uns dazu, einen genaueren Blick auf das Informationsverhalten junger Erwachsener zu werfen, die den grössten Anteil unter den „News-Deprivierten" ausmachen. Die Ergebnisse werden im folgenden Kapitel zusammengefasst.

4. Informationsverhalten junger Erwachsener

Mithilfe eines qualitativen Online-Studiendesigns untersuchten wir die Mediennutzungsmuster und das Informationsverhalten von 20- bis 25-jährigen Schweizer:innen, um vertiefte Einblicke in die medialen Lebenswelten von Personen, denen ein New-World-Repertoire zuzuordnen ist, zu bekommen (Schwaiger, 2020). Dabei fokussierten wir nicht nur auf die Nachrichtennutzung, sondern weiteten den Blick auf Medienrepertoires, verstanden als die Gesamtheit aller Medien, die zu unterschiedlichen Zwecken genutzt werden (Hasebrink & Hepp, 2017). Ziel der qualitativen Studie war es, die bevorzugten Medienkanäle der jungen Erwachsenen in Erfahrung zu bringen, Nutzungsmuster zu ergründen und die Motive hinter diesen Nutzungen zu erforschen. Wir untersuchten zudem das Informationsverhalten der Zielgruppe und deren Erwartungen gegenüber dem Informationsjournalismus.

Insgesamt wurden 19 Schweizer:innen für die Studienteilnahme rekrutiert. Es wurden ausschliesslich Personen zwischen 20 und 25 Jahren ausgewählt, die laut Selbstauskunft für Nachrichtenzwecke insbesondere Social Media verwenden und traditionelle Medien (Presse, Radio, TV) kaum oder gar nicht nutzen. Durch das Screening nach diesen Indikatoren konnten wir Personen, die am stärksten von einer potentiellen Nachrichtenunterversorgung respektive News-Deprivation betroffen sind, für die Studie gewinnen. Zudem achteten wir auf eine heterogene Geschlechter- und Bildungsverteilung unter den Teilnehmenden.

Um die Zielgruppe in ihrer Lebenswelt abzuholen, wurde über einen Drittanbieter (Kernwert, 2020) eine Online-Plattform aufgesetzt, die mit persönlichem Zugangslink über unterschiedliche Geräte (PC, Tablet, Smartphone) von den Teilnehmenden in der Form einer Website aufrufbar war. Auf dieser Plattform wurden vier Aufgaben programmiert, die von den Teilnehmenden nach und nach in dem Zeitraum vom 18. bis zum 29. Mai 2020 bearbeitet werden sollten. Es wurden unterschiedliche qualitative Methoden miteinander verbunden, darunter ein einstündiger Live-Chat zu Beginn der Feldphase, Medientagebücher, Forumsdiskussionen und Sortieraufgaben. Sämtliche Ergebnisse wurden qualitativ inhaltsanalytisch ausgewertet (Mayring, 1994).

Hinsichtlich der Medienrepertoires der jungen Erwachsenen zeigen sich klare Präferenzen hinsichtlich der am häufigsten genutzten Medienkanäle (vgl. Abbildung 3). Unabhängig vom Bildungsniveau der Teilnehmer:innen werden vor allem audiovisuelle, digitale Plattformen wie YouTube, Instagram und Spotify in den Alltag integriert. YouTube ist die am häufigsten genutzte Medienquelle und überzeugt insbesondere aufgrund der Kombination von Information und Unterhaltung. Instagram wird indes für die Vernetzung mit Freund:innen und den Konsum von Lifestyle-Beiträgen genutzt. Der Messenger-Dienst WhatsApp dient weiter zum Austausch mit Familie und Freund:innen, die Suchmaschine Google gilt als primäre Informations- und Recherchequelle der Jungen. Auch die Audioplattform Spotify wird häufig ins Medienrepertoire aufgenommen, obwohl es unter den genannten die einzige Plattform ist, die kostenpflichtig ist, wenn sie uneingeschränkt genutzt werden soll. Neben dem Hören von Musik wird Spotify auch für Podcasts genutzt, die bei den Teilnehmer:innen nach und nach das klassische Radio ersetzt haben. Wenig überraschend werden klassische Nachrichtenmedien wie das Fernsehen, Radio und Presse gesamthaft äusserst selten genutzt und als altmodisch eingeschätzt. Allenfalls wird auf die Online-Pendants oder News-Apps einzelner Medientitel zurückgegriffen.

Wenn nach der Glaubwürdigkeit von Medienkanälen gefragt wird, zeigt sich jedoch ein inverses Bild: Traditionelle Medienquellen werden von den Studienteilnehmer:innen als besonders glaubwürdig eingeschätzt, da davon ausgegangen wird, dass diese journalistische Qualitätsstandards einhalten. Abgesehen von Google werden indes sämtliche Social-Media-Plattformen als weniger glaubwürdig betrachtet, weil auch Lai:innen Inhalte (darunter auch desinformative Beiträge) verbreiten können. Google gilt deshalb als glaubwürdiger, da die Nutzer:innen selbst entscheiden können, welche Inhalte sie aus der Trefferliste weiter vertiefen. Dieser Befund verdeutlicht die reflektierte und durchaus kritische Haltung der jungen Befragten hinsichtlich ihrer eigenen Mediennutzung. Es ist davon auszugehen, dass die jungen Schweizer:innen Medienkompetenz dahingehend aufweisen, Medienbeiträge wie auch unterschiedliche Medienkanäle kritisch einordnen zu können.

Abbildung 3: Medienrepertoires junger Erwachsener: Nutzungshäufigkeit und Glaubwürdigkeit unterschiedlicher Kanäle (Schwaiger, 2020)

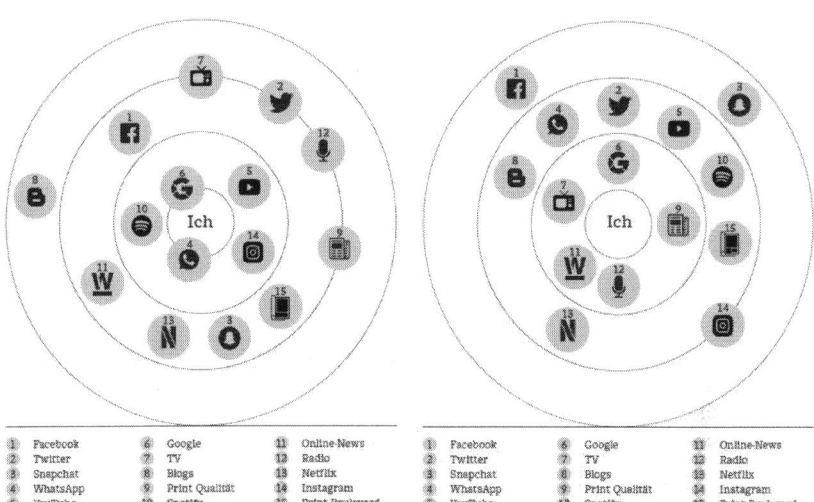

1) Facebook	6) Google	11) Online-News	1) Facebook	6) Google	11) Online-News
2) Twitter	7) TV	12) Radio	2) Twitter	7) TV	12) Radio
3) Snapchat	8) Blogs	13) Netflix	3) Snapchat	8) Blogs	13) Netflix
4) WhatsApp	9) Print Qualität	14) Instagram	4) WhatsApp	9) Print Qualität	14) Instagram
5) YouTube	10) Spotify	15) Print Boulevard	5) YouTube	10) Spotify	15) Print Boulevard

Die Darstellung zeigt die Nutzungshäufigkeit (links) und Glaubwürdigkeit (rechts) unterschiedlicher Medienkanäle unter den 20- bis 25-jährigen Studienteilnehmer:innen. Je näher ein Kanal in der Kreismitte platziert ist, umso häufiger wird er genutzt (links) / umso glaubwürdiger wird er eingeschätzt (rechts).

Das Informationsverhalten der Jungen ist durch die Nutzung des Smartphones als alltäglicher Begleiter bestimmt. Der Gebrauch von Apps und Social-Media-Plattform ist integraler Bestandteil der täglichen Routine. Die junge Zielgruppe stösst demnach häufig per Zufall auf Nachrichten, so beispielsweise, wenn Personen aus der Peer-Group (auch z. B. über Messenger-Dienste wie WhatsApp) oder Influencer:innen Beiträge teilen. Wenn Interesse entsteht, wird die Plattform Google genutzt, um weiter über Themen zu recherchieren. Auch persönliche Face-to-Face-Kontakte sind für die Jungen nach wie vor von grosser Relevanz, beispielsweise mit Freund:innen oder mit der Familie. Geschätzt wird von den jungen Erwachsenen dabei insbesondere, dass bei der Diskussion über aktuelle Themen unterschiedliche Meinungen aufeinandertreffen. Gesellschaftliche Ereignisse stossen vor allem dann auf Interesse, wenn sich die Jungen mit den Themen identifizieren können, oder aber auch, wenn es sich um mobilisierende Themen wie Fridays for Future oder den Schweizer

Frauenstreik handelt. Es sind Ereignisse, die vor allem für die Generation der Digital Natives identifikationsstiftenden Charakter haben.

Die jungen Erwachsenen haben durchaus Erwartungen an den professionellen Journalismus. Sie wünschen sich Nachrichtenplattformen, die Beiträge von unterschiedlichen Medienmarken beinhalten. Dies kann ihrer Vorstellung nach anhand von medienübergreifenden Apps realisiert werden, was voraussetzt, dass unterschiedliche Medienhäuser miteinander kooperieren. Weiter sprechen die junge Zielgruppe insbesondere jene Beiträge an, die zum Beispiel audiovisuell aufbereitet und leicht verständlich sind. Oftmals entscheidet dabei der Titel eines Nachrichtenbeitrages, ob dieser vollumfänglich rezipiert wird. Die Jungen müssen demnach in ihrer medialen Lebenswelt abgeholt werden, die von einem starken Social-Media-Konsum geprägt ist.

Zudem äusserten die Jungen den Wunsch, dass Nachrichtenbeiträge entsprechend ihrer persönlichen Interessen algorithmisch vorselektiert werden. Aus einer demokratietheoretischen Perspektive ist dies allerdings kritisch zu betrachten, da durch algorithmische Selektionen nicht gewährleistet wird, dass sich die Nutzer:innen ein vollumfängliches Bild der Gesellschaft machen können. Der professionelle Journalismus muss entsprechend eine Balance zwischen den Bedürfnissen der jungen Zielgruppe und der Erfüllung seiner demokratischen Funktion schaffen.

5. Fazit: Junge für den professionellen Journalismus zurückgewinnen

Der vorliegende Beitrag gab einen Überblick über die Newsrepertoires, im Sinne von Nachrichtennutzungsmustern, innerhalb der Schweizer Bevölkerung. Mit einem Fokus auf die so genannte News-Deprivation als jenes Newsrepertoire mit dem mittlerweile höchsten Bevölkerungsanteil, war es Ziel des Beitrages, einen vertieften Einblick in die Themenwahrnehmung und das Informationsverhalten insbesondere der jungen Schweizer:innen zu bekommen, einer Gruppe, in der News-Deprivation weit verbreitet ist. Insgesamt zeigte sich in der diachronen Analyse von Bevölkerungsbefragungsdaten, dass Repertoires der „New World" jene der „Old World" zunehmend verdrängen. 2020 lag so der Bevölkerungsanteil der „News-Deprivierten" bei rund 37 %, ein Zuwachs von rund 16 Prozentpunkten seit 2009. Diese durch einen hohen Social-Media-Konsum ausgezeichnete Gruppe stellt den professionellen Informationsjournalismus vor Herausforderungen, zumal sie sich mehr und mehr von traditionellen Nachrichtenangeboten abwenden. Die Einbindung in politische Prozesse, was unabdingbar ist für demokratische Gesellschaften, wird dadurch erschwert (Schneider & Eisenegger, 2020).

Auch die Themenwahrnehmung der „News-Deprivierten" zeigt deutlich, dass komplexe, gesellschaftspolitische Kommunikationsereignisse in den Themenagenden stark unterrepräsentiert sind und durch skandalisierende, polarisierende und emotionalisierende Ereignisse verdrängt werden. Starke Beachtung wird zudem mobilisierenden, identifikationsstiftenden Themen geschenkt, wie beispielsweise der Berichterstattung zur Fridays-for-Future-Bewegung. Deutlich wird durch diesen Befund zudem, dass News-Deprivation nicht mit einer „News-Avoidance" gleichzusetzen ist, da es sich bei dieser Gruppe nicht um intentionale Nachrichtenverweigerer:innen handelt, sondern fallweise sogar starkes Nachrichteninteresse besteht (Schneider & Eisenegger, 2020).

Da vor allem junge Menschen von einer Nachrichtenunterversorgung betroffen sind, haben wir diese Gruppe mittels eines qualitativen Studiendesigns genauer untersucht. Die Befunde zeigen, dass die Jungen trotz starker Social-Media-Nutzung dieser kritisch-reflektiert gegenüberstehen. So kommt es auch, dass sie traditionelle Nachrichtenkanäle noch immer als am glaubwürdigsten einschätzen. Die Mediennutzung der Jungen ist klar durch das Smartphone definiert, weshalb Nachrichtenbeiträge häufig nebenbei oder gar per Zufall konsumiert werden, beispielsweise wenn Personen der eigenen Peer-Group Beiträge teilen. Dennoch nehmen auch persönliche Kontakte eine wichtige Rolle beim Informationsaustausch ein, so werden Nachrichten nicht selten „offline" z. B. mit der Familie diskutiert. Unsere quantitativen Befunde bestätigend kann das Interesse an Nachrichten in bestimmten Fällen sogar sehr stark ausgeprägt sein. Es handelt sich dann um Beiträge, welche die junge Generation bewegen und Identifikationsmöglichkeiten schaffen. Entsprechend wünschen sich die Jungen vom professionellen Journalismus, dass stärker auf die persönlichen Interessen eingegangen wird, beispielsweise mittels Apps, die Nachrichten vorselektieren. Die Beiträge sollen visuell ansprechend und möglichst einfach verständlich sein, sodass sie auch „nebenbei" rezipiert werden können. Die Bindung an einzelne Medienmarken schwindet weiter, wonach die junge Zielgruppe Plattformen präferieren würde, bei denen unterschiedliche Medienangebote aufeinandertreffen. Der professionelle Journalismus steht dabei vor der Herausforderung, auf die Bedürfnisse der jungen Zielgruppe einzugehen ohne sich anzubiedern, d.h. gleichzeitig zu gewährleisten, dass die Rezipierenden mit gesellschaftlich relevanten Informationen versorgt werden (Schwaiger, 2020). Zusammenfassend zeigte unsere Analyse, dass junge Menschen oder gar News-Deprivierte keineswegs für den professionellen Informationsjournalismus verloren sind. Es müssen jedoch attraktive Angebote geschaffen werden, welche die Zielgruppe in ihrer medialen Lebenswelt erreichen.

Literatur

Blekesaune, A., Elvestad, E. & Aalberg, T. (2012). Tuning out the World of News and Current Affairs – An Empirical Study of Europe's Disconnected Citizens. *European Sociological Review, 28*(1), 110–126. doi:10.1093/esr/jcq051

Edgerly, S. (2015). Red Media, Blue Media, and Purple Media: News Repertoires in the Colorful Media Landscape. *Journal of Broadcasting & Electronic Media, 59*(1), 1–21. doi:10.1080/08838151.2014.998220

Edgerly, S., Vraga, E. K., Bode, L., Thorson, K. & Thorson, E. (2018). New Media, New Relationship to Participation? A Closer Look at Youth News Repertoires and Political Participation. *Journalism & Mass Communication Quarterly, 95*(1), 192–212. doi:10.1177/1077699017706928

Eisenegger, M., Schneider, J. & Schwaiger, L. (2020). „News-Deprivation" als Herausforderung für moderne digitale Gesellschaften. In ORF (Hrsg.), *Public Value Studie: Medienqualität im Diskurs. Informationsdeprivation & News-Avoiding. Eine Herausforderung für Demokratie und öffentlich-rechtliche Medien.* Wien: ORF.

fög – Forschungszentrum Öffentlichkeit und Gesellschaft. (2020). *Qualität der Medien. Jahrbuch 2020.* Basel: Schwabe.

Franck, G. (2007). *Ökonomie der Aufmerksamkeit. Ein Entwurf.* München: dtv.

Global Editors Network. (2019). Notre Dame: How social media impacted legacy media – and vice versa. Abgerufen unter https://medium.com/globaleditors-network/notre-dame-how-social-media-impacts-legacy-media-andvice-versa-e82d5ee69261

Hasebrink, U. (2008). Das multiple Publikum. In B. Pörksen, W. Loosen, A. Scholl & S. Weischenberg (Hrsg.), *Paradoxien des Journalismus. Theorie – Empirie – Praxis. Festschrift für Siegfried Weischenberg* (S. 513–530). Wiesbaden: VS Verlag für Sozialwissenschaften.

Hasebrink, U. & Domeyer, H. (2012). Media repertoires as patterns of behaviour and as meaningful practices: A multimethod approach to media use in converging media environments. *Participations. Journal of Audience & Reception Studies, 9*(2), 757–779.

Hasebrink, U. & Hepp, A. (2017). How to Research Cross-Media Practices? Investigating Media Repertoires and Media Ensembles. *Convergence: The International Journal of Research into New Media Technologies, 23*(4), 362–377. doi:10.1177/1354856517700384

Hyunwoo, L. & JungAe, Y. (2014). Political Knowledge Gaps Among News Consumers with Different News Media Repertoires Across Multiple Platforms. *International Journal of Communication, 8,* 597–617.

Kernwert. (2020). Digital Qualitative Research Software and Services. Abgerufen unter https://www.kernwert.com/de/

Ksiazek, T. B., Malthouse, E. & Webster, J. (2010). News-seekers and Avoiders: Exploring Patterns of Total News Consumption Across Media and the Relationship to Civic Participation. *Journal of Broadcasting & Electronic Media,, 54*(4), 551–568.

Levendusky, M. (2013). Why Do Partisan Media Polarize Viewers? *American Journal of Political Science, 57*(3), 611–623.

Mayring, P. (1994). Qualitative Inhaltsanalyse. In A. Böhm, A. Mengel & T. Muhr (Hrsg.), *Texte verstehen: Konzepte, Methoden, Werkzeuge* (S. 159–175). Konstanz: UVK Univ.-Verl. Konstanz.

Mourão, R. R., Thorson, E., Chen, W. & Tham, S. M. (2018). Media Repertoires and News Trust During the Early Trump Administration. *Journalism Studies, 19*(13), 1945–1956. doi:10.1080/1461670X.2018.1500492

Prior, M. (2005). News vs. Entertainment: How Increasing Media Choice Widens Gaps in Political Knowledge and Turnout. *American Journal of Political Science, 49*(3), 577–592. doi:10.2307/3647733

Prior, M. (2007). *Post-Broadcast Democracy. How Media Choice Increases Inequality in Political Involvement and Polarizes Elections*. New York: Cambridge University Press.

Reuters Institute for the Study of Journalism. (2019). Digital News Report. Abgerufen unter http://www.digitalnewsreport.org

Schneider, J. & Eisenegger, M. (2016). Wie Mediennutzer in die Welt schauen: Die Newsrepertoires der Schweizer/innen und ihre Themenagenden. In fög – Forschungsinstitut Öffentlichkeit und Gesellschaft (Hrsg.), *Studien Qualität der Medien 2/2016*. Basel: Schwabe.

Schneider, J. & Eisenegger, M. (2018). Newsrepertoires junger Erwachsener. In N. Gonser (Hrsg.), *Der öffentliche (Mehr-) Wert von Medien* (S. 93–107). Wiesbaden: Springer VS.

Schneider, J. & Eisenegger, M. (2019). Der Bedeutungsverlust traditioneller Newsmedien und die Entstehung neuer Nutzungsmuster – wie die Digitalisierung Newsrepertoires verändert. In fög – Forschungsinstitut Öffentlichkeit und Gesellschaft (Hrsg.), *Jahrbuch Qualität der Medien. Schweiz Suisse Svizzera* (S. 27–45). Basel: Schwabe.

Schneider, J. & Eisenegger, M. (2020). Mediennutzung und persönliche Themenagenda – wie das Newsrepertoire die Wahrnehmung von Kommunikationsereignissen prägt. In fög – Forschungszentrum Öffentlichkeit und Gesellschaft (Hrsg.), *Qualität der Medien. Jahrbuch 2020* (S. 101–114). Basel: Schwabe.

Schwaiger, L. (2020). Mediale Lebenswelten junger Schweizerinnen und Schweizer. In fög – Forschungszentrum Öffentlichkeit und Gesellschaft (Hrsg.), *Jahrbuch Qualität der Medien. Schweiz Suisse Svizzera* (S. 89–100). Basel: Schwabe.

Schwaiger, L., Schneider, J. & Vogler, D. (2020). Mediennutzung. In fög – Forschungszentrum Öffentlichkeit und Gesellschaft (Hrsg.), *Jahrbuch Qualität der Medien. Schweiz Suisse Svizzera* (S. 135–143). Basel: Schwabe.

Strömbäck, J., Falasca, K. & Kruikemeier, S. (2017). The Mix of Media Use Matters: Investigating the Effects of Individual News Repertoires on Offline and Online Political Participation. *Political Communication, 35*(3), 413-432. doi:10.1080/10584609.2017.1385549

Stroud, N. J. (2011). *Niche news. The politics of news choice*. New York: Oxford University Press.

van Aelst, P., Strömbäck, J., Aalberg, T., Esser, F., de Vreese, C., Matthes, J., . . . Stanyer, J. (2017). Political communication in a high-choice media environment. A challenge for democracy? *Annals of the International Communication Association, 41*(1), 3-27. doi:10.1080/23808985.2017.1288551

Webster, J. (2014). *The Marketplace of Attention. How Audiences Take Shape in a Digital Age*. Cambridge, MA: The MIT Press.

Young, D. G. & Anderson, K. (2017). Media Diet Homogeneity in a Fragmented Media Landscape. *Atlantic Journal of Communication, 25*(1), 33-47. doi:10.1080/15456870.2017.1251434

Fake News und Informationskompetenz: ein theoretischer Ansatz für den praktischen Unterricht

Anastasiia Grynko, Othmar Baeriswyl

Abstract

Das Internet spielt eine wichtige Rolle als Verbreiter von Fake News. Mehr als die Hälfte der in 40 Ländern befragten Bevölkerung zeigt sich besorgt darüber, welche Nachrichten im Internet wahr und falsch sind (Newman, 2020, S. 18). In den letzten Jahren hat in der Schweiz diese Besorgnis zugenommen (fög – Forschungszentrum Öffentlichkeit und Gesellschaft, 2020, S. 21).

Im Zentrum des Beitrags steht die Frage, wie Kommunikationsdozierende in der Ausbildung auf Phänomene wie Fake News in einem postfaktischen Zeitalter reagieren können. Zuerst wird eine *Definition von Fake News* systematisch von fünf Kriterien (Wahrheitsgehalt, Absicht, Verbreitungskanal und Medium, Wirkungspotential sowie Form und Stil) abgeleitet.

Zweitens schlägt der Beitrag ein interdisziplinäres Verständnis von *Informationskompetenz* vor, das neben kognitiv-rationalen Kenntnissen und Fertigkeiten ebenfalls emotionale Kompetenzen in die Überlegungen einbezieht. Daraus lassen sich konkrete didaktische Massnahmen für einen Musterunterricht ableiten.

Schliesslich werden die Ergebnisse einer *empirischen Fallstudie* zum Verständnis des Phänomens Fake News wie auch von Methoden zur Faktenprüfung vorgestellt. Die an der Hochschule Luzern durchgeführte Fallstudie zeigt, dass eine auf diese Problematik ausgerichtete Schulung der Informationskompetenz zu einem vertieften Verständnis des Phänomens Fake News, der Kenntnis von Verifizierungsmethoden und Qualitätskriterien von Inhalten und Quellen beiträgt.

1. Problemstellung

Spätestens mit der Trump-Ära und der Corona-Epidemie steht das Reizwort Fake News auf der Agenda öffentlicher Diskussionen ganz oben.

„Alternative Fakten" haben offensichtlich das postfaktische Zeitalter ein-geläutet, in dem falsche Behauptungen oder „gefühlte Wahrheiten" als *gleichwertige* Alternativen zu Tatsachenwahrheiten und evidenzbasiertem Wissen ihren Platz beanspruchen.

Das Internet spielt dabei eine wichtige Rolle als Verbreiter solcher als Tatsachenwahrheiten und gesichertes Wissen postulierter Informationen. Laut dem Digital News Report des Reuters Institute zeigt sich die Hälfte der Befragten (56 %) in 40 Ländern besorgt darüber, welche Nachrichten im Internet wahr und falsch sind (Newman, 2020, S. 18). In den letzten Jahren hat in der Schweiz diese Besorgnis zugenommen (fög – Forschungs-zentrum Öffentlichkeit und Gesellschaft, 2020, S. 21).

Dieser Beitrag geht von der Wahrheit als oberste Maxime für die Institu-tionen der Wissenschaft und Forschung sowie vertrauenswürdigen Medien aus. Im Zentrum steht die Frage, wie Kommunikationsdozierende in der Ausbildung auf Phänomene wie Fake News in einem postfaktischen Zeit-alter reagieren können.

Zuerst wird das Wesen von Fake News systematisch mit Hilfe von fünf Kriterien und Merkmalsausprägungen erfasst. Anschliessend schlägt der Beitrag ein interdisziplinäres Verständnis von Informationskompetenz vor und erklärt, wie dieses praktisch für die Bildung umgesetzt werden kann. In einem zweiten Teil präsentiert er die Ergebnisse einer empirischen Fallstudie zum Verständnis des Phänomens Fake News wie auch von Me-thoden zur Faktenprüfung und geht der Frage nach, wie sich die gewonne-nen Erkenntnisse in die Schulung der Informationskompetenz integrieren lassen.

2. Theoretischer Teil

Als aktuelles, in der Öffentlichkeit diskutiertes und in der Wissenschaft interdisziplinär angegangenes Problem lässt sich Fake News nicht so leicht begrifflich fassen und auch nicht eindeutig bekannten Textsorten zuord-nen.

2.1 Unwahrheiten und Fake News im Internetzeitalter

Das Phänomen Fake News wurde in den vergangenen Jahren als mindes-tens zweidimensionales Phänomen diskutiert: Fake News als „Genre", d. h. die absichtliche Produktion von Desinformationen, und als „Label", um

Medien zu kritisieren oder zu delegitimieren (Egelhofer and Lecheler, 2019). Definitionen von Fake News nutzen meistens solche Schlüsselwörter wie fiktiv, unwahr (Jaster & Lanius, 2019, S. 82), falsch (Cambridge Dictionary), verdreht, verfälscht, verzerrt, getarnt als Nachrichten (Allcott & Gentzkow, 2017, S. 20; Levy, 2017, S. 20; Oremus, 2017), absichtlich, nachweislich, irreführend, sensationell und manipulativ (Gelfert, 2018). Andere umreissen das Phänomen mit klassischen Textsortenbezeichnungen wie Mythen, Nachrichtensatire, Nachrichtenparodie, Fiktion, Propaganda- und PR-Texte (Holzer & Sengl, 2020, S. 158).

Fake News und Falschinformationen allgemein sind kein neues Phänomen (Harari, 2019, S. 309). Im Internetzeitalter ist es aber einfacher geworden, Informationen zu manipulieren, Lügen und Halbwahrheiten ohne journalistischen Filter schneller als wahre Informationen (Vosoughi, Roy & Aral, 2018) über verschiedene Kanäle zu verbreiten.

Wir verstehen hier Fake News als Desinformationsinstrument (siehe oben). Wir schränken den Begriff News zudem nicht auf die journalistische Textsorte „Nachricht" ein, sondern erweitern dessen Verständnis auf medial verbreitete Informationen mit News- und Referenzcharakter (Kepplinger, 1998, S. 19–38; Baeriswyl, 1989, S. 17–19) .

2.2 Kriterien von Fake News

Die Analyse der Definitionen und Fälle führte zu fünf Fake-News-relevanten Kriterien. Diese betreffen (1) den *Wahrheitsgehalt des Inhalts*, (2) die *Absicht der Quelle*, (3) die *Medien mit den Kanälen*, (4) das *Wirkungspotential* auf die Rezipienten im Besonderen und auf die Gesellschaft im Allgemeinen sowie (5) Aspekte des *Stils und der Form* der Nachricht.

1. *Wahrheitsgehalt des Inhalts* – Fake News enthalten un- oder halbwahre Behauptungen, die als Tatsachenwahrheiten respektive als gesichertes Wissen deklariert werden. Dabei kann es sich um reine Fiktionen, um verzerrte, verfälschte Darstellungen der Wirklichkeit oder um Sachverhalte handeln, die in einem falschen Kontext dargestellt werden. In die „Grauzone" von Fake und wahren News fällt die Darstellung von ungesicherten Thesen als gesichertes Wissen. Dazu gehören als Tatsachen deklarierte Annahmen, aber auch von „falschen Tatsachen" abgeleitete Meinungen und auch Narrative von Verschwörungstheorien.
2. *Absicht der Quelle* – Nicht alle unwahren Behauptungen im obgenannten Sinn fallen unter die Gattung Fake News. Das zweite Fake-News-determinierende Kriterium betrifft die Absicht der Quelle: Fake News

desinformieren bewusst und gezielt mit unwahren Behauptungen in der Absicht, „die Vorstellungen der Rezipienten [...] zu manipulieren, um deren Meinungen, Einstellungen und Handeln in eine bestimmte Richtung zu lenken" (Zimmermann & Kohring, 2020, S. 30). Meist sind sie von ideologischen, politischen oder wirtschaftlichen Partikulär- oder Einzelinteressen geleitet.

3. *Kanal und Medien* – Die Verbreitung über das Internet ist zwar ein typisches, aber nicht determinierendes Merkmal von Fake News. Falschnachrichten können als Text, Foto, Video oder auch mündlich als Gerüchte (Bruhn, 2004, S. 19–21), über Zeitungen und Zeitschriften (Spiegel-„Relotius"-Affäre) oder über TV-Kanäle (Russlands Informationskrieg: Grynko, 2019) verbreitet werden.

4. *Wirkungspotential* – Fake News führen zu „kognitiven Verzerrungen" (Kahneman, 2016, S. 20–21) und bestätigen darauf aufbauende Vorurteile, die unter „Gleichgesinnten" in Echokammern sozialer Netzwerke gestärkt werden. Sie wirken weniger auf rationaler Ebene, sondern schüren Emotionen wie Wut, Hass, Verachtung oder Angst, die zu fehlgeleiteten intuitiven Urteilen und Handlungen führen können (Goleman, 2020, S. 343).

5. *Form und Stil* – Fake News täuschen oft als journalistisch aufgemachte Nachrichten oder als Blogbeiträge mit einem professionellen Layout Echtheit vor, um Vertrauen zu erwecken. In Fake News eingesetzte journalistische und rhetorische Stilmittel dienen aber auch zur Emotionalisierung, was in den Social Media die Verbreitung steigert und zu gefühlsgeleiteten Überreaktionen der Rezipienten führen kann (Sammer, 2015, S. 135–157).

2.3 Informationskompetenz im postfaktischen Zeitalter

Inhaltlich eng verknüpft mit dem Phänomen Fake News ist der Begriff „postfaktisches Zeitalter" (Harari, 2019, S. 310). Dieses beschreibt eine Grundhaltung und die Tendenz, subjektive oder „gefühlte" Wahrheiten als gleichwertige Alternativen zu geprüften Fakten und gesichertem Wissen gelten zu lassen. Allein „eine Behauptung, die auf affektive Zustimmung eines Subjekts gerichtet ist, reicht aus" (Hohlfeld, 2020, S. 46–47).

Dies führt zu einer Verwässerung des Wahrheitsbegriffs und verschafft Verschwörungstheorien ihre Existenzberechtigung, selbst wenn diese jeglicher Evidenz entbehren.

Diese Feststellungen und die sich abzeichnenden „postfaktischen" Entwicklungen werfen zwangsläufig Fragen zur Medien- und Informationskompetenz sowie zu deren Vermittlung auf.

2.4 Postfaktisches Zeitalter: Bedeutung und Rolle von Emotionen und Intuition

Im Kontext des Postfaktischen spricht man von „gefühlten Wahrheiten", und bei den Fake News spielen Gefühle eine zentrale Rolle (Kapitel 2.2.). Doch was versteht man unter Emotionen?

Gemeinhin betrachtet man Gefühle als Gegenpol zum Rationalen (Urbaniok, 2020, S. 217) und ordnet alles, was nicht rational erklärbar ist, der Welt der Emotionen zu (Goleman, 2020, S. 25). Nach Urbaniok (2020, S. 219) ist ein Gefühl „eine bewusst wahrgenommene Information aufgrund eines in der Regel unbewussten Wahrnehmungsprozesses". Dazu gehören die Grundemotionen Zorn, Trauer, Furcht, Freude, Liebe, Überraschung, Ekel und Scham. Diese sind Grundlage vieler menschlicher Urteile, Entscheide und Handlungen. Nach den Betrachtungen der Psychologen Kahneman (2016) und Goleman (2020) greifen auch intuitive Entscheide nicht rein auf gespeichertes Erfahrungswissen zurück, sondern nutzen ebenso einen „emotionalen Speicher", was schnelles, intuitives Denken ermöglicht und die Entscheidfindung im Alltag vereinfacht (Kahneman, 2016, S. 24–25; Goleman, 2020, S. 48–49). Umgangssprachlich spricht man hier von „Bauchgefühl", auf das man bei Entscheiden unter Ungewissheit hört (Goleman, 2020, S. 355–356). Dieses „Bauchgefühl" ist an sich eine positive Eigenschaft, wenn es mit „Tatsachenwissen" und „gesichertem Wissen" harmoniert. Problematisch wird es in Situationen unter Ungewissheit wie in Krisen. Unter solchen Umständen füllen Fake News und Verschwörungstheorien Wissenslücken, konkurrenzieren rationale Erkenntnisse (Goleman, 2020, S. 25), konstruieren verzerrte Weltbilder und begünstigen damit Fehlurteile und fehlgeleitete Handlungen.

2.5 Umfassende Informationskompetenz statt „nur" Medienkompetenz

Bei der Frage, wie Studierende im Umgang mit Informationen geschult werden sollen, stehen die Begriffe Medienkompetenz und Informationskompetenz im Vordergrund.

Wenn es allerdings um die Kompetenzfrage im Kontext von Fake News und „gefühlten" Wahrheiten geht, stehen neben den Kenntnissen und dem Umgang mit Medien (Baacke, 2007) explizite und implizite Aspekte des vermittelten Inhalts im Zentrum der Betrachtung (Rösch & Sühl-Strohmenger, 2016, S. 54): Die Frage nach der Wahrheit ist zentral und eine „aktive, analytisch-reflexive Auseinandersetzung mit Nachrichtenmeldungen ist gefragt" (Schmitt, Ernst & Rieger, 2020, S. 334).

Es liegt folglich nahe, hier von *Informationskompetenz* im erweiterten Sinne als kompetenter Umgang mit Informationen zu sprechen.

2.5.1 Informationskompetenz: von informationstechnischen Fertigkeiten zum kompetenten Umgang mit Informationen

Das von Hochschulbibliotheken geprägte Verständnis von Informationskompetenz beschränkt sich überwiegend auf die Beherrschung informationstechnischer Fertigkeiten. Dieser Ansatz wird als zu technisch und auf das Recherchieren konzentriert bemängelt (Hapke, 2016, S. 13; Steinhauer, 2016, S. 64).

Neuere Ansätze erweitern das Verständnis von Informationskompetenz vom Erkennen des Informationsbedarfs bis hin zum Kommunizieren des Ergebnisses (Big6-Skills) (Rösch & Sühl-Strohmenger, 2016, S. 55) und plädieren für ein *interdisziplinäres* Verständnis von Informationskompetenz (Sühl-Strohmenger, 2016, S. 1). Sie erfassen zusätzlich zum aktiven Informieren das passive Konsumieren von Informationen.

Mit Bezug auf die Problematik von Fake News muss Informationskompetenz das Medienverhalten allgemein (Welsh & Wright, 2010, S. 53–69) und insbesondere den Umgang mit über das Internet zugänglichen Quellen berücksichtigen, da Recherchen über allgemeine Online-Suchportale zu ungefilterten Informationen führen (Nocun & Lamberty, 2020). In einer funktionierenden Demokratie muss ein „mündiger Bürger" (Rösch & Sühl-Strohmenger, 2016, S. 54) fähig sein, den Inhalt (Wahrheitsgehalt) und *kontextuelle Aspekte von angebotenen Informationen* (Absicht, Wirkungspotential) *kritisch zu beurteilen* (Hapke, 2016, S. 16). Medial verbreitete Inhalte enthalten nicht nur faktische Informationen mit Referenzcharakter, sondern auch solche mit emotionalem Wirkungspotential. *Das Erkennen und Reflektieren emotionaler Inhalte und deren Wirkungspotential* sollte deshalb Bestandteil einer zeitgemässen Förderung der Informationskompetenz sein (Rösch & Sühl-Strohmenger, 2016, S. 55–56).

2.5.2 Informationskompetenz im postfaktischen Zeitalter

Einen Ansatz zu einem interdisziplinären Verständnis, das den erwähnten Aspekten Rechnung trägt, liefert Huemer (2020). Dieser versteht Informationskompetenz als *Bündel an Wissen und Fertigkeiten für den effektiven Umgang mit Informationen zur Förderung der Meinungsbildung und Entscheidungsfindung*. Ausgehend von diesem Konzept stellt sich hier die Frage: Über welches Wissen und über welche Fertigkeiten im Umgang mit Informationen muss ein Mensch in einem postfaktischen Zeitalter verfügen, um Wirklichkeit zwischen Schein und Fiktion zu unterscheiden (Harari, 2019, S. 322)? Notwendig sind nicht nur Wissen und Fertigkeiten auf rationaler Ebene, sondern ebenso Aspekte der Vermittlung und der Rezeption von Emotionen. Goleman spricht hier von „emotionaler Intelligenz" als reflektierter Umgang mit Emotionen, respektive Fähigkeiten, emotionale Impulse zu identifizieren, zu deuten und zu kontrollieren (Goleman, 2020, S. 355–356).

So lassen sich erforderliche Informationskompetenzen in einem postfaktischen Zeitalter drei Dimensionen zuordnen:

a) *Wissen*: Was muss man wissen und verstehen? (Dimension 1)
b) *Fertigkeiten:* Was muss man können? (Dimension 2)
c) *Emotionale Intelligenz:* Wie kann man Emotionen erkennen, deuten und kontrollieren? (Dimension 3)

Für jede Dimension lassen sich anhand der Ausführungen oben konkrete Kompetenzen für eine didaktische Umsetzung ableiten.

2.6 Empirische Forschungen die Schweiz betreffend

Empirische Untersuchungen im hier thematisierten Problemfeld betreffen in erster Linie das *Vertrauen der Schweizer Bevölkerung in die Medien und öffentliche Institutionen*. Laut der jährlich durchgeführten Befragung „media-Brands" von publicom Media Knowledge (Grossenbacher, 2019) vertraut die Schweizer Bevölkerung den abonnierten Schweizer Tageszeitungen, dem Schweizer Radio und Fernsehen (SRF) und den lokalen elektronischen Medien mehr als den ausländischen Medien. Als wenig glaubwürdig beurteilt sie die sozialen Medien, allen voran Facebook. Eine im Rahmen des Projekts JAMESfocus – News und Fake News 2019 durchgeführte Befragung Jugendlicher in der Schweiz führte zu ähnlichen Ergebnissen, auch wenn Jugendliche häufig Informationen aus den sozialen Medien beziehen (Waller et al., 2019). Gemäss der jährlich vom Forschungsinstitut gfs.bern im Auftrag der Credit Suisse durchgeführten Befragung Sorgenbarometer hat in den letzten Jahren das Vertrauen der stimmberechtigten Schweizer Bevölkerung in die Medien allgemein leicht abgenommen. Massgebend sind dabei die Gratiszeitungen, bei denen der „besonders deutliche Vertrauensverlust" kontinuierlich fortsetzt (Rötheli, 2020, S. 17).

Die erwähnte JAMESfocus-Studie sowie eine Umfrage der Forschungsstelle sotomo im Auftrag des Stapferhauses gehen konkret auf die *Fake-News-Problematik* ein. Gemäss der Ersteren waren 2019 fast 40 Prozent der Jugendlichen in der Schweiz bereits mit Fake News konfrontiert. Nach der Umfrage der sotomo (Hermann & Bühler, 2018) stimmt die Mehrheit der Bevölkerung in der Schweiz der Aussage zu, dass Fake News eine Gefahr für die Demokratie seien. Viele Schweizerinnen und Schweizer glauben, dass es mit dem Internet zwar leichter geworden sei, Unwahrheiten zu erkennen. Die meisten sind jedoch davon überzeugt, dass seit dem Aufkommen des Internets der Anteil an Unwahrheiten auch in den klassischen Medien zugenommen hat.

2.7 Zwischenfazit

Anhand der hier berücksichtigten fünf Kriterien lassen sich *Fake News* definieren als un- oder halbwahre Informationen, welche durch die Instrumentalisierung von Glaubwürdigkeit erweckenden Stilformen als wahre Fakten dargestellt und verbreitet werden. Sie sprechen Reizthemen an und schüren Emotionen, was ihre virale Verbreitung im Internet, insbesondere über die sozialen Medien begünstigt. Sie werden wissentlich und gezielt verbreitet, um zu täuschen, zu verwirren und zu manipulieren und bergen ein negatives Wirkungspotential für die Rezipienten mit destruktiven Folgen für eine demokratische Gesellschaft. In einem *postfaktischen Zeitalter* werden solche Behauptungen, wie sie in Verschwörungstheorien enthalten sind, als gleichwertige Alternativen zu evidenzbasiertem und gesichertem Wissen akzeptiert, selbst wenn solche mit den Erkenntnissen der Wissenschaft und Forschung sowie vertrauenswürdiger Medien kollidieren.

Informationskompetenz, welche dieser postfaktischen Entwicklung Rechnung trägt, umfasst Wissen, Fertigkeiten und emotive Fähigkeiten, um die verfügbaren Informationen und Signale in Bezug auf die Problemrelevanz und den *Wahrheitsgehalt* zu verstehen, aber auch die hinter den Informationen verborgenen *Absichten* und das *Wirkungspotential* zu erkennen. Sie beinhaltet ebenso die Fähigkeit, *Emotionen* zu deuten und mit Emotionen und Intuition *umzugehen*. Informationskompetenz soll befähigen, kompetent an Diskursen mitzuwirken, Informationen zu teilen und vernünftige Entscheide zu fällen.

Empirische Untersuchungen in der Schweiz fokussieren hauptsächlich auf die Glaubwürdigkeit und das Vertrauen in die Medien. Notwendig sind qualitative Untersuchungen über Kenntnisse, Einstellungen und den Umgang mit Informationen im Kontext von Fake News und den Herausforderungen des postfaktischen Zeitalters. Dabei sollten die drei genannten Dimensionen der Informationskompetenz (Kenntnisse und Verständnis, kognitiv-rationale Fertigkeiten und emotionale Intelligenz) berücksichtigt werden. Dies führt den auch zu konkreten, praxisorientierten Ergebnissen im Sinne von Orientierungshilfen für die Didaktik.

3. Empirischer Teil

Um erste Kenntnisse über die Kompetenzen Studierender im Umgang mit unwahren Informationen zu ermitteln, wurden im Frühlingssemester 2020 explorative Vorstudien und im Folgesemester eine Fallstudie in Kommunikationsmodulen an der Hochschule Luzern durchgeführt. Das oben skizzierte theoretische Konzept sowie die JAMESfocus-Studie (Waller et al., 2019) dienten als Grundlage zur Erstellung der Untersuchungsanlage.

Die Erkenntnisse sollen als Grundlage für weiterführende Studien zum Umgang mit Fake News und Informationskompetenz im postfaktischen Zeitalter dienen.

3.1 Untersuchungsdesign

Während des gesamten Untersuchungszeitraums musste der Unterricht aufgrund der Corona-Epidemie online stattfinden. Bei der Interpretation der Untersuchungsergebnisse ist ebenfalls die Thematisierung von Fake News zu Corona während des Unterrichts zu berücksichtigen. Die letzte Phase der Trump-Ära dürfte die Studierenden ebenfalls für die Problematik sensibilisiert haben.

In allen betroffenen Modulen wirkten die Mitglieder des Forschungsteams als Dozierende und zum Teil als Modulverantwortliche mit. Dies erwies sich als günstige Konstellation, um in einer explorativen, qualitativen Studie Zusammenhänge und Hintergründe von Wissen und Einstellungen zu erschliessen.

3.1.1 Explorative Studien während des Frühlingssemesters 2020

Die im Frühlingssemester 2020 durchgeführte explorative Studie beinhaltet Leitfadengespräche zu Fake News und dem post-faktischen Zeitalter sowie Umfragen zu Verifikationsmethoden. Die Letzteren dienten als Grundlage für die Nachfolgestudie im Herbstsemester 2020.

Die qualitative Vorstudie berücksichtigt fünf Klassen mit 15 bis 35 Studierenden der Fachrichtungen Informatik und Ingenieurwissenschaften im zweiten Semester. Die Studierenden sind zwischen 20- und 30-jährig. Das männliche Geschlecht ist in allen Klassen im Vergleich zu anderen Studienrichtungen deutlich übervertreten.

Die Vorstudie zeigt, dass die meisten Studierenden bereits mit Fake News konfrontiert worden sind. Mit einer Ausnahme bezeichnen die Studierenden dies als ein aktuelles Problem und zeigen ernsthaftes Interesse am Thema.

3.1.2 Fallstudie während des Herbstsemesters 2020

Die „Fallstudie" ist eine Methode und Forschungsansatz zugleich (Rimscha & Sommer, 2014). Sie eignet sich insbesondere in der Explorationsforschungsphase dazu, Ideen für eine neue Forschungsrichtung zu generieren (Simon, 1985), Praktikabilität zu ermitteln und quantitative Ergebnisse zu illustrieren (Lamnek & Krell, 2010, S. 281–282.). Die im Wintersemester 2020 durchgeführte Fallstudie hatte zum Ziel, 1) das Verständnis von, die Erfahrungen mit und das Interesse an Falschinformationen und Verifizierungsmethoden zu untersuchen und 2) allfällige Veränderungen infolge des Unterrichts über Informationskompetenz und Fake News zu analysieren.

Die folgenden Forschungsfragen wurden gestellt: 1) Was versteht die untersuchte Klasse unter Fake News und wie kritisch geht sie mit diesem Phänomen um? 2) Inwiefern beeinflusst die Schulung von Informationskompetenz mit Fokus auf die Qualität von Quellen, Medien und Nachrichteninhalten das Verständnis von Fake News und Verifizierungsmethoden?

Die Studie erfasst eine Klasse der Hochschule Luzern – Studienrichtung Technik und Architektur mit 32 angehenden Ingenieuren im ersten Semester im Alter von 20 bis 30 Jahren. Wie bei der Vorstudie sind Frauen mit vier Studentinnen im Vergleich zu anderen Studienrichtungen untervertreten. Beim Modul handelt es sich um ein Projektmodul, in dem die wissenschaftliche Kommunikation im Zentrum steht.

Die Untersuchungsanlage besteht aus einer Unterrichtseinheit zur Förderung der Informationskompetenz mit vor- und nachgelagerten Online-Befragungen. Die in das Modul integrierte Unterrichtseinheit zum Thema Fake News und Informationskompetenz dient als Ergänzung zur klassischen Unterrichtseinheit über wissenschaftliche Recherchestrategien und Wissensmanagement.

Die online durchgeführte Unterrichtseinheit dauerte drei Stunden und konzentrierte sich auf die erste Dimension von Informationskompetenz. Im Fokus standen Kenntnisse und das Verständnis von Fake News sowie Methoden zur Faktenprüfung. Die anwendungsorientierte Unterrichtseinheit enthielt Kurzvorträge mit Beispielen, Kurzumfragen sowie Frage- und moderierte Diskussionsrunden. Ein besonderer Akzent wurde auf die in der Vorstudie nicht berücksichtigten Kriterien *Absicht der Quelle* und *Wirkungspotential* gelegt.

Die online durchgeführten Vor- und Nachbefragungen (ante und post) sind teilstandardisiert. Offene Fragen wurden eingebaut, um mehr über das Verständnis von und die Erfahrungen mit Fake News zu erfahren. Der Vergleich der Befragungen sollte allfällige Veränderungen aufgrund des Unterrichts aufzeigen.

3.2 Ergebnisse der Vor- und Nachbefragungen

Was bereits die qualitative Vorstudie gezeigt hat, bestätigt die Fallstudie: Die meisten Studierenden in der Vor- und Nachbefragung sind an der Thematik Fake News und Informationsmanipulation interessiert. Darauf weisen der Rücklauf der Online-Befragung (27 von 32 Studierenden), die Teilnehmerzahl am fakultativen, dreistündigen Unterricht (30 von 32), wie auch die Interaktionen während der Online-Schulung hin.

3.2.1 Was verstehen die Studierenden unter Fake News? (offene Frage)

Vor dem Informationskompetenz-Input bezogen die Studierenden Fake News meistens auf das Kriterium Wahrheitsgehalt des Inhalts. Die anderen Fake-News-relevanten Kriterien (Kapitel 2.2) wurden selten bis nie (*Wirkungspotential*) erwähnt.

In der Nachbefragung zeigten die Studierenden ein tieferes Verständnis und formulierten Definitionen von Fake News, die neben dem Kriterium *Wahrheitsgehalt des Inhalts* auch die *Absicht der Quelle* und das *Wirkungs-*

potential berücksichtigen: „Fehlführende Informationen" (*Wirkungspotential*), „News verbreiten, um so bewusst falsche Wahrheiten zu vermitteln, um so die Meinung der Bevölkerung nach eigenem Interesse zu manipulieren" (*Absicht der Quelle* und *Wirkungspotential*). Ausserdem erwähnten Studierende Merkmale, die sich nicht eindeutig einem der fünf Kriterien zuordnen lassen: „Nicht vertrauenswürdige Informationen", „Behauptungen [...], die keine Quelle haben".

3.2.2 Beurteilung von Methoden zur Überprüfung des Wahrheitsgehalts

Die Studierenden wurden aufgefordert, die Effektivität von sieben Varianten von Überprüfungsmethoden auf einer Intervallskala (1 bis 5) einzuschätzen, wobei der Wert 1 sehr ineffektiv und der Wert 5 sehr effektiv bedeutet.

In der Vorbefragung wurden die folgenden Methoden als effektiv bezeichnet (Abbildung 1): „in seriösen Medien nachprüfen" ($\overline{x}$ = 4,4, „googeln und mit Sites vergleichen" ($\overline{x}$ = 3,7), „Quelle/Absender überprüfen" ($\overline{x}$ = 4,3) und „mit dem eigenen Erfahrungswissen vergleichen" ($\overline{x}$ = 3,7). Als ineffektive Methoden erwähnten die Studierenden: „Die Meldung teilen und schauen, wie das Umfeld reagiert" ($\overline{x}$ = 1,5), „mit Freunden diskutieren" ($\overline{x}$ = 3), „mit Eltern diskutieren" ($\overline{x}$ = 2,8).

Die Ergebnisse der Nachbefragung unterscheiden sich nur geringfügig von jenen der Vorbefragung: Gegenüber der Vorbefragung hat die Beurteilung der Effektivität der Antwortvorgaben „Vergleich mit eigenem Erfahrungswissen" und "Überprüfung der Quelle" bei einer Zunahme der Standardabweichungen leicht abgenommen. Dies kann damit zusammenhängen, dass die Studierenden im Unterricht darauf aufmerksam gemacht wurden, dass das „Bauchgefühl" für schnelles Denken und Alltagsentscheide zwar wichtig sei, aber auch täuschen könne. Zudem wurden Beispiele gefälschter Quellen gezeigt, die schwer als solche erkennbar waren. Offensichtlich führte dies zu einer Abnahme der Beurteilung von „Quelle überprüfen" zugunsten der Vorgabe „vertrauenswürdige Medien".

Die Studierenden hatten die Möglichkeit, die im Fragebogen vorgegebene Liste der Überprüfungsmethoden zu ergänzen. Unter den häufig erwähnten Überprüfungsmethoden fanden sich: „Mit anderen [vertrauenswürdigen] Quellen vergleichen (z. B. Bücher, Berichte von Medien, andere Sites und Plattformen, öffentliche Ämter)". In der Nachbefragung ergänzten die Studierenden die Liste mit konkreteren Angaben: „Internetseite, mit denen Fake News aufgedeckt werden können", „Recherchieren" und „Quelle überprüfen (Autor, Datum, Darstellung, nicht emotionaler Inhalt)".

Abbildung 1: Beurteilung von Überprüfungsmethoden (x = arithmetisches Mittel; eingefärbtes Rechteck = Standardabweichung der Stichprobe)

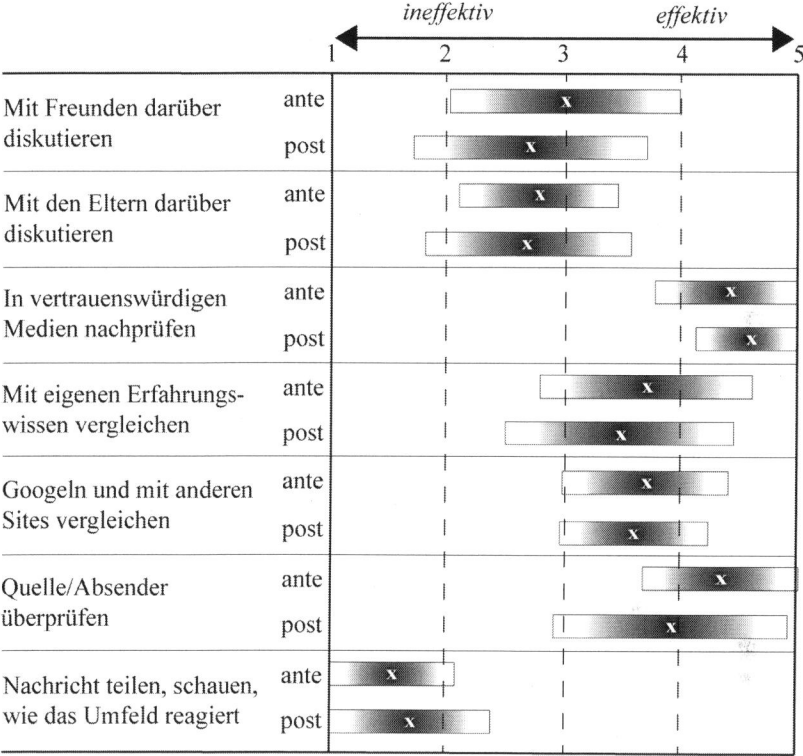

3.2.3 Was zeichnet zuverlässige Medien aus? (offene Frage)

Eines der Ziele des Unterrichts zur Förderung der Informationskompetenz bestand darin, Wissen über Merkmale vertrauenswürdiger Medien und deren Funktionen in einer Demokratie zu vermitteln.

In der Vorbefragung verbanden Studierende zuverlässige Medien mit Objektivität und Neutralität, Qualitätsrecherche sowie Unabhängigkeit. Andere, vereinzelt erwähnte Merkmale zuverlässiger Medien waren: „kein Clickbaiting", „keine Schlagzeilen", und „transparente Quellenangabe".

Bei der Post-Befragung bezeichnete die Mehrheit der befragten Studierenden die genaue und transparente Quellenangabe als ein wichtiges Merkmal zuverlässiger Medien. Oft erwähnt wurden ebenfalls die Merkmale „faktisch" und „überprüfbar". Ähnlich wie bei der Vorbefragung betonten einige Studierende, dass zuverlässige Medien „keine irreführenden Schlagzeilen" enthalten, sondern einen „seriösen Schreibstil" pflegen sollten.

Als zuverlässig bezeichnete die Mehrheit der Studierenden in beiden Befragungen die Neue Zürcher Zeitung und das Schweizer Radio und Fernsehen (SRF), darunter die Sendungen Tagesschau, Galileo und Grip. Weitere als zuverlässig wahrgenommene Medientitel sind gemäss Vorbefragung die Neue Luzerner Zeitung, die Zeit, die Weltwoche, Beobachter, Watson, New York Times, BBC News und auch Wikipedia, open Blogs und gewisse Youtuber (curiousDroid, Lemmino). In der Post-Befragung ergänzten die Studierende die Liste zuverlässiger Medien mit Zuger Zeitung, Tages-Anzeiger, Radio Pilatus und auch ausländischen Sendern und Zeitungen wie New York Times und Al Jazeera.

Als unzuverlässige Quellen nannten die Studierenden in der Vorbefragung häufig die Medien Blick, 20 Minuten, NAU.ch und FoxNews (USA), wie auch Seiten in sozialen Netzwerken (Facebook, Twitter, Instagram). In der Nachbefragung nannten viele Studierende dieselben Quellen, die sie auch zu Semesterbeginn als unzuverlässig wahrgenommen hatten.

In der Nachbefragung konkretisierten einige Studierende ihr Verständnis von unzuverlässig, neben der Nennung von Medientiteln mit „emotionalisierenden Schlagzeilen" oder „Skandalisierung".

3.2.4 Persönliche Erfahrungen mit Unwahrheiten

Mit Ausnahme von zwei (ante), bzw. einem (post) Studierenden gaben in beiden Befragungen alle an, dass sie bereits mit Unwahrheiten im Internet oder über klassische Medien konfrontiert worden seien.

Die meisten bezeichneten sowohl zu Beginn als auch am Schluss des Semesters das Internet (Social Media, E-Mail und Webseiten) als Quelle der unwahren Inhalte. Relativ häufig wurde auch die Face-to-Face-Kommunikation (Gespräch mit Familie, Freunden, am Arbeitsplatz oder auf dem Campus) genannt. Einige gaben in beiden Befragungen an, dass sie einerseits in klassischen Medien, andererseits über den Kontakt zur Kirche mit Unwahrheiten konfrontiert worden seien.

In der Nachbefragung bezeichneten ebenso viele Studierende das Internet als Hauptkanal von Unwahrheiten, während die Nennung klassischer

Medien abnahm. Dies kann damit zusammenhängen, dass die Studierenden ihr Verständnis von Fake News nicht mehr ausschliesslich auf *Medieninhalte* (ante), sondern auf aktuelle Informationen im Allgemeinen (post)
erweiterten. Es könnte aber auch damit zusammenhängen, dass die Gruppe im Unterricht in erster Linie mit Fallbeispielen zu Fake News aus dem
Internet arbeitete.

*Abbildung 2: Verbreitungskanäle von Unwahrheiten (Befragungen ante und
post)*

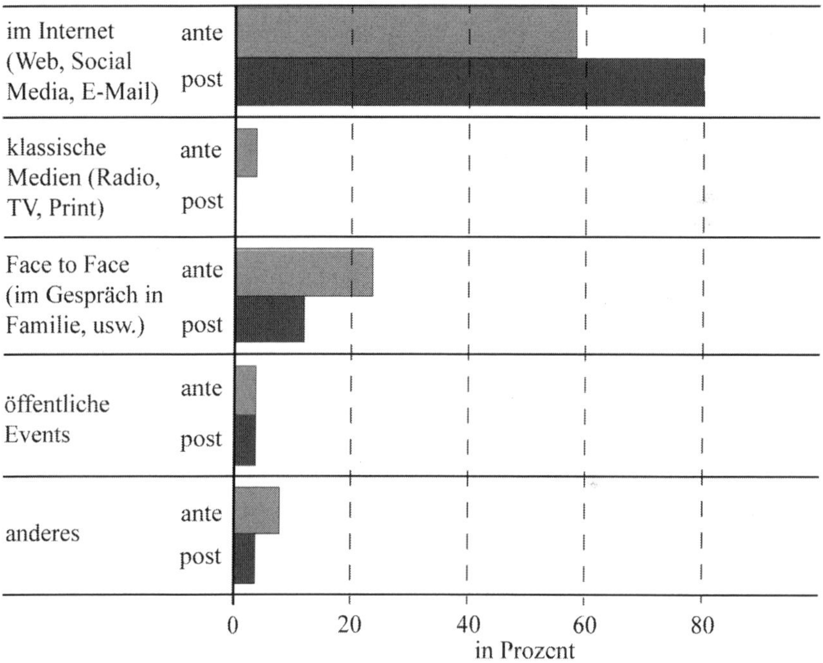

4. *Zusammenfassung und Diskussion*

Dieser Beitrag präsentiert auf theoretischer Ebene *eine Definition von Fake
News*, die anhand der fünf Kriterien *Wahrheitsgehalt, Absicht, Verbreitungskanal und Medium, Wirkungspotential* sowie *Form und Stil* mit determinie-
renden und typischen Merkmalsausprägungen abgeleitet worden ist. Er
schafft die Grundlage für eine *Neudefinition von Informationskompetenz.*
Diese trägt den aktuellen Entwicklungen hin zum Postfaktischen Rech-

nung, indem sie neben kognitiv-rationalen Kenntnissen und Fertigkeiten ebenfalls emotionale Kompetenzen in die Überlegungen integriert.

Der Beitrag zeigt anhand eines Unterrichtsexperiments an der Hochschule Luzern, wie sich die Förderung von Informationskompetenz didaktisch umsetzen lässt. Das Unterrichtsbeispiel beschränkt sich allerdings auf die *Vermittlung von Wissen* (Dimension 1; siehe Kapitel 2.5.).

Anhand einer *Fallstudie* mit Befragungen vor und nach dem Beispielunterricht wurden das Interesse, Wissen und Verständnis rund um das Phänomen Fake News und zuverlässige Medien überprüft und allfällige Veränderungen nach dem Unterricht festgehalten. Die empirischen Untersuchungen weisen auf ein grosses Interesse am Thema hin. Der Vergleich der Ergebnisse der Befragungen lässt darauf schliessen, dass eine auf diese Problematik ausgerichtete Schulung der Informationskompetenz zu einem vertiefteren Verständnis des Phänomens Fake News, der Kenntnis von Verifizierungsmethoden und der Qualität von Inhalten und Quellen beiträgt.

5. Ausblick

Die Analyse von Fake News mit den fünf Kriterien (Kapitel 2.2) ist ein erster Schritt zur systematischen Erfassung dieses Phänomens. In einem weiteren Schritt sollte das Modell in der wissenschaftlichen Gemeinschaft diskutiert und verfeinert werden. Qualitative Inhalts- und Diskursanalysen auf dieser Basis schaffen die Grundlage für eine Typologisierung von Falschinformationen. Angestrebt wird eine Überführung in eine Datenbankstruktur, um die von den Faktencheckern erfassten Fälle systematisch zu erfassen und mit multivariaten Verfahren auszuwerten.

Die hier besprochene Fallstudie beschränkt sich auf eine Studierendenklasse mit angehenden Ingenieuren und einem Forschungsdesign, das sich auf die erste Dimension von Informationskompetenz beschränkt. In einem weiteren Schritt sind weitere Klassen verschiedenster Studienrichtungen unter der Berücksichtigung von Alter, Geschlecht, Region und Herkunft zu untersuchen. Die Untersuchungsanlage sollte zudem auf die zwei anderen Dimensionen erweitert werden. Im Kontext eines postfaktischen Zeitalters und Verschwörungstheorien ist insbesondere der Aspekt der emotionalen Wirkung mit der subjektiven Beurteilung des Wahrheitsgehalts interessant.

Die in der Forschung gewonnenen Erkenntnisse sollten in der Informationskompetenzschulung an den Hochschulen umgesetzt werden. Neben dem Beispielunterricht sind weitere Instrumente (für den Online- und Präsenzunterricht) zu entwickeln und zu erproben.

Literatur

Allcott, H. & Gentzkow, M. (2017). Social Media and Fake News in the 2016 Election. *Journal of Economic Perspectives*, 31(2), S. 211–236. https://doi.org/10.1257/jep.31.2.211

Baacke, D. (2007). *Medienpädagogik*. Tübingen: Niemeyer.

Bachem, R., Tsur, N., Levin, Y., Abu-Raiya, H. & Maercker, A. (2020). Negative Affect, Fatalism, and Perceived Institutional Betrayal in Times of the Coronavirus Pandemic: A Cross-Cultural Investigation of Control Beliefs. *Frontiers in Psychiatry*, 11. https://doi.org/10.3389/fpsyt.2020.589914

Baeriswyl, O. (1989). *Gewissheitsgrade in Zeitungstexten*. Freiburg, Schweiz: Universitätsverlag.

Bruhn, M. (2004). Gerüchte als Gegenstand der theoretischen und empirischen Forschung (Facetten der Medienkultur). In M. Bruhn & W. Wunderlich (Hrsg.), *Medium Gerücht* (Band 5, S. 13–39). Bern: Haupt Verlag.

Cattani, A. (1993). *Hitler im Visier* (Fälschungen). NZZ Folio, Oktober 1993.

Egelhofer, J. L. & Lecheler, S. (2019). Fake news as a two-dimensional phenomenon: a framework and research agenda. *Annals of the International Communication Association*, 43(2), S. 97–116. https://doi.org/10.1080/23808985.2019.1602782

fög – Forschungszentrum Öffentlichkeit und Gesellschaft. (2020). *Qualität der Medien* – Jahrbuch 2020. Basel: Schwabe AG. Zugriff am 24.1.2021. Verfügbar unter: https://www.foeg.uzh.ch/dam/jcr:13f6efc8-f9c4-45dd-816c-b6a8356edfe6/2020_Gesamtausgabe.pdf

Gelfert, A. (2018). Fake News: A Definition. *Informal Logic*, 38(1), S. 84–117. https://doi.org/https://doi.org/10.22329/il.v38i1.5068

Goleman, D. (2020). *Emotionale Intelligenz*. München: Hanser.

Grossenbacher, R. (2019, Oktober 9). *mediaBrands: Die glaubwürdigsten Medien 2019*. Zugriff am 24.1.2021. Verfügbar unter: https://www.publicom.ch/2019/10/09/die-glaubwuerdigsten-medien-2019-la-1re-und-le-temps/

Grynko, A. (2019, Februar 21). *Fake Narratives in Times of Presidential Elections: How Hybrid War Reshapes The Agenda of Ukrainian TV*. StopFake.org. Zugriff am 25.1.2021. Verfügbar unter: https://www.stopfake.org/en/fake-narratives-in-times-of-presidential-elections-how-hybrid-war-reshapes-the-agenda-of-ukrainian-tv/

Grynko, A. & Baeriswyl, O. (2020, Dezember 30). *Corona: „Wundermittel" und Kuren gegen das Virus*. stopfake.ch. Zugriff am 20.1.2021. Verfügbar unter: https://www.stopfake.ch/wundermittel-und-kuren-gegen-das-virus/

Hapke, T. (2016). Informationskompetenz anders denken – zum epistemiologischen Kern von „information literacy". In W. Sühl-Strohmenger (Hrsg.), *Handbuch Informationskompetenz* (S. 9–21). Berlin: De Gruyter Saur.

Harari, Y. N. (2019). *21 Lektionen für das 21. Jahrhundert*. (7. Auflage.). München: C.H. Beck.

Hermann, M. & Bühler, G. (2018). *Wahrheit und Lüge in Zeiten von Fake News. Einstellungen der Schweizer Bevölkerung*. Lenzburg: Stapferhaus.

Hohlfeld, R. (2020). Die Post-Truth-Aera: Kommunikation im Zeitalter von gefühlten Wahrheiten und Alternativen Fakten. In R. Hohlfeld, M. Harnischmacher, E. Heinke & M. Sengl (Hrsg.), *Fake News und Desinformation* (S. 43–60). Baden-Baden: Nomos Verlag.

Holzer, S. & Sengl, M. (2020). Quelle gut, alles gut? Glaubwürdigkeitsbeurteilung im digitalen Raum. In R. Hohlfeld, M. Harnischmacher, E. Heinke & M. Sengl (Hrsg.), *Fake News und Desinformation* (S. 157–178). Baden-Baden: Nomos Verlag.

Huemer, H. (2020, Dezember 4). *Was ist Informationskompetenz? Gesellschaft für Informationskempetenz und Informationsinfrastruktur IKIS.* Zugriff am 25.1.2021. Verfügbar unter: https://iiciis.org/2019/12/04/was-ist-informationskompetenz-2/

Jaster, R. & Lanius, D. (2019). *Die Wahrheit schafft sich ab. Wie Fake News Politik machen.* Stuttgart: Reclam.

Jones, M. O. (2020). *Marc Owen Jones Explains Disinformation Campaigns in the Middle East.* Katar: Hamad Bin Khalifa University. Verfügbar unter: https://www.academia.edu/video/rlnRpl?email_video_card=description-read-more&pls=RVBP

Kahneman, D. (2016). *Schnelles Denken, langsames Denken.* München: Penguin Verlag.

Kepplinger, H. M. (1998). Der Nachrichtenwert der Nachrichtenfaktoren. In C. Holtz-Bacha (Hrsg.), *Wie die Medien die Welt erschaffen und wie die Menschen darin leben* (S. 19–38). Opladen: Westdeutscher Verlag.

Lamnek, S. & Krell, C. (2010). *Qualitative Sozialforschung: Lehrbuch* (5. Auflage.). Weinheim Basel: Beltz.

Levy, N. (2017). The Bad News About Fake News. *Social Epistemology Review and Reply Collective*, 6(8), S. 20–36.

Newman, N. (2018). *Journalism, Media and Technology Trends and Predictions 2018.* Oxford: Reuters Institute for the Study of Journalism. Zugriff am 20.1.2020. Verfügbar unter: https://reutersinstitute.politics.ox.ac.uk/sites/default/files/2018-01/RISJ%20Trends%20and%20Predictions%202018%20NN.pdf

Nocun, K. & Lamberty, P. (2020). *Fake Facts: Wie Verschwörungstheorien unser Denken bestimmen.* Köln: Quadriga.

Oremus, W. (2017, Juli 8). Have You Noticed Facebook Never Says "Fake News" Anymore? *Slate Magazine. Onlinemagazin.* Zugriff am 10.12.2020. Verfügbar unter: https://slate.com/technology/2017/08/facebook-has-stopped-saying-fake-news-is-false-news-any-better.html

Rimscha, M. B. & Sommer, C. (2014). Fallstudien in der Kommunikationswissenschaft. In S. Averbeck-Lietz & M. Meyen (Hrsg.), *Handbuch nicht standardisierte Methoden in der Kommunikationswissenschaft* (S. 1–13). Wiesbaden: Springer Fachmedien Wiesbaden. https://doi.org/10.1007/978-3-658-05723-7_23-1

Rösch, H. & Sühl-Strohmenger. (2016). Informationskompetenz in ethischer Perspektive. In Sühl-Strohmenger (Hrsg.), *Handbuch Informationskompetenz* (S. 52–63). Berlin: De Gruyter Saur.

Rötheli, V. (2020). *Sorgenbarometer 2020*. Bern: gfs.bern. Zugriff am 15.1.2021. Verfügbar unter: https://www.gfsbern.ch/wp-content/uploads/2020/11/schlussbe richt_sorgenbarometer_gfsbern_final_de.pdf

Sammer, P. (2015). *Storytelling*. Cambridge: O'Reilly.

Schmitt, J. B., Ernst, J. & Rieger, D. (2020). „Fake News" und Propaganda – Wirkungs und Prävention durch die Förderung von Medienkritikfähigkeit. In R. Hohlfeld, M. Harnischmacher, E. Heinke, L.S. Lehner & M. Sengl (Hrsg.), *Fake News und Desinformation* (S. 327–339). Baden-Baden: Nomos Verlag.

Simon, J. L. (1985). *Basic research methods in social science*. New York: McGraw-Hill.

Steinhauer, E. W. (2016). Informationskompetenz und Rhetorik. In W. Sühl-Strohmenger (Hrsg.), *Handbuch Informationskompetenz* (S. 64–73). Berlin: De Gruyter Saur.

Sühl-Strohmenger, W. & Sühl-Strohmenger, W. (2016). Zur Einführung: Neudefinition von Informationskompetenz notwendig? *Handbuch Informationskompetenz* (S. 1–5). Berlin: De Gruyter Saur.

Urbaniok, F. (2020). *Darwin schlägt Kant: über die Schwächen der menschlichen Vernunft und ihre fatalen Folgen*. Zürich: Orell Füssli Verlag.

Vosoughi, S., Roy, D. & Aral, S. (2018). The spread of true and false news online. Science, 359(6380), S. 1146–1151. *American Association for the Advancement of Science*. https://doi.org/10.1126/science.aap9559

Waller, G., Külling, C., Bernath, J., Suter, L., Willemse, I. & Süss, D. (2019). *JAMESfocus 2019 – News und Fake News*. Zürich: Zürcher Hochschule für Angewandte Wissenschaften.

Welsh, T. & Wright, M. (2010). An evidence-based approach (Chandos Information Professional Series). In T. Welsh & M. Wright (Hrsg.), *Information Literacy in the Digital Age* (S. 53–69). Oxford, U.K: Chandos Publishing. Verfügbar unter: http://www.sciencedirect.com/science/article/pii/B9781843345152500056

Zimmermann, F. & Kohring, M. (2020). Aktuelle Desinormation – Definition und Einordnung einer gesellschaftlichen Herausforderung. In R. Hohlfeld, M. Hermann, E. Heinke, L.S. Lehner & M. Sengl (Hrsg.), *Fake News und Desinformation* (S. 23–41). Baden-Baden: Nomos Verlag.

Teil 2.
Media Literacy im Kontext von Organisationen und Rollen

Der Weg der Medien- und Kommunikationswissenschaft in die Volksschule (3F-Modell) und die Messung der Einstellungen der Lehrpersonen zur Medienbildung

Martin Hermida

Abstract

Elemente des Elaboration Likelihood Modells, Grundlagen der Pressefreiheit oder der Uses-and-Gratifications-Ansatz werden heute auch Schulkindern vermittelt. Wie finden diese universitären Wissensbestände den Weg in die Volksschule? Und wie können wir die Einstellungen der Lehrpersonen zum Unterrichten dieser Themen messen? Im ersten Teil dieses Beitrages wird aufgezeigt, wie Themen aus der Fachwissenschaft Medien- und Kommunikationswissenschaft über die Fachdidaktik Medienbildung den Weg in den Fachunterricht Medienbildung finden (3F-Modell). Und es wird aufgezeigt, wie dieser Prozess von Lehrpersonen, der Politik und Lehrmittelproduzenten mitgeprägt wird. Der zweite Teil widmet sich den Einstellungen der Lehrpersonen zur Medienbildung. Positiv eingestellte Lehrpersonen mit einer hohen Motivation und Selbstwirksamkeit sind der Schlüssel zu einer qualitativ hochwertigen Medienbildung. Dazu werden sechs Skalen vorgestellt, mit denen die Einstellung der Lehrpersonen zur Medienbildung, den vorhandenen Lehrmitteln, ihrer Selbstwirksamkeit und der zur Verfügung stehenden Infrastruktur zum Unterrichten von Medienthemen gemessen werden können.

1. Einleitung

Die Schule hat zum Ziel, den Schülerinnen und Schülern die für ein erfolgreiches Leben notwendigen Kompetenzen zu vermitteln (Fend, 2009). Die zunehmende Durchdringung des Alltags durch Medien (Medialisierung) und digitale Technologien (Digitalisierung) verlangt entsprechend von einer zeitgemässen Schule auch nach der Kompetenzvermittlung in diesen Bereichen und damit der Befähigung der Schülerinnen und Schüler, im 21. Jahrhundert bei der Arbeit, in der Freizeit und als Bürger:in ein selbstbestimmtes Leben führen zu können (Ananiadou & Claro, 2009).

Diese zum Beispiel als *21st century skills* bezeichneten Fertigkeiten umfassen den kompetenten Umgang mit Informationen, die Fähigkeit mit Medien zu kommunizieren und zu kollaborieren sowie den bewussten Umgang mit Medien als Rezipient und Produzent.

In der Schweiz fanden diese neuen Ansprüche bereits 2010 Eingang in die Konzeption des Lehrplans 21 für die Volksschule, in welchem *Medien* und *Informatik* als eigenständige Themenbereiche aufgeführt werden. Für jede Schulstufe sind darin die Kompetenzen festgehalten, die Schülerinnen und Schüler erlangen sollen (D-EDK, 2016). Der Lehrplan 21 wird seit dem Jahr 2020 in allen Deutschschweizer Kantonen eingesetzt (Hänggli et al., 2018), womit die Medienbildung eine bildungspolitische Legitimation und einen festen Platz in der Stundentafel der Volksschule erhalten hat. Wie der Lehrplan praktisch umgesetzt wird, variiert in den einzelnen Kantonen. So besuchen beispielsweise die Schülerinnen und Schüler in den Kantonen Aargau, Bern und Zürich in der 5. und 6. Klasse der Primarstufe und in der 1. und 3. Klasse der Sekundarstufe je eine eigenständige Wochenlektion Medien und Informatik (Kanton Aargau, 2020; Kanton Bern, 2016a; Kanton Zürich, 2020). Im Kanton Basel-Stadt hingegen wird von der 3. bis zur 9. Klasse jeweils eine halbe oder ganze Wochenlektion Medien und Informatik integriert in den Zeitgefässen der anderen Fächer gelehrt (Basel-Stadt, 2020). Trotz unterschiedlicher Umsetzung ist die Zielsetzung des Unterrichts durch den gemeinsamen Lehrplan in allen deutschsprachigen Kantonen identisch.

Der Lehrplan 21 gibt für den Themenbereich Medien und damit für die Medienbildung eine übergeordnete Zielsetzung und konkrete Kompetenzziele vor. Die übergeordnete Zielsetzung lautet, dass die Schülerinnen und Schüler befähigt werden sollen, Medien zu verstehen und sie verantwortungsvoll und zielführend zu nutzen. Dazu sollen sie ein Verständnis für die Aufgabe und Bedeutung der Medien für Individuen und die Gesellschaft erlangen und sich in einer sich rasch ändernden und durch Medialisierung und Digitalisierung geprägten Welt orientieren können. Sie sollen Medien eigenständig, kritisch und kompetent als Werkzeug nutzen können. Und sie sollen die mit Medien verbundenen Chancen und Risiken einschätzen können und Verhaltensregeln sowie Rechtsgrundlagen kennen, um Medien sicher und sozial verantwortlich zu nutzen. Systematisiert sind diese übergeordneten Ziele im Lehrplan, indem sie auf vier Kompetenzbereiche aufgeteilt werden: 1) Leben in der Mediengesellschaft, 2) Medien und Medienbeiträge verstehen, 3) Medien und Medienbeiträge produzieren und 4) mit Medien kommunizieren und kooperieren. Für jeden dieser vier Kompetenzbereiche weist der Lehrplan Kompetenzziele vom Kindergarten bis zur 9. Klasse aus (D-EDK, 2016). Diese Kompetenzziele im Lehrplan weisen zahlreiche Verbindungen zu den Wissensbeständen der Medieninhalts-, Mediennutzungs- und Medienwirkungsforschung auf. Die Tabelle 1 zeigt diese beispielhaft auf.

Tabelle 1   Kompetenzziele im Lehrplan 21 Medien und Gegenstände der Medien- und Kommunikationswissenschaft

Kompetenzziel im Lehrplan 21 Medien. Schülerinnen und Schüler...	Bezüge zur Inhalts-, Nutzungs- und Wirkungsforschung
... können Werbung erkennen und über die Zielsetzung der Werbebotschaften sprechen.	Persuasionsforschung, Elaboration Likelihood Modell, Consumer Socialization
... können Folgen medialer und virtueller Handlungen erkennen und benennen (z. B. Identitätsbildung, Beziehungspflege, Cybermobbing).	Mediensozialisation, Uses and Gratifications Ansatz, Desinhibitionseffekt
... können Funktion und Bedeutung der Medien für Kultur, Wirtschaft und Politik beschreiben [...]	Pressefreiheit, Medienökonomie, Cultural Studies, Framing, Mediensozialisation

Die Bezüge der Kompetenzen im Lehrplan zu den Wissensbeständen der Medieninhalts-, Mediennutzungs- und Medienwirkungsforschung sind zwar deutlich erkennbar. Allerdings sind diese akademischen Wissensbestände weder für die Schülerinnen und Schüler noch für die Lehrpersonen aufbereitet. Es braucht eine Übersetzung, eine Disziplin, die als Bindeglied zwischen Fachwissenschaft und Schulunterricht fungiert. Diese Disziplin ist die Fachdidaktik Medienbildung.

Als Verbindung der Fachwissenschaft Medien- und Kommunikationswissenschaft mit der Allgemeinen Didaktik fungiert die Fachdidaktik 1) als *Übersetzerin* der fachwissenschaftlichen Wissensbestände in didaktische Kontexte. Sie ist 2) auch zuständig für die Auswahl der *Lerninhalte und -ziele* und 3) die *Entwicklung von passenden Lehrmitteln*. Und sie 4) bildet Lehrpersonen aus und weiter. Ihr übergeordnetes Ziel ist die *Analyse* und *Evaluation* von Lernprozessen und das Bestreben diese zu verbessern (Hermida & Schmid, 2019). Die Fachdidaktik prägt damit die zwei entscheidendsten Elemente des Unterrichts über Medienthemen: Die Lehrpersonen und die Lehrmittel.

Den Lehrmitteln kommt deshalb eine zentrale Rolle zu, weil sich Lehrpläne nicht zur Unterrichtsplanung eignen, da sie keine konkreten Umsetzungsideen liefern und von Lehrpersonen auch kaum für die Unterrichtsplanung konsultiert werden. Erst über die Lehrmittel findet der Lehrplan Eingang in den Unterricht. Sie bestimmen zu einem entscheidenden Teil die Auswahl der Inhalte, deren kulturelle Signifikanz, die Lehrstofforganisation und die Aufgabenqualität. Ebenso sind die Konzeption und die Kompetenzorientierung von Lehrmitteln die Basis, auf der das Verstehen der Inhalte zu Stande kommen kann und soll. Sie bieten auch Anregungen für Kommunikation und Interaktion zwischen Lernenden unter sich und Lehrenden und Lernenden. Die Lehrmittel tragen damit ganz entscheidend dazu bei, *was* und *wie* gelernt werden soll (Heitzmann & Niggli, 2010). Ohne diese Konkretisierung via Lehrmittel wäre der Unterricht auf der inhaltlichen Ebene stark von den subjektiven Präferenzen und dem Professionswissen der einzelnen Lehrperson abhängig (Künzli, 1998 zit. nach Lehmann & Imlig, 2016).

Lehrmittel sind für Lehrpersonen ein wichtiges Arbeitsinstrument mit sechs zentralen Funktionen. Sie sollen sie dabei unterstützen, 1) die Lerninhalte zu strukturieren und 2) zu repräsentieren, 3) den Unterrichtsablauf zu steuern, 4) Schülerinnen und Schüler zu motivieren, 5) unterschiedliche Aufgaben für unterschiedlich starke Schülerinnen und Schüler anbieten zu können und 6) Möglichkeiten zum Üben und Kontrollieren der Lerninhalte zur Verfügung zu stellen (Hacker, 1980). Entsprechend schätzen Lehrpersonen besonders jenes Unterrichtsmaterial, das einen hohen Aufbereitungsgrad aufweist, konkrete Aufgabenstellungen beinhaltet und viele unterschiedliche Materialen umfasst (Adamina et al., 1998). Bei der Wahl der Lehrmittel sind die Lehrpersonen aber nicht immer frei. Je nach Kanton gibt es Empfehlungen oder Obligatorien für einzelne Produkte. Die eigentliche Produktion der Lehrmittel übernehmen private oder öffentliche Verlage (Lehmann & Imlig, 2016), das Personal von Pädagogischen Hochschulen und private sowie öffentliche Institutionen und Organisationen. Der Umfang, die thematische Vielfalt und die wissenschaftliche Fundierung variieren dabei von Fall zu Fall.

Die Qualität des mit den Lehrmitteln stattfindenden Unterrichts hängt entscheidend von den Eigenschaften der Lehrpersonen ab, und ihre Selbstwirksamkeit ist dabei ein zentraler Faktor. Sie bezeichnet „beliefs in one's capabilities to organize and execute the course of action required to produce given attainments" (Bandura, 1997, S. 3). Die wahrgenommene Selbstwirksamkeit ist eine wichtige Voraussetzung für das Handeln. Denn wenn Personen nicht daran glauben, dass sie mit ihren Handlungen die angestrebten Ziele erreichen können, haben sie auch keinen Anreiz, diese Handlungen auszuführen. Eine hohe Selbstwirksamkeit beim Unterrichten von Medienthemen ist deshalb eine wichtige Voraussetzung dafür, dass die Lehrpersonen auch motiviert sind, die Ziele der Medienbildung erreichen zu wollen.

Die wahrgenommene Selbstwirksamkeit ist kein allgemeines Merkmal einer Person, sondern in unterschiedlichen Domänen unterschiedlich ausgeprägt (Bandura, 2005). Es ist also durchaus möglich, dass eine Lehrperson eine tiefe wahrgenommene Selbstwirksamkeit beim Vermitteln von Mathematikthemen und gleichzeitig eine hohe wahrgenommene Selbstwirksamkeit beim Vermitteln von Medienthemen hat. Die Selbstwirksamkeit hat nicht nur Einfluss darauf, ob Menschen einen Anreiz haben, überhaupt zu handeln, sie beeinflusst auch die Art und Weise der Handlungen. Denn wer die eigene Selbstwirksamkeit höher einschätzt, ist bereit, beim Verfolgen von Zielen mehr Aufwand zu betreiben, eine grössere Ausdauer aufzuwenden und lässt sich weniger schnell durch ungünstige Situationen entmutigen (Pajares, 1997). Entsprechend hat die Selbstwirksamkeit von Lehrpersonen einen Einfluss auf das eigentliche Geschehen im Unterricht und dessen Erfolg. So zeigt sich, dass Schülerinnen und Schüler von Lehrpersonen mit einer höheren Selbstwirksamkeit bessere Leistungen erbringen (Ross, 1992; Guo et al., 2012). Lehrpersonen mit höherer Selbstwirksamkeit gestalten den Unterricht zudem mit mehr kognitiv aktivierenden Elementen, die das eigenständige Denken der Lernenden anregen und sie legen Wert auf die individuellen Weiterentwicklungsmöglichkeiten der Lernenden (Schiefele & Schaffner, 2015). Schülerinnen und Schüler lernen also bei Lehrpersonen mit hoher Selbstwirksamkeit mehr, werden eher zum eigenständigen Denken angeregt und werden eher individuell gefördert.

Für die Medienbildung ist dies besonders wichtig. Denn mit einer halben bis einer Wochenlektion oder gar integriert in andere Fächer verfügt sie nach wie vor über ein sehr begrenztes Zeitgefäss und ist auf Lehrpersonen mit einer hohen Motivation und Selbstwirksamkeit angewiesen, um ihre Ziele zu erreichen. Selbstwirksamkeit erlangen die Lehrpersonen in der Ausbildung (Palmer, 2006). An Pädagogischen Hochschulen geschieht dies in eigenständigen Modulen, in denen angehende Lehrpersonen auf das Unterrichten von Medienthemen vorbereitet werden. Der Aufbau und der Umfang der Ausbildung unterscheiden sich von Hochschule zu Hochschule. Lehrpersonen, die ihre Ausbildung vor der Einführung des neuen Lehrplans abgeschlossen haben, werden teilweise nachträglich in Weiterbildungskursen ausgebildet.

Wie der eigentliche Schulunterricht abläuft, hängt nicht nur von den Lehrpersonen und den Lehrmitteln, sondern auch von den örtlichen Gegebenheiten ab, insbesondere der ICT-Infrastruktur. Für eine planvolle Einführung und Nutzung digitaler Medien in der Volksschule erstellen Schulen in der Regel ein eigenes, auf die jeweilige Institution abgestimmtes Medien- und ICT-Konzept (im Folgenden Medienkonzept genannt).

Typischerweise wird in Medienkonzepten festgehalten, welche Ziele die Schule im Umgang mit digitalen Technologien erreichen will, wie diese Technologien in den Unterricht integriert werden sollen und welche Infrastruktur bereitgestellt werden soll. Im Jahr 2010 gaben 26 % der Lehrpersonen von Zürcher Volksschulen an, dass ihre Schule über ein Medienkonzept verfügt. 37 % gaben an, dass die Schule über kein Medienkonzept verfügt und 37 % wussten es nicht (Berger et al., 2010). Die Bildungsdirektion des Kantons Zürich hat 2012 eine Vorlage zum Erstellen von Medienkonzepten erstellt (Bildungsdirektion Kanton Zürich, 2012), die auch in anderen Kantonen verwendet oder empfohlen wird (z. B. Kanton Basel-Landschaft, 2020; Kanton Bern, 2016 b).

Die Abbildung 1 zeigt das 3F-Model (Fachwissenschaft, Fachdidaktik, Fachunterricht). Darin sind die oben aufgeführten Einflussfaktoren miteinander in Beziehung gesetzt und es wird aufgezeigt, wie und unter welchen Einflussfaktoren die Themen aus der Fachwissenschaft Medien- und Kommunikationswissenschaft den Weg über die Fachdidaktik in den Fachunterricht an der Volksschule finden.

Die Antwort auf die Frage, wie die Medien- und Kommunikationswissenschaft in die Volksschule kommt, lässt sich damit wie folgt beantworten: Die Wissensbestände der Medien- und Kommunikationswissenschaft werden von der Fachdidaktik Medienbildung anhand der Vorgaben im Lehrplan gefiltert und von Pädagogischen Hochschulen und Lehrmittelproduzenten in der Aus- und Weiterbildung von Lehrpersonen und der Konzeption von Lehrmitteln verarbeitet. Die Lehrpersonen vermitteln die Wissensbestände mit dem Hintergrundwissen aus ihrer Aus- und Weiterbildung und den zur Verfügung stehenden Lehrmitteln im Rahmen der zur Verfügung gestellten Unterrichtsgefässe und Infrastruktur an die Schülerinnen und Schüler.

Der zweite Teil dieses Beitrags widmet sich denjenigen Faktoren aus dem 3F-Modell, die den Unterricht am unmittelbarsten prägen – Lehrpersonen, Lehrmitteln und Infrastruktur.

2. Methode

Im Herbst 2018 wurden 1026 Schülerinnen und Schüler von 67 Volksschulklassen in einer repräsentativen Studie zu ihrer Internetnutzung befragt (Hermida, 2019). Gleichzeitig wurden die Lehrpersonen dieser Klassen mittels Fragebogen zu ihrem Unterricht über Medienthemen befragt. 19 Lehrpersonen hatten kein reguläres, explizit für Medienthemen reserviertes Zeitgefäss und wurden aus den folgenden Analysen ausgeschlossen.

Abbildung 1: 3F-Modell – Fachwissenschaft, Fachdidaktik, Fachunterricht

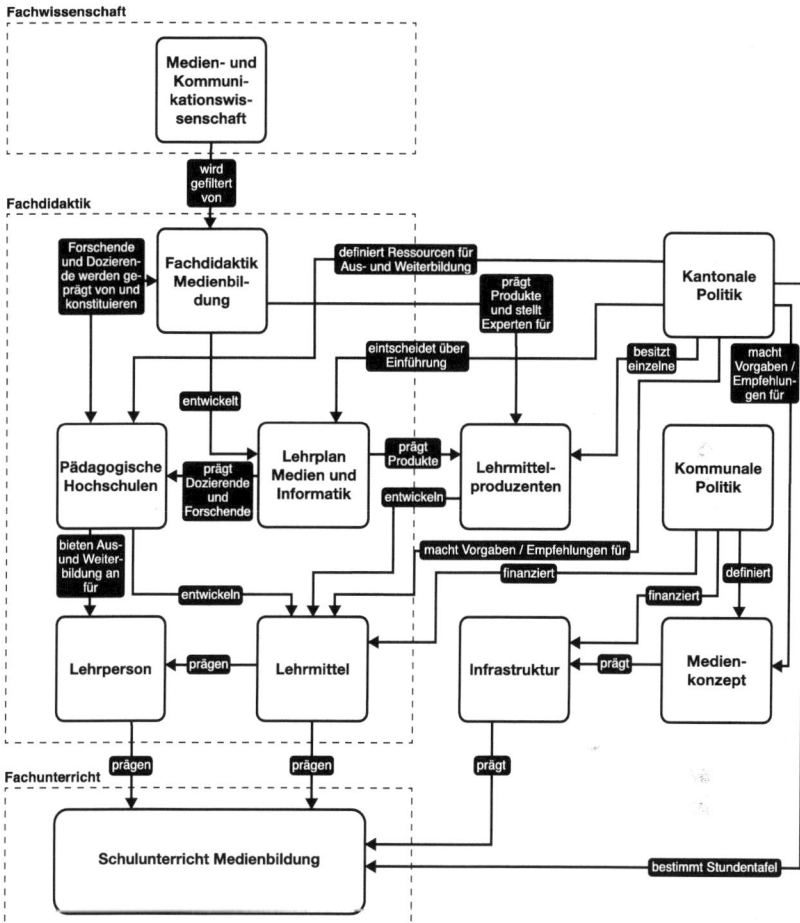

Von den verbleibenden 48 Lehrpersonen waren 58 % weiblich. Das Durchschnittsalter lag bei 40,0 Jahren (SD = 11,2), 56 % unterrichten auf der Primarstufe und 44 % auf der Sekundarstufe.

2.1 Einstellung zum Unterricht über Medienthemen

Zur Erfassung der Einstellung mussten die Teilnehmer elf Items mit positiven sowie negativen Aussagen zum Unterricht über Medienthemen dahingehend beurteilen, wie sehr diese auf sie zutreffen (4-stufige Likert-Skala).

2.2 Selbstwirksamkeit beim Unterrichten von Medienthemen

Zur Einschätzung der Selbstwirksamkeit wurde die Skala von Skaalvik & Skaalvik (2007) auf Deutsch übersetzt. Das Item *Fachthemen so zu erklären, dass die meisten Schüler die zugrundeliegenden Prinzipien verstehen* wurde dabei weggelassen und durch *Mit den Schülern ein Medienprojekt mit einem Endprodukt (Zeitung, Video, Blog etc.) durchführen* ersetzt (4-stufige Likert-Skala).

2.3 Qualität der Lehrmittel

Um zu erfassen, wie die Lehrpersonen die Qualität der ihnen zur Verfügung stehenden Lehrmittel einschätzen, mussten sie neun positive und negative Aussagen zur Qualität der Lehrmittel dahingehend beurteilen, wie sehr diese auf ihre Situation zutreffen (4-stufige Likert-Skala).

2.4 Medienkonzept und Ausstattung

In einer einzelnen Frage konnten die Lehrpersonen angeben, ob an ihrer Schule ein Medienkonzept zur Anwendung kommt, gerade in Erarbeitung ist oder nicht vorhanden ist. Wie die Lehrpersonen die Ausstattung an ihrer Schule einschätzen, wurde mit fünf Items erfragt, die sich auf Hardware, Software und Support beziehen (5-stufige Likert-Skala).

3. Ergebnisse

3.1 Einstellung zum Unterricht über Medienthemen

Die Aussagen zum Unterricht über Medienthemen wurden einer explorativen Faktoranalyse unterzogen, um zu prüfen, ob die Items auf latente Variablen zurückgeführt werden können. Um die empfohlene Anzahl der zu extrahierenden Faktoren zu eruieren, wurde zuerst eine Parallel-Analyse durchgeführt, welche die Extraktion von zwei Faktoren empfahl. Die beiden Faktoren klären zusammen 49 % der Varianz auf und weisen mit Alpha-Werten von 0,75 und 0,82 gute interne Konsistenzen auf. Inhaltlich können sie sinnvoll als *Motivation* und *Aufwand* interpretiert werden (vgl. Tabelle 2).

Tabelle 2: Faktorladungen der Items zu Einstellungen zum Unterricht. Frage: Wie sehr stimmen Sie den folgenden Aussagen über das Unterrichten von Medienthemen zu oder nicht zu?

Item	Faktorladungen	
	Faktor 1	Faktor 2
Faktor 1 Motivation Medienthemen zu unterrichten (M = 3,23, SD = 0,49, α = 0,75)		
.. ist spannend	0,83	
.. ist unnötig	−0,74	
.. ermöglicht mir einen Einblick in die Welt der Schüler/-innen	0,58	
.. ist eine dankbare Aufgabe	0,51	-0,41
.. bräuchte mehr Platz (Lektionen) als dafür zur Verfügung steht	0,37	
Faktor 2 Aufwand Medienthemen zu unterrichten (M = 2,50 SD = 0,62, α = 0,82)		
.. erfordert mehr Vorbereitungszeit als andere Themen zu unterrichten		0,76
.. erfordert meistens mehr Spezialwissen als andere Themen zu unterrichten		0,54
.. ist für mich in der Durchführung im Unterricht anstrengender als andere Themen		0,83
.. ist komplizierter als andere Themen zu unterrichten		0,88
.. verunsichert mich, weil mir das nötige Wissen fehlt		0,49

Items mit KMO-Werten ≤ 0,6 wurden ausgeschlossen. Items mit Faktorladungen < 0,40 werden nicht berücksichtigt. Antwortmöglichkeiten von *trifft überhaupt nicht zu* (1) bis *trifft voll und ganz zu* (4).

Lehrpersonen mit einer hohen Ausprägung beim Faktor Motivation empfinden das Unterrichten von Medienthemen als eine spannende und dank-
bare Aufgabe, die ihnen einen Einblick in die Lebenswelt der Schülerinnen und Schüler ermöglicht. Lehrpersonen mit einer hohen Ausprägung
auf dem Faktor Aufwand empfinden den Unterricht zu Medienthemen
als eine anstrengende und komplizierte Aufgabe, die im Vergleich zu anderen Fächern mehr Vorbereitungszeit und mehr Spezialwissen erfordert,
was mit Unsicherheit einhergeht. Die beiden Faktoren korrelieren negativ
miteinander (*tau* = −0,22, *p* < 0,05). Lehrpersonen, die den Unterricht als
aufwändiger empfinden, sind also auch weniger motiviert.

3.2 Selbstwirksamkeit beim Unterrichten von Medienthemen

Drei der vier Items für die Erhebung der Selbstwirksamkeit wurden von
Skaalvik & Skaalvik (2007) übernommen. Ein viertes Item *Mit den Schülern
ein Medienprojekt mit einem Endprodukt (Zeitung, Video, Blog etc.) durchzu-
führen* wurde neu hinzugefügt (vgl. Tabelle 3). Um zu prüfen, ob diese vier
Items nach wie vor nur auf ein latentes Konstrukt laden, wurde wiederum
eine Parallel-Analyse durchgeführt, welche die Eindimensionalität der Skala bestätigte. Zusammengefasst weisen auch diese Items eine ausreichende
interne Konsistenz auf (α = 0,76; vgl. Tabelle 3).

3.3 Qualität der Lehrmittel

Die Einschätzung der Qualität der Lehrmittel wurde mit acht Items erhoben. Auch hier wurde geprüft, ob die Items auf einzelne latente Kon-
strukte zurückzuführen sind. Die Analyse der KMO-Werte zeigt, dass sich
sieben der neun Items für eine Faktoranalyse eignen (KMO-Werte > 0,6).
Die Parallel-Analyse empfiehlt eine Lösung mit zwei Faktoren, deren La-
dungen in Tabelle 4 dargestellt sind. Die beiden Faktoren können als
Angemessenheit der Lehrmittel und als Eigenleistung bei der Versorgung
mit Lehrmitteln interpretiert werden. Erwartungsgemäss korrelieren sie
negativ miteinander (*tau* = −0,39, *p* < 0,00). Je mehr aktuelle und relevante
Lehrmittel mit Bezug zur Lebenswelt der Schülerinnen und Schüler zur
Verfügung stehen, desto weniger müssen Lehrpersonen Lehrmittel selber
zusammensuchen und erstellen (vgl. Tabelle 4).

Tabelle 3: Mittelwerte der Items zur Self-Efficacy beim Unterrichten von Medienthemen. Frage: Wenn Sie an Ihren Unterricht über Medienthemen denken (z. B. Mediennutzung, Aufgabe der Medien in der Gesellschaft, Datenschutz, Online-Risiken usw.), wie sicher oder unsicher fühlen Sie sich bezüglich folgender Punkte?

Item	$M\ (SD)$
Zentrale Aspekte von Medienthemen so zu erklären, dass auch schlechte Schüler sie verstehen.	2,96 (0,58)
Allen Schülern zu Medienthemen zielführende Instruktionen zu geben, unabhängig von ihrem Fähigkeitsniveau.	2,79 (0,54)
Schülerfragen zu Medienthemen so zu beantworten, dass sie schwierige Sachverhalte verstehen.	2,56 (0,77)
Mit den Schülern ein Medienprojekt mit einem Endprodukt (Zeitung, Video, Blog etc.) durchzuführen.	2,62 (0,89)
Alle Items als Mittelwertsindex zusammengefasst ($\alpha = 0,76$)	2,73 (0,54)

Alle Items weisen KMO-Werten > 0,6 und Faktorladungen > 0,5 aus. Antwortmöglichkeiten von *sehr unsicher* (1) bis *sehr sicher* (4).

Tabelle 4: Mittelwerte der Items zur Beurteilung der Lehrmittel. Frage: Wenn Sie an Ihren Unterricht über Medienthemen denken, wie sehr stimmen Sie den folgenden Aussagen zur Verfügbarkeit von Lehrmitteln zu oder nicht zu?

	Faktorladungen	
Item	Faktor 1	Faktor 2
Faktor 1: Angemessenheit der Lehrmittel (M = 2,59, SD = 0,62, α = 0,87)		
Mir stehen genügend offizielle Lehrmittel (von Lehrmittelverlagen, Pädagogischen Hochschulen usw.) zur Verfügung	0,62	−0,45
Die mir zur Verfügung stehenden Lehrmittel sind aktuell	0,73	
Die mir zur Verfügung stehenden Lehrmittel passen zur Lebenswelt der Schüler:innen	0,81	
Die mir zur Verfügung stehenden Lehrmittel passen nicht zum Schweizer Kontext	−0,56	
Die mir zur Verfügung stehenden Lehrmittel decken die relevantesten Themen ab	0,75	
Faktor 2: Eigenleistung bei der Versorgung mit Lehrmitteln (M = 3,03, SD = 0,69, α = 0,81)		
Ich muss mir meine Lehrmittel aus mehreren verschiedenen Quellen selber zusammensuchen		0,63
Ich muss passende Lehrmittel (Arbeitsblätter, Arbeitsaufträge) selber erstellen		0,96

Items mit KMO-Werten ≤ 0,6 wurden ausgeschlossen. Items mit Faktorladungen < 0,40 werden nicht berücksichtigt. Antwortmöglichkeiten von *trifft überhaupt nicht zu* (1) bis *trifft voll und ganz zu* (4).

3.4 Ausstattung und Medienkonzept

Die Beurteilung der Ausstattung zum Unterrichten von Medienthemen wurde mittels fünf Items zur vorhandenen Hard- und Software erhoben.

Eine Parallel-Analyse zeigt auch hier, dass die Items einem latenten Faktor zugeordnet werden können, der wiederum eine gute interne Konsistenz aufweist ($\alpha = 0{,}83$) (vgl. Tabelle 5).

Von den befragten Lehrpersonen gaben 29 % an, dass die Schule über kein Medienkonzept verfüge und 22 % gaben an, dass an der Schule gerade ein Medienkonzept erstellt werde. Fast die Hälfte (49 %) gab an, dass an ihrer Schule ein Medienkonzept angewendet werde. In Schulen, die den Umgang mit digitalen Technologien in einem Medienkonzept festgehalten haben, bewerten die Lehrpersonen die Infrastruktur, die zum Unterrichten von Medienthemen vorhanden ist, signifikant besser ($M_{\text{mit Medienkonzept}} = 3{,}51$, $M_{\text{ohne Medienkonzept}} = 2{,}79$, $p < 0{,}05$).

Tabelle 5: Bewertung der Infrastruktur. Frage: Wenn Sie an Ihren Unterricht über Medienthemen denken, wie empfinden Sie die Ausstattung an Ihrer Schule dafür?

Item	M (SD)
Geschwindigkeit und Verlässlichkeit des Internetanschlusses/WLANs	3,62 (1,04)
Die Anzahl zur Verfügung stehender digitaler Geräte, um Medienthemen zu unterrichten	3,04 (1,40)
Die zur Verfügung stehende Software um Medienthemen zu unterrichten	3,08 (1,43)
Die zur Verfügung stehenden digitalen Lehrmittel und Apps um Medienthemen zu unterrichten	2,90 (1,15)
Der technische Support bei Fragen zu Hard- und Software	3,40 (1,09)
Alle Items als Mittelwertsindex zusammengefasst ($\alpha = 0{,}83$)	3,21 (0,95)

Alle Items weisen KMO-Werte $> 0{,}6$ auf. Antwortmöglichkeiten von *sehr schlecht* (1) bis *sehr gut* (5).

4. Fazit

Im ersten Teil des Beitrages wurde aufgezeigt, wie Themen der Medien- und Kommunikationswissenschaft in die Schule gelangen. Die Fachdidaktik Medienbildung übernimmt dabei die Rolle der Übersetzerin der fachwissenschaftlichen Wissensbestände in schultaugliche Lehr- und Lernszenarien. Diese werden angehenden Lehrpersonen in ihrer Aus- und Weiterbildung an pädagogischen Hochschulen vermittelt und von Lehrmittelproduzenten in Lehrmitteln verarbeitet. Die Lehrpersonen unterrichten Medienbildung mit dem Wissen aus ihrer Aus- und Weiterbildung, den zur Verfügung stehenden Lehrmitteln und der örtlich verfügbaren Infrastruktur. Im zweiten Teil wurden verschiedene Instrumente vorgestellt, mit denen die Einstellung der Lehrpersonen zum Unterrichten von Medienthemen gemessen werden können: Die Motivation, Medienthemen zu unterrichten (4 Items), der Aufwand, Medienthemen zu unterrichten (5 Items), die Selbstwirksamkeit beim Unterrichten von Medienthemen (4 Items), die Angemessenheit der verfügbaren Lehrmittel (5 Items), die Eigenleistung bei der Versorgung mit Lehrmitteln (2 Items) und die Bewertung der Infrastruktur (5 Items). Diese Skalen sollen einen ersten Schritt darstellen, um das noch junge Fach Medienbildung und insbesondere die Lehrpersonen, die dieses Fach unterrichten, zu beschreiben.

Die hier vorgeschlagenen Instrumente sollten künftig verfeinert und überprüft werden. Insbesondere die Einschätzung der Lehrmittel könnte nach den oben geschilderten Funktionen der Lehrmittel differenziert werden. Zudem sollten Instrumente dafür entwickelt werden, wie Lehrpersonen den Lerngewinn der Schülerinnen und Schüler einschätzen sowie Instrumente zur Messung des fach- und fachdidaktischen Wissens der Lehrpersonen (Krauss et al., 2008). Daraus liesse sich ein integratives Modell erstellen, mit dem der Unterricht zu Medienthemen beschrieben und analysiert werden kann.

Literatur

Adamina, M., Gerber, M., & Gross, N. (1998). *Lehr- und Lernmaterialien im Fach Natur-Mensch-Mitwelt. Analyse zur Lehrmittelsituation im Kanton Bern.* Kommission für Lehrplan- und Lehrmittelfragen.

Ananiadou, K., & Claro, M. (2009). *21st Century Skills and Competences for New Millennium Learners in OECD Countries.* https://www.oecd-ilibrary.org/education/21st-century-skills-and-competences-for-new-millennium-learners-in-oecd-countries_218525261154

Bandura, A. (1997). *Self-Efficacy. The Exercise of Control.* New York: W. H. Freemann Company.

Bandura, A. (2005). Guide for Constructing Self-Efficacy Scales. In F. Pajares & T. Urdan (Hrsg.), *Self-Efficacy Beliefs of Adolescents* (S. 307–337). Greenwich, CT: Information Age Publishing.

Basel-Stadt, (2020). *Kantonale Stundentafel Primarstufe.* https://www.edubs.ch/unterricht/lehrplan/volksschulen/stundentafel

Berger, S., Keller, F., & Moser, U. (2010). *Umfrage zum Stand der Integration von Medien und ICT in der Zürcher Volksschule.* https://www.ibe.uzh.ch/dam/jcr:0000 0000-6ff9-ac1b-ffff-ffffebb01902/ICTZH_Bericht_2010.pdf

Bildungsdirektion Kanton Zürich. (2012). *ICT-Guide—Wege zum lokalen Medien- und ICT-Konzept.* https://ict-guide.edu-ict.zh.ch/medien-und-ict-konzept

D-EDK, D. E.-K. (2016). *Lehrplan 21. Medien und Informatik.*

Fend, H. (2009). *Neue Theorie der Schule: Einführung in das Verstehen von Bildungssystemen.* Heidelberg: Springer.

Guo, Y., Connor, C. M., Yang, Y., Roehrig, A. D., & Morrison, F. J. (2012). The effects of teacher qualification, teacher self-efficacy, and classroom practices on fifth graders' literacy outcomes. *The Elementary School Journal, 113*(1), 3–24.

Hacker, H. (1980). Didaktische Funktionen des Mediums Schulbuch. In H. Hacker (Hrsg.), *Das Schulbuch. Funktion und Verwendung im Unterricht* (S. 7–30). Bad Heilbrunn: Klinkhardt.

Hänggli, R., Lenz, F., & Frey, T. (2018). *Umsetzung mediale und digitale Bildung in den Kantonen.* Freiburg: Universität.

Heitzmann, A., & Niggli, A. (2010). Lehrmittel–ihre Bedeutung für Bildungsprozesse und die Lehrerbildung. *Beiträge zur Lehrerinnen-und Lehrerbildung, 28*(1), 6–19.

Hermida, M. (2019). *EU Kids Online Schweiz. Schweizer Kinder und Jugendliche im Internet: Risiken und Chancen.* Pädagogische Hochschule Schwyz.

Hermida, M., & Schmid, R. (2019). Fachdidaktik Medien und Informatik: Professionalisierung der Medienpädagogik in der Schweiz. *Ludwigsburger Beiträge zur Medienpädagogik, 20*, 1–13.

Kanton Aargau. (2020). *Medien und Informatik.* https://www.schulen-aargau.ch/son derschule/unterricht/lehrplan-lehrmittel/neuer-lehrplan/medien-informatik?sect ionId=section64459&accordId=0

Kanton Basel-Landschaft. (2020). *Medien- und ICT-Konzept.* https://ict-guide.bl.ch/ medien-und-ict-konzept

Kanton Bern. (2016 a). *Lektionentafel zum Lehrplan 21.* https://www.erz.be.ch/erz/de /index/kindergarten_volksschule/kindergarten_volksschule/lehrplan_21/lektion entafel.html

Kanton Bern. (2016 b). *Medien und Informatik in der Volksschule. Empfehlungen an die Gemeinden und an die Schulleitungen.* Bern: Erziehungsdirektion des Kantons.

Kanton Zürich. (2020). *Volksschule. Lektionentafel für die Kindergarten-, Primar- und Sekundarstufe.* https://www.zh.ch/de/bildungsdirektion/generalsekretariat-der-bil dungsdirektion/bildungsrat/suche-bildungsratsbeschluesse/2017-brb-5-volksschu le-lektionentafel-fuer-die-kindergarten-primar-und-sekundarstufe.html

Krauss, S., Neubrand, M., Blum, W., Baumert, J., Brunner, M., Kunter, M., & Jordan, A. (2008). Die Untersuchung des professionellen Wissens deutscher Mathematik-Lehrerinnen und-Lehrer im Rahmen der COACTIV-Studie. *Journal für Mathematik-Didaktik, 29*(3–4), 233–258.

Künzli, R. (1998). Lehrplanforschung als Wirksamkeitsforschung. In *Lehrpläne wie sie entwickelt werden und was von ihnen erwartet wird. Forschungsstand, Zugänge und Ergebnisse aus der Schweiz und der Bundesrepublik Deutschland* (S. 1–14). Chur/Zürich: Rüegger.

Lehmann, L., & Imlig, F. (2016). Dimensionen der Lehrmittelpolitik. In L. Lehmann (Hrsg.), *Lehrmittelpolitik: Eine Governance-Analyse der schweizerischen Lehrmittelzulassung* (S. 41–57). Wiesbaden: Springer Fachmedien. https://doi.org/10.1007/978-3-658-12276-8_3

Pajares, F. (1997). Current Directions in Self-efficacy Research. In M. L. Maehr & P. R. Pintrich (Hrsg.), *Advances in motivation and achievement* (S. 1–49). Bingley: Emerald Group Publishing Limited.

Palmer, D. H. (2006). Sources of Self-efficacy in a Science Methods Course for Primary Teacher Education Students. *Research in Science Education, 36*(4), 337–353. https://doi.org/10.1007/s11165-005-9007-0

Ross, J. A. (1992). Teacher efficacy and the effects of coaching on student achievement. *Canadian Journal of Education/Revue canadienne de l'education*, 51–65.

Schiefele, U., & Schaffner, E. (2015). Teacher interests, mastery goals, and self-efficacy as predictors of instructional practices and student motivation. *Contemporary Educational Psychology, 42*, 159–171. https://doi.org/10.1016/j.cedpsych.2015.06.005

Skaalvik, E. M., & Skaalvik, S. (2007). Dimensions of teacher self-efficacy and relations with strain factors, perceived collective teacher efficacy, and teacher burnout. *Journal of Educational Psychology, 99*(3), 611–625.

Schulkommunikation im digitalen Wandel – Der Lockdown als Akzelerator von Digital Literacy?

Nicole Rosenberger, Colette Schneider Stingelin, Carmen Koch, Angelica Hüsser, Julia Grundisch

Abstract

Während der Corona-Pandemie kam es im Frühjahr 2020 an den Volksschulen zu einer erzwungenen Umstellung auf Homeschooling bzw. Fernunterricht. Schulleitungen, Lehrpersonen, Erziehungsberechtigte und Schüler:innen mussten plötzlich in ungewohntem Masse ihre Kommunikation untereinander digital gestalten. Wie wirken sich diese Erfahrungen auf die Bereitschaft dieser Akteure aus, die Schulkommunikation zukünftig stärker zu digitalisieren? Haben sich neue Kanäle und Praktiken etabliert? Diesen Fragen wurde in Fallstudien mit drei unterschiedlichen Schulen aus der Deutschschweiz nachgegangen. Bereits vor dem Lockdown wurde mit Leitfadengesprächen und Fokusgruppen eine Situationsanalyse zur digitalen Transformation an diesen Schulen erarbeitet. Nach dem Lockdown wurden Schulleiter:innen, Lehrpersonen und Erziehungsberechtigte erneut qualitativ interviewt. Dabei zeigt sich, dass sich die Bereitschaft und die Nutzung von digitalen Kommunikationskanälen nur punktuell verändert hat. Kleine Entwicklungen zeigen sich vor allem in der internen Kommunikation zwischen Schulleitung und Kollegium und unter Lehrpersonen. In der Elternkommunikation der Lehrer:innen hat sich hingegen kaum etwas verändert. Von einer Etablierung kann deshalb nicht gesprochen werden.

1. Einführung

Die Beschäftigung mit „Medienkompetenz" und „Digitalisierung" ist in den Domänen Bildungspolitik und Erziehungswissenschaft sowie im Schulfeld traditionell stark auf den Unterricht bezogen. Dabei stehen v.a. Fragen der notwendigen Schlüsselqualifikationen von Schüler:innen, der medienpädagogischen Kompetenzen von Lehrpersonen, der mediendidaktischen Umsetzungen (Süss et al., 2010, S. 65–66) und der ICT-Infrastruktur im Vordergrund (Breiter et al., 2015; Städteinitiative Bildung, 2019).

Betrachtet man Bildungsinstitutionen aus soziologischer und kommunikationswissenschaftlicher Perspektive (z. B. Welling et al., 2015; Schiefner-Rohs, 2016; Breiter & Welling, 2010), dann sind Unterricht, Organisation und Betrieb von Schule unauflöslich mit Medien[1] und Kommunikation verknüpft und Schulen im Sinne von Krotz (2001) und Hepp (2011; 2013) als mediatisierte Organisationen zu betrachten. Aus dieser Perspektive wird die digitale Entwicklung als Transformationsprozess von Schulen dargestellt, in dem digitale Medien nicht nur in den Unterricht, sondern in die ganze Organisation zu implementieren und Schulentwicklung mit digitalen Medien zu leisten ist (Gerick & Tulowitzki, 2019; Seufert et al., 2018; EDK, 2018). Dieser Prozess betrifft auch die Kommunikation in und von Schulen, die ausserhalb des eigentlichen Unterrichts im Kollegium, mit Klassen, Erziehungsberechtigten, Schulbehörden und einer breiteren Öffentlichkeit stattfindet und im Folgenden mit dem Begriff „Schulkommunikation" bezeichnet wird. In dieser dominierten bislang Face-to-Face- und papierbasierte Interaktion (Welling et al., 2015, S. 316–317).

Die Einstellung des Präsenzunterrichts während der Covid-19-Krise haben im Frühling 2020 zu einem verstärkten Einsatz digitaler Medien in Unterricht (Goetz, 2020; Steinberg & Schmid, 2020) und der Schulkommunikation geführt (Huber et al., 2020). Wie sich dies auf die interne und die externe Kommunikation mit Erziehungsberechtigten über den Fernunterricht hinaus ausgewirkt hat und welche Folgerungen sich daraus für Schulleitungen in Bezug auf die digitale Transformation der Schule generell ziehen lassen, wird im vorliegenden Beitrag auf der Basis von drei Fallstudien diskutiert.

---

1 Medien wie z. B. Telefon oder Computer ermöglichen als technische „Mittler" in „kommunikativen Zusammenhängen" Zeichen zu speichern, zu verarbeiten und weiterzugeben (Herzig, 2016, S. 62). Im Kontext der Mediatisierung sind dabei auch die mit diesen Medien verbundenen Umgebungen wie Apps oder Clouds miteinzubeziehen (Rummler, 2018, S. 204).

2. Theoretische Einordnung

2.1 Medienkompetenz, Media Literacy und Digital Literacy

Das Konzept von „Medienkompetenz" wurde im Zuge der handlungsorientierten Medienpädagogik der 70er Jahre entwickelt und ist im Sinne von Baacke (1996) als Teil einer kommunikativen Kompetenz zu verstehen, die Orientierung und selbstbestimmtes Handeln des Individuums in einer mediatisierten Welt ermöglicht (Süss et al., 2010, S. 106; Rummler, 2018, S. 202; Tulodziecki, 2012, S. 271).

Rohs und Seufert (2020, S. 344–345) unterscheiden drei Ebenen der berufsbezogenen Medienkompetenz: die „allgemeine", die „allgemeine berufliche" sowie die „berufsspezifische Medienkompetenz". Während zur zweiten Kategorie Kompetenzen gehören, die in jedem beruflichen Umfeld vorausgesetzt werden wie etwa der Umgang mit E-Mails, so umfasst die dritte Kompetenz in pädagogischen Berufen z. B. die mediendidaktische Kompetenz. Einer solchen berufsbezogenen Kontextualisierung von Medienkompetenz trägt das Konzept von Media Literacy „as a profoundly social phenomenon, a capability of a community or culture" (Livingstone et al., 2013, S. 4–5) Rechnung. Es legt zudem Wert auf die Differenzierung von „media literacy and media literacy practice or … between competence and performance" (ebd.) und rückt damit die Kommunikationspraxis in den Fokus. In Schulen ist diese nicht nur von Wissen und Fähigkeiten der Akteure, sondern u.a. auch von Ressourcen, Einstellungen oder Fachkulturen geprägt und bildet sich schulgemeinschaftsspezifisch aus (Breiter & Welling, 2010, S. 15; Welling et al., 2015).

Versteht man die Digitalisierung als „tiefergreifende Mediatisierung", die von der „Ausdifferenzierung" von Endgeräten und Diensten, einer zunehmenden „Konnektivität" und „Omnipräsenz" digitaler Medien, einer „beschleunigenden Innovationsdichte" neuer Medien und der „Datafizierung von Kommunikation" geprägt ist, dann sind digitale Medien nicht mehr nur als Mittler und Artefakte zu betrachten (Hepp, 2018, S. 35). Vielmehr konstruieren sie unsere soziale Welt – und damit auch die Organisation Schule mit (vgl. Schiefner-Rohs, 2016; Rummler, 2018; Welling et al., 2015).

Die Durchdringung aller Lebensbereiche mit digitalen Technologien schlägt sich im Konzept von Digital Literacy und entsprechenden staatlichen Förderstrategien nieder (Übersicht dazu in Coffin Murray & Perez, 2014). In umfassenden Definitionen wird Digital Literacy als Fähigkeit verstanden, Probleme in einer technologie-reichen Umgebung effektiv zu lösen (Coffin Murray & Perez, 2014, S. 86). Oft wird dabei auf das von der

EU entwickelte Digital-Literacy-Verständnis rekurriert, das auf „knowledge", „skills" und „attitudes" basiert (Ferrari, 2013; Vuorikari et al., 2016). In diesem Verständnis ist Media Literacy Teil von Digital Literacy (Ferrari, 2012, S. 16) und wird im vorliegenden Beitrag auch so aufgefasst.

Martin und Grudziecki (2006, S. 255) unterscheiden daran anschliessend zwischen "digital competence" und "digital literacy": Dabei ist digitale Kompetenz an die spezifische Lebenssituation von Individuen oder Gruppen gebunden, während Digital Literacy die angemessene Nutzung digitaler Kompetenzen in beruflichen und domänenspezifischen Kontexten umfasst und nach Martin (2003, S. 18) auf einem grundsätzlichen Verständnis („awareness") der ICT-Umgebung und ihrer Möglichkeiten, einem routinierten Umgang mit den entsprechenden Tools („confidence in using") und dessen Evaluation, der Reflexion der eigenen Entwicklung sowie der Fähigkeit („adaptability") und Bereitschaft („willingness"), sich den Herausforderungen des digitalen Wandels zu stellen, basiert. Insbesondere dieser letzte Punkt ist für die Schulkommunikation zentral, ist doch in dieser im Vergleich zu anderen Domänen und Lebensbereichen von einer bisher eher schwachen Nutzung digitaler Kompetenzen der Akteure in der Kommunikation auszugehen (vgl. Welling et al., 2015). Ein Verständnis für die digitalen Möglichkeiten der Schulkommunikation und entsprechende Praktiken zu entwickeln und diese zu evaluieren, setzt eine grundsätzliche Offenheit aller Akteure gegenüber digitalen Kanälen voraus. Werden digitale Kompetenzen in einem spezifischen Kontext nicht nur angemessen genutzt („digital literacy"), sondern ermöglichen sie Innovation, dann sprechen Martin und Grudziecki (2006, S. 255) von „digital transformation".

2.2 Digitale Transformation von Schulen

Digitale Transformation, verstanden als organisationaler Wandel ausgelöst durch die Ausrichtung der Schule „auf die Bedingungen der Digitalisierung", verlangt von Schulen u.a. die Reflexion des eigenen Auftrags und der Gestaltung von Lehren, Lernen und Zusammenarbeit (Merz, 2019, S. 34–35). Dies bedeutet letztlich ein „Weiterdenken von Schule" (Schiefner-Rohs, 2016, S. 1408) in Kooperation mit den kommunalen Schulträgern und -behörden und in Koordination mit bildungspolitischen Vorgaben. Dazu sollte auf der Ebene der Einzelschule eine Schulkultur entwickelt werden, die den „Anforderungen und Entwicklungen digitaler Medien verstärkt Rechnung trägt" und von entsprechenden Werten, Normen und Zielen geprägt ist (Schiefner-Rohs, 2016, S. 1415). Damit eng zu verknüpfen ist „die Gestaltung von Struktur und Organisation von Schule und Medien" sowie das Schaffen von Verbindlichkeit und Klären von Verantwortlichkeiten (Schiefner-Rohs, 2016, S. 1415). Für die Schulentwicklung, das Organisieren des Schulalltags und die Interaktion mit den verschiedenen Anspruchsgruppen sind die Schulleitenden verantwortlich (Windlinger et al., 2014, S. 3).

Digitalisierung wird damit zur Querschnittsaufgabe im Schulleitungshandeln. Dazu gehört zum einen das „digitale Schulmanagement" (Gerick & Tulowitzki, 2019), d. h. der Einsatz von Schulinformationssystemen für z. B. Stunden- und Budgetplanung, E-Learning oder Notenverwaltung, sowie digitale Kanäle für die interne Kommunikation oder die Elternkommunikation (Welling et al., 2015), zum andern Digital Leadership als Kompetenz von Schulleitungen, eine angemessene Nutzung von digitalen Medien zu ermöglichen. Dies umfasst visionäre Führung, das Etablieren einer Lernkultur für das digitale Zeitalter und das Fokussieren auf exzellente professionelle Praxis (Schiefner-Rohs, 2016, S. 1409).

2.3 Bisherige Befunde zur Schulkommunikation

Schulleitungs- und Lehrpersonen, Schüler:innen und Erziehungsberechtigte sind die zentralen Akteure der ausserhalb des eigentlichen Unterrichts stattfindenden Schulkommunikation. Die Kommunikationsstrukturen und institutionalisierten Kooperationsformen spielen für die Entwicklung der Schule eine zentrale Rolle (Welling et al., 2015, S. 49). Obwohl Lehrpersonen privat und für ihre Unterrichtsvorbereitungen sehr wohl digitale Medien nutzen, ist die „papierbasierte" und interpersonale direkte (mündliche) Interaktion in der Schulkommunikation stark verankert. Digital wird nur sehr eingeschränkt kommuniziert (Welling et al., 2015, S. 316–318), was auch mit der ambivalenten Beurteilung digitaler Kanäle zusammenhängen könnte. So geben z. B. in der Studie von Welling et al. (2015, S. 315) einige Lehrpersonen eine bessere Kontrolle der digitalen Elternkommunikation als Vorteil an, während andere betonen, dass sie in der mündlichen Kommunikation den Gesprächsverlauf besser kontrollieren könnten und entsprechend Kontrollverlust als Nachteil digitaler Kommunikation aufführen.

Während der Umstellung von Präsenz- auf Fernunterricht wurde deutlich, dass die technischen Kenntnisse der Lehrpersonen sehr heterogen sind. Zudem fühlten sich Schulleitende, Lehrpersonen und Erziehungsberechtigte „überflutet von Informationen und der Vielfalt an digitalen Medien", und es zeigte sich, dass fehlende Endgeräte und mangelnde Kenntnisse von Eltern und Schüler:innen für Lehrpersonen eine Herausforderung darstellten (Huber et al., 2020, S. 28).

Wie sich die angemessene Nutzung digitaler Kompetenzen und damit die Digital Literacy in der Schulkommunikation im Sinne von Martin (2003) nach der Rückkehr zum Präsenzunterricht verändert hat, wird am Beispiel von drei Schulen auf der Basis der folgenden drei Forschungsfragen skizziert:

FF1: Haben sich die im Lockdown im Frühling 2020 gemachten Erfahrungen auf die Bereitschaft von Schulleitungen, Lehrpersonen und Erziehungsberechtigten ausgewirkt, digitale Kanäle und Tools in der Schulkommunikation zu nutzen?

FF2: Hat sich die Nutzung einzelner Kanäle und Tools bei Schulleiter:innen und Lehrpersonen in der internen Kommunikation, der Eltern- und/oder der Klassenkommunikation etabliert?

FF3: Was spricht in den Augen von Schulleitungen, Lehrpersonen und Erziehungsberechtigten für digitale Elternkommunikation, was dagegen?

Unter digitalen Kanälen gefasst werden beispielsweise E-Mail, Instant Messenger, Cloud-Lösungen oder speziell für Schulen konzipierte Apps, unter Tools Kollaborations-Anwendungen wie GoogleDocs, MS Teams oder spezifische Schul-Verwaltungssoftware wie Lehreroffice.

3. Methode

Um die Herausforderungen der digitalen Schulkommunikation zu verstehen, ist ein umfassender Blick notwendig. Mit den durchgeführten Fallstudien war es möglich, die verschiedenen Perspektiven der diversen beteiligten Akteure zu berücksichtigen und mittels eines qualitativen Mehrmethodendesigns zur Thesenbildung beizutragen (vgl. zur Methodentriangulation Loosen & Scholl, 2012). Untersucht wurden drei Deutschschweizer Schulen aus unterschiedlichen Kantonen, welche sich in Bezug auf die Faktoren Grösse (130 bis 400 Schüler:innen), Schulstufen (Gesamtschule von Primar- bis Oberstufe sowie Sekundarschulen), finanzielle Ressourcen und demographische Zusammensetzung der Schüler:innen unterscheiden. In den drei Schulen wurde eine Dokumentenanalyse der aktuellen Kommunikation auf den verschiedenen Kanälen vorgenommen, Leitfadenge-spräche mit allen Schulleiter:innen sowie Fokusgruppengespräche mit Lehrer:innen, Erziehungsberechtigten und Schüler:innen geführt (vgl. Tabelle 1).

Tabelle 1: Übersicht über die methodischen Schritte und das Sample

(I) Vor der Schulschliessung (Oktober 2019 – Februar 2020)

Dokumentenanalyse	(teil-)öffentliche Kommunikation und Kommunikationskonzepte (von den Schulen zur Verfügung gestellt)
Leitfadeninterviews Schulleitung	Schule A: 1 Gesamtschulleitungsperson Schule B: 2 Gesamtschulleitungspersonen Schule C: 1 Gesamtschulleitungsperson und 4 Teilschulleitungspersonen Total n=8
Fokusgruppen	Pro Schule 1 Fokusgruppe mit 5–7 Schüler:innen (n=3) Pro Schule 1 Fokusgruppe mit 4–6 Erziehungsberechtigten (n=3) Pro Schule 1 Fokusgruppe mit 5–7 Lehrpersonen (n=3)

(II) Nach der Wiederaufnahme des Präsenzunterrichts (Herbst 2020)

Leitfadeninterviews Schulleitung	Schule A: 1 Gesamtschulleitungsperson Schule B: 2 Gesamtschulleitungspersonen Schule C: 1 Gesamtschulleitungsperson Total n=4
Leitfadeninterviews Lehrpersonen	Je 2 Lehrpersonen von Schule A und B, die an der Fokusgruppe teilgenommen haben (n=4)
Leitfadeninterviews Erziehungsberechtigte	Je 2 Erziehungsberechtigte von Schule A und B, die an der Fokusgruppe teilgenommen haben (n=4)
Online-Befragung Lehrpersonen Schule A, B und C	n=42
Online-Befragung Erziehungsberechtigte Schule A, B und C	n=159

Der Lockdown ab Mitte März 2020 zwang die Schulen, mit Schüler:innen und Erziehungsberechtigten aus der Ferne zu kommunizieren, was digitalen Kanälen eine neue Bedeutung oder zumindest mehr Gewicht gab und damit die im Projekt erarbeitete Ausgangslage veränderte. Im Zuge dessen wurde im Herbst 2020 eine Nachbefragung durchgeführt (vgl. Tabelle 1). Dazu wurden Leitfadengespräche mit den Gesamtschulleiter:innen sowie mit zwei Lehrpersonen und zwei Erziehungsberechtigten aus den Fokusgruppen geführt. Diese erlaubten es, die bereits erhobene Ausgangslage in der Vor-Covid19-Phase aufzugreifen und Erfahrungen sowie Veränderungen in der Haltung zu besprechen. Um ein umfassenderes Bild zu erhalten, wurden ausserdem alle Lehrpersonen und Erziehungsberechtigten der drei Schulen angeschrieben und gebeten, an einer kurzen halbstrukturierten Online-Befragung teilzunehmen, die aus drei geschlossenen und fünf offenen Fragen bestand. Zu Beginn wurde an konkreten Beispielen erklärt, was unter digitalen Kanälen verstanden wird. Gefragt wurde nach Vor- und Nachteilen der digitalen Kommunikation von Schulen mit Erziehungsberechtigten, nach Ängsten, nach Unterstützungswünschen und danach, wie die Erfahrungen während der Schulschliessung die Einstellung gegenüber digitaler Kommunikation verändert haben. Ziel war es, die Antworten ungerahmt und unbeeinflusst von einer strukturierten Antwortauswahl zu erfragen und somit ein konkretes Stimmungsbild, aber auch detaillierte Einblicke in die Gedanken der Befragten zu erhalten.

Die Antworten aus den Leitfadengesprächen und den zwei Online-Befragungen wurden mit einer qualitativen strukturierenden Inhaltsanalyse nach Mayring (2015) auf Ebene der einzelnen Schulen ausgewertet. Die Erkenntnisse aus der ersten Erhebungsphase wurden einbezogen, um den Kontext und Veränderungen zu erfassen. Im Folgenden werden die Erkenntnisse in Form von Thesen präsentiert und diskutiert.

4. Ergebnisse

These 1: Das Bewusstsein der Schulleiter:innen, dass sich die Schule aktiv mit den neuen digitalen Kommunikationsmöglichkeiten auseinandersetzen muss, ist durch die Erfahrung während der Einstellung des Präsenzunterrichts gestärkt worden. Die Kommunikationspraxis hat sich allerdings nicht bei allen verändert.

Die befragten Schulleitungen (n=4) sind sich des grossen Einflusses des digitalen Wandels auf die Schulen und die Schulkommunikation grundsätzlich bewusst und wissen, dass sie sich als Leitungspersonen und als Kollegium aktiv damit auseinandersetzen müssen. Es ist anzunehmen, dass sich vor allem Schulen für die Teilnahme am Forschungsprojekt interessiert haben, die etwas sensibilisierter für das Thema Digitalisierung sind. Eine Schulleiterin (SLC) betont, dass die Notwendigkeit der ständigen Auseinandersetzung v.a. in der digital geprägten Lebenswelt von Erziehungsberechtigten und Schüler:innen liegt: „Ich versuche aktiv immer wieder neue Tools zu testen, weil wir bezüglich Erfahrung sowieso immer zwei, drei Schritte hinter unseren Schüler:innen sind" (SLC). Zudem vermutet sie, dass der Lockdown zu einer höheren Bereitschaft der Erziehungsberechtigten geführt hat, mit der Schule digital zu kommunizieren. Während die Leitung der Schulen A und C klar die Bereitschaft signalisiert, auch nach der Wiederaufnahme des Präsenzbetriebs digitale Kanäle zu nutzen („Wir werden dranbleiben" SLC), geben sich die zwei Leitungspersonen der Schule B noch etwas verhaltener: „Ich denke, unsere Herausforderung der Zukunft ist es, den Mehrwert des Digitalen zu suchen" (SLB2).

Während die Lehrpersonen vor dem Lockdown in den drei Schulen mehr oder weniger frei in der Wahl des Kanals für ihre Eltern- und Klassenkommunikation waren, erstellten die befragten Schulleitungen im Lockdown klare Vorgaben für die Kommunikation. Mit ihren Klassen hatten die Lehrpersonen der drei Schulen hauptsächlich über MS Teams zu kommunizieren. Schule C setzte für den Austausch mit Erziehungsberechtigten in einer Klasse der Oberstufenschüler:innen ebenfalls MS Teams ein, mit den übrigen Eltern kommunizierte die Schule über E-Mail. E-Mail und Dokumente zum Download auf der Homepage der Schule waren die vorgegebenen Kanäle für die Elternkommunikation der Schulen A und B. Diese klaren Vorgaben werden rückblickend als förderlich für die aktive und offene Auseinandersetzung des Kollegiums mit digitaler Kommunikation bewertet: „In den zwei Monaten sind wir so schnell vorwärts gekommen wie sonst in einem Jahr. Die Arbeit stand so oder so an", meint Schulleiter A, während Schulleiter B1 feststellt, dass „auch die Leute die Vorgaben mitgetragen haben, die sonst nicht so [kooperativ] sind. Im Normalbetrieb hätten wir zwei Jahre diskutiert". Allerdings fügt er an, dass „es ja auch für alle klar gewesen ist, dass es nur für eine absehbare Zeit ist".

Obwohl bei den Schulleiter:innen die Bereitschaft gewachsen ist, sich mit den neuen digitalen Kommunikationskanälen und Tools auseinanderzusetzen, hat sich die Schulkommunikation in den drei untersuchten Schulen nach der Rückkehr zum Präsenzunterricht nicht nachhaltig verändert. Die Kommunikation der Gesamtschule mit Erziehungsberechtigten findet teilweise wieder über gedruckte Elternbriefe statt (Schule A und C), die Lehrpersonen aller drei Schulen setzen für ihre Klassen- und Elternkommunikation mehrheitlich auf die von ihnen vor dem Lockdown benutzten Kanäle, und die interne Kommunikation zwischen Schulleitung und Kollegium findet in zwei Schulen (B und C) wieder primär mündlich und, falls das nicht möglich ist, per E-Mail statt. Nur Schulleiter A setzt – wie schon vor dem Lockdown – in der internen Kommunikation noch immer konsequent auf MS Teams. Die Lehrpersonen der drei Schulen nutzen es hingegen nur noch vereinzelt für die Zusammenarbeit mit Kolleg:innen. Für die Kollaboration sieht Schulleiter B2 auch das grösste Potenzial digitaler Tools: „Mir ist im Lockdown aufgegangen, dass ganz neue Formen der Zusammenarbeit und Kooperation möglich werden."

Bezogen auf die interne Kommunikation gehen alle vier Schulleiter:innen davon aus, dass digitale Tools die Zusammenarbeit unter den Lehrpersonen vereinfachen und damit fördern können. In Bezug auf die Erziehungsberechtigten sehen sie die Schnelligkeit als grössten Vorteil digitaler Kommunikation. Als negativ wird – im Gegensatz zur direkten mündlichen Kommunikation – vor allem der Verlust des ganzheitlichen Erfassens des Gegenübers gesehen: „Natürlich geht im Digitalen etwas verloren. Das Gschpürige[2] fehlt, gewisse Botschaften kommen nicht gleich an wie face to face" (SLA).

These 2: Der Lockdown hat die Einstellungen der Lehrpersonen gegenüber digitalen Kommunikations- und Kollaborationsmöglichkeiten kaum verändert und nur vereinzelt zu neuen Praktiken in der internen Zusammenarbeit geführt.

Die Bereitschaft zu digitaler Kommunikation ist bei den befragten Lehrpersonen mehrheitlich vorhanden. Drei Viertel der online befragten Lehrer:innen (n=42) nutzen in der Kommunikation mit Erziehungsberechtigten, Schüler:innen oder anderen Lehrpersonen u. a. auch digitale Kanäle. In einem teilstandardisierten Interview bringt dies eine Lehrperson mit der im Lockdown gezwungenermassen gemachten Kompetenzerweiterung in Verbindung: „Ich stehe der digitalen Kommunikation offen gegenüber und probiere es aus. Jetzt weiss ich eben besser, wie es funktioniert, das ist sicher hilfreich. [...] Aber ich weiss nicht, wie das bei älteren Kolleg:innen ist" (LPA1). In der Online-Befragung geben 21 von 25 Lehrpersonen an, dass sich ihre Einstellung gegenüber digitaler Kommunikation durch die Lockdown-Erfahrung nicht verändert habe, davon blieb ein Fünftel weiterhin negativ, der Rest positiv eingestellt.

---

2 Das schweizerdeutsche Wort „Gschpüri" kann mit Feingefühl/Vorahnung übersetzt werden (vgl. Dialektwörter.ch).

In Schule B nutzen einzelne Teams die im Frühjahr 2020 eingeführte Kollaborations-Plattform MS Teams danach weiterhin für gemeinsame Vorbereitungsarbeiten oder das Verfassen von Elternbriefen. „Vorher haben wir Clouds und E-Mail für die Zusammenarbeit genutzt, was sehr unübersichtlich war. Jetzt arbeiten wir über MS Teams am gleichen Dokument, was alles vereinfacht" (LPB1). Anders hingegen die Lehrperson von Schule A, die im teilstandardisierten Interview angibt, in der Zusammenarbeit mit anderen Lehrer:innen nach dem Lockdown nicht mehr damit zu arbeiten: „Wir setzen uns wieder zusammen: Einer tippt und die anderen kommentieren" (LPA2).

Die Lehrer:innen haben sich während des Lockdowns an die vorgegebenen digitalen Kanäle gehalten, was aber nur wenig an der grundsätzlich positiven oder negativen Einstellung der einzelnen Lehrperson gegenüber digitaler Schulkommunikation verändert hat. Zudem haben sie nur vereinzelt neue digitale Kommunikationsgewohnheiten übernommen, die sich v.a. im Bereich interne Kommunikation und Kollaboration manifestieren. Hingegen geben alle vier interviewten Lehrpersonen an, mit den Erziehungsberechtigten wieder über die von ihnen vor dem Fernunterricht eingesetzten, primär analogen Kanäle zu kommunizieren.

Die Hälfte der Lehrpersonen äussert explizit Bedenken, falls die Elternkommunikation vermehrt über digitale Kanäle geführt würde. Als Nachteile digitaler Elternkommunikation führen sie in der Online-Befragung mehrfach die „ständige Erreichbarkeit" und die damit verbundene „schwierige Abgrenzung" auf, der Verlust des persönlichen Kontakts (Schule A und B), die „geringere Verbindlichkeit" der Kommunikation (Schule A) sowie Datenschutzprobleme (Schule B). Am häufigsten von Lehrpersonen aller Schulen genannt wird in der Online-Befragung der Vorteil „Schnelligkeit" der Kommunikation und die gute Erreichbarkeit der Erziehungsberechtigten über E-Mail.

These 3: Erziehungsberechtigte sind gegenüber digitaler Schulkommunikation offen, erwarten eine Reduktion der von der Schule eingesetzten Kanäle sowie Unterstützungsangebote für die Nutzung digitaler Kommunikationskanäle.

Die online befragten Erziehungsberechtigten (n=159) der drei Schulen formulieren für die Schulkommunikation den Wunsch nach Festlegung auf wenige, klar definierte Kommunikationskanäle: „Ich wäre einfach dankbar, wenn nicht jede Lehrperson über andere Kanäle kommuniziert, sondern wenn sich für die ganze Schule ein Kanal durchsetzen würde" (Schule C). Dies wird auch als Erwartung bezüglich der digitalen Kommunikation formuliert: „Es muss mehr über digitale Kanäle kommuniziert werden, nicht nur mit den Schülern, sondern auch mit den Eltern. Auch nach Corona. Es sollte dazu allerdings nur EINE Plattform geben" (Schule A).

Die Bereitschaft der online befragten Erziehungsberechtigten, mit der Schule digital zu kommunizieren, ist in allen drei Schulen nach der Rückkehr zum Präsenzunterricht grundsätzlich vorhanden. So vermerken die Befragten in der Onlineumfrage z. B.: „Kurze Infobriefe finde ich digital okay" (Schule A); „Ich bin im Prinzip offen für digitale Kanäle. Die Nutzung der Kanäle muss jedoch von Seiten des Lehrpersonals korrekt sein" (Schule B) oder: „Wenn das richtige System gewählt wird, bei dem mehrere Personen die gleiche Informationen abrufen können ... , dann sehe ich nur Vorteile für beide Seiten" (Schule C). Es kann allerdings nicht ausgeschlossen werden, dass die Teilnehmer:innen der Online-Befragung grundsätzlich eher positiv gegenüber digitalen Kommunikationsformen eingestellt sind.

Als Vorteile digitaler Schulkommunikation geben die Erziehungsberechtigten in der Online-Befragung in allen drei Schulen am häufigsten Zeitersparnis und Niederschwelligkeit der Kommunikation an („Ich kann meine Nachricht zu der Zeit schicken, zu der es für mich passt. Die Lehrer:in kann es sich auch einrichten, wann sie mir antworten möchte. Niemand muss immer wieder versuchen anzurufen, was manchmal schwierig sein kann, da immer jemand gerade beschäftigt ist." Schule C) und die zentrale Verfügbarkeit von Informationen. Auf die Frage nach Nachteilen digitaler Elternkommunikation führen die Erziehungsberechtigten in allen drei Schulen die Unpersönlichkeit digitaler Kommunikation, Informationsflut, technische Schwierigkeiten und Informations-Holschuld von Eltern an („Die Schule sollte die Infos zu den Eltern bringen. Die Eltern sollten die Infos nicht irgendwo holen müssen." Schule B).

Rund die Hälfte der online befragen Erziehungsberechtigten wünschen sich Unterstützungsangebote für die Einrichtung der technischen Infrastruktur („Wir wünschen uns, dass die Schule dafür sorgt, dass alle Eltern digital erreicht werden können." Schule B) und die Bedienung digitaler Kanäle („Die Anwendung der digitalen Medien sollte bei einem Elternabend geschult werden, inkl. Anleitungen für zu Hause." Schule C). Das typische Antwortmuster war hier allerdings, dass die Befragten selbst keine Unterstützung brauchen, aber andere Erziehungsberechtigte (v.a. „digital schwache Eltern" und „fremdsprachige Eltern" Schule C) eventuell froh darum wären.

5. Diskussion

Grundsätzlich kann festgestellt werden, dass sich in der Kommunikation der drei Schulen die Digital Literacy im Sinne von Martin (2003) durch die Lockdown-Erfahrung lediglich punktuell verändert hat und entsprechend nicht von einer Akzeleration gesprochen werden kann. Vor allem bei den Schulleiter:innen ist die Bereitschaft zwar gewachsen, sich mit den neuen digitalen Kommunikationskanälen auseinanderzusetzen, und Erziehungsberechtigte und Lehrpersonen stehen digitaler Kommunikation grundsätzlich offen gegenüber. Doch hat diese positive Einstellung nach der Rückkehr zum Präsenzunterricht nicht zu einem routinierten Einsatz digitaler Kanäle geführt.

Die Schulvertreter:innen sehen Schnelligkeit resp. Zeitersparnis, gute Erreichbarkeit des Gegenübers und Niederschwelligkeit als klaren Vorteil digitaler Kommunikation. Für Erziehungsberechtigte ist die orts- und zeitunabhängige Verfügbarkeit der kommunizierten Inhalte ein weiteres Plus. Demgegenüber sehen alle Befragten den Verlust des persönlichen Kontakts als Nachteil digitaler Elternkommunikation. Für Lehrpersonen fällt zusätzlich ständige Erreichbarkeit und schwierige Abgrenzung negativ ins Gewicht, für Erziehungsberechtigte die Befürchtung, mit Informationen überhäuft zu werden und in eine Informations-Holschuld zu geraten. Daneben werden auch mögliche technische Schwierigkeiten als Nachteil bewertet.

Während die vorgebrachten Vorteile spezifische Stärken digitaler Kanäle sind, liegen die Nachteile weniger im Kanal selbst als in dessen Handhabung begründet. So können Erwartungen bezüglich Erreichbarkeit von Lehrpersonen über digitale Kanäle innerhalb der Schule geklärt, eine gemeinsame Praxis festgelegt und gegenüber Eltern kommuniziert werden. Die Nutzung digitaler Kanäle für spezifische Kommunikationsaufgaben schliesst persönliche Kontakte nicht per se aus. Hier geht es darum, einen für die Schulgemeinschaft passenden Mix von analoger und digitaler Kommunikation zu definieren. Dasselbe gilt für die Angst der Erziehungsberechtigten vor einer Informationsflut. Nutzerfreundliche Kommunikation zeichnet sich schriftlich wie elektronisch immer über eine klare Taktung und Bündelung der Informationen aus.

Hier zeigt sich die von Schiefner-Rohs (2016, S. 1408) ausgeführte Notwendigkeit, im Zuge der digitalen Transformation von Schulen gemeinsam Werte und Normen festzulegen, die den „Anforderungen digitaler Medien verstärkt Rechnung tragen", und Verbindlichkeit bezüglich Verantwortlichkeiten zu schaffen. Über die Erwartungsklärungen und das gemeinsame Entwickeln und Kommunizieren von Regeln wie beispielsweise, in welchem Zeitraum auf digitale Anfragen reagiert werden muss, können Schulleiter:innen unter Umständen die Bereitschaft stärken, sich auf digitale Kanäle einzulassen. Mit niederschwelligen Unterstützungsangeboten für Lehrpersonen und Erziehungsberechtigte kann darüber hinaus eine routinierte digitale Kommunikationspraxis gefördert werden.

Im Sinne des für den Transformationsprozess von Schulen geforderten Digital Leadership (Gerick & Tulowitzki, 2019; Schiefner-Rohs, 2016) sollten Schulleiter:innen auf eine exzellente professionelle Praxis fokussieren, eine digitale Lernkultur etablieren und visionär führen. In Bezug auf die Schulkommunikation bedeutet das zum einen, dass Schulleitungen ihre eigene Digital Literacy fördern, indem sie selbst eine routinierte Nutzung digitaler Kommunikationskanäle entwickeln und ihre Fähigkeit stärken, mit den Herausforderungen digitaler Kommunikation umzugehen. Denn in der Kommunikationspraxis der Schulleitung wird deren Vorstellung einer angemessenen Nutzung digitaler Kompetenzen für die Schulgemeinschaft erlebbar und hat entsprechend Vorbildfunktion. Zum anderen können Schulleiter:innen die digitale Lernkultur fördern, indem sie digitale Kommunikationsprozesse gemeinsam mit Lehrpersonen und Erziehungsberechtigten evaluieren und einen aktiven Austausch über deren Ergebnis führen. Schulleitungen, die ihre Schulkommunikation proaktiv und gezielt über eine ganzheitliche Förderung der Digital Literacy weiterentwickeln, gestalten damit immer auch die digitale Transformation der gesamten Organisation mit.

Literatur

Baacke, D. (1996). *Medienkompetenz -Begrifflichkeit und sozialer Wandel.* (Theorie und Praxis der Erwachsenenbildung). Bad Heilbrunn: Deutsches Institut für Erwachsenenbildung (DIE).

Breiter, A., Stolpmann, E. B. & Zeising, A. (2015). *Szenarien lernförderlicher IT-Infrastrukturen in Schulen: Betriebskonzepte, Ressourcenbedarf und Handlungsempfehlungen.* Gütersloh: Institut für Informationsmanagement Bremen GmbH.

Breiter, A. & Welling, S. (2010). Integration digitaler Medien in den Schulalltag als Mehrebenenproblem. In B. Eickelmann & R. Schulz-Zander (Hg.), *Bildung und Schule auf dem Weg in die Wissensgesellschaft* (S. 13–25). Wiesbaden: VS Verlag für Sozialwissenschaften.

Coffin Murray, M. & Perez, J. (2014). Unraveling the digital literacy paradox: How higher education fails at the fourth literacy. [Online Publikation]. *Facultaty Publications Kennesaw State University.* Abgerufen am 26. Februar 2021, von https://digitalcommons.kennesaw.edu/facpubs/3438/

EDK. (2018). *Digitalisierungsstrategie: Strategie der EDK vom 21. Juni 2018 für den Umgang mit Wandel durch Digitalisierung im Bildungswesen.* Bern: EDK.

Ferrari, A. (2012). *Digital Competence in Practice: An Analysis of Frameworks.* Spain: European Comission.

Ferrari, A. (2013). *DIGCOMP: A Framework for Developing and Understanding Digital Competence in Europe.* [Vorab Onlinepublikation]. Publications Office of the EU. Abgerufen am 26. Februar 2021, von https://doi.org/10.2788/52966

Gerick, J. & Tulowitzki, P. (2019). Organisation von Schule in einer digitalenWelt – Empirische Befunde und Implikationenfür die Fortbildung schulischer Akteure. In V. Manitius & N. van Holt (Hg.), *Beiträge zur Schulentwicklung. Transfer zwischen Lehrer(fort)bildung und Wissenschaft* (1. Aufl., S. 89–106). Bielefeld: wbv.

Goetz, M. (2020). Distance Learning in der COVID-19 Krise: Ein Praxischeck. *Medienimpulse, 58*(2), 112–124.

Hepp, A. (2011). *Medienkultur: Die Kultur mediatisierter Welten.* Wiesbaden: VS Verlag für Sozialwissenschaften.

Hepp, A. (2013). *Medienkultur.* Wiesbaden: VS Verlag für Sozialwissenschaften.

Hepp, A. (2018). Von der Mediatisierung zur tiefgreifenden Mediatisierung. In J. Reichertz & R. Bettmann (Hg.), *Kommunikation – Medien – Konstruktion* (S. 27–45). Wiesbaden: Springer Fachmedien Wiesbaden.

Herzig, B. (2016). Medienbildung und informatische Bildung – Interdisziplinäre Spurensuche. *MedienPädagogik: Zeitschrift für Theorie und Praxis der Medienbildung, 25*(Computer Science Education), 59–79.

Huber, S. G., Günther, P. S., Schneider, N., Helm, C., Schwander, M., Schneider, J. & Pruitt, J. (2020). *COVID-19 – aktuelle Herausforderungen in Schule und Bildung: Erste Befunde des Schul-Barometers in Deutschland, Österreich und der Schweiz.* Münster: Waxmann Verlag GmbH.

Krotz, F. (2001). *Die Mediatisierung kommunikativen Handelns.* Wiesbaden: VS Verlag für Sozialwissenschaften.

Livingstone, S., Trültzsch-Wijnen, C., Papaioannou, T. & Grandío, M.-d.-M. (2013). Critical insights in European media literacy research and policy. Editors' Note. In S., Livingstone, T. Papaioannou, M. del Mar Grandio, & C. W. Wijnen (Hg.), *Media Studies Special Issue,* (S. 2–12).

Loosen, W. & Scholl, A. (Hg.). (2012). *Methoden und Forschungslogik der Kommunikationswissenschaft: Bd. 7. Methodenkombinationen in der Kommunikationswissenschaft: Methodologische Herausforderungen und empirische Praxis.* Köln: Herbert von Halem Verlag.

Martin, A. (2003). Towards e-literacy. In A. Martin & H. Rader (Hg.), *Information and IT literacy: Enabling learning in the 21st century* (2. Aufl., S. 3–23). London: Facet Publishing

Martin, A. & Grudziecki, J. (2006). DigEuLit: Concepts and Tools for Digital Literacy Development. *Innovation in Teaching and Learning in Information and Computer Sciences, 5*(4), 249–267. Abgerufen am 26. Februar 2021, von: https://doi.org/10.11120/ital.2006.05040249

Mayring, P. (2015). *Qualitative Inhaltsanalyse: Grundlagen und Techniken* (12. Aufl.). Weinheim: Beltz Pädagogik.

Merz, T. (2019). Die eigentliche digitale Transformation für die Schule steht noch bevor. [Online Publikation]. *Aufwachsen im digitalen Zeitalter: Bericht der Eidgenössischen Kommission für Kinder- und Jugendfragen* (S. 30–36). Bern: Schweizerische Eidgnosschenschaft. Abgerufen am 26. Februar 2021, von https://www.b undespublikationen.admin.ch/cshop_mimes_bbl/48/48DF3714B1101ED988946 C07015D7D15.pdf

Rohs, M. & Seufert, S. (2020). Berufliche Medienkompetenz. In R. Arnold, A. Lipsmeier & M. Rohs (Hg.), *Handbuch Berufsbildung* (3. Aufl., S. 339–369). Wiesbaden: Springer VS.

Rummler, K. (2018). Digitalisierung als Mediatisierungsschub im Schulfeld. Sondierungsversuche in unterschiedlichen Diskursdomänen aus medienpädagogischer Sicht. *Beiträge zur Lehrerinnen und Lehrerbildung, 36*(2), 194–207.

Schiefner-Rohs, M. (2016). Schulleitung in der digital geprägten Gesellschaft. In H. Buchen & H.-G. Rolff (Hg.), *Professionswissen Schulleitung* (4. Aufl., S. 1402–1472). Weinheim: Beltz.

Seufert, S., Guggemos, J. & Tarantini, E. (2018). Digitale Transformation in Schulen – Kompetenzanforderungen an Lehrpersonen. *Beiträge zur Lehrerinnen und Lehrerbildung, 36*(2), 175–193.

Städteinitiative Bildung. (2019). *Digitalisierung in der Volksschule: Themenpapier der Städteinitiative Bildung.* Winterthur: Städteinitiative Bildung.

Steinberg, M. & Schmid, Y. (2020). Digitalisierung in der Krise: COVID-19 und das Bildungswesen. [Online Publikation]. *Soziologiemagazin, Blogreihe Nr. 8: SOZIOLOGISCHE IMPULSE WÄHREND CORONA.* Abgerufen am 26. Februar 2021, von https://www.researchgate.net/publication/341575217_Digitalisierung _in_der_Krise_COVID-19_und_das_BildungswesenSoziologiemagazin_Blogrei he_8_SOZIOLOGISCHE_IMPULSE_WAHREND_CORONA

Süss, D., Lampert, C. & Trueltzsch-Wijnen, C. (2010). *Medienpädagogik: Ein Studienbuch zur Einführung* (1. Aufl.). Wiesbaden: VS Verlag für Sozialwissenschaften.

Tulodziecki, G. (2012). Medienpädagogische Kompetenz und Standards in der Lehrerbildung. In R. Schulz-Zander, B. Eickelmann, H. Moser, H. Niesyto & P. Grell (Hg.), *Jahrbuch Medienpädagogik 9* (Bd. 16, S. 271–297). Wiesbaden: VS Verlag für Sozialwissenschaften.

Vuorikari, R., Punie, Y., Carretero, S. & van den Brande, L. (2016). *DigComp 2.0: The digital competence framework for citizens. EUR, Scientific and technical research series: Bd. 27948.* Spain: European Commission. Abgerufen am 26. Februar 2021, von https://publications.jrc.ec.europa.eu/repository/bitstream/JRC101254/ jrc101254_digcomp%202.0%20the%20digital%20competence%20framework%2 0for%20citizens.%20update%20phase%201.pdf

Welling, S., Breiter, A. & Schulz, A. H. (2015). *Mediatisierte Organisationswelten in Schulen: Wie der Medienwandel die Kommunikation in den Schulen verändert. Medien – Kultur – Kommunikation.* Wiesbaden: Springer VS.

Windlinger, R., Hostettler, U. & Kirchhofer, R. (2014). *Schulleitungshandeln, Schulkontext und Schulqualität: Eine quantitative Untersuchung der komplexen Beziehungen am Beispiel des deutschsprachigen Teils des Kantons Bern.* Bern: Institut für Weiterbildung der PH Bern.

Medienhandeln und Strategien zur Selbststeuerung in Bezug auf Social Media – Eine qualitative Studie mit Schweizer Studierenden

Frankzsika Kohler, Brigitte Gasser, Antonia Steigerwald, Markus Hodel

Abstract

Der vorliegende Beitrag betrachtet das Medienhandeln von Studierenden an Schweizer Hochschulen bezogen auf ihren Umgang mit Social Media. Im Zuge der Digitalisierung ist das Leben der Studierenden so eng mit der Nutzung von Social Media verwoben, dass sie neue Handlungsmuster hervorgebracht haben. Social Media werden genutzt, um den Informationsbedarf zu decken, Beziehungen herzustellen und zu pflegen, die persönliche Identität aufzubauen und um sich zu unterhalten. Mit qualitativen Interviews wird untersucht, wie Studierende ihr Medienhandeln bezogen auf Social Media beschreiben und welche Handlungsstrategien zur Selbststeuerung sie im Umgang mit diesen entwickeln. Befragt wurden in Einzelinterviews 26 Studierende und Auszubildende verschiedener Schweizer Bildungsinstitutionen und Fachdisziplinen. Die Interviews wurden themenanalytisch mit der Software MAXQDA ausgewertet. Information und Wissen spielen für die interviewten Studierenden bei der Social-Media-Nutzung eine zentrale Rolle. Die Ergebnisse zeigen zudem, dass Hochschulen vor allem auch in den Aufbau von Medienkompetenzen und Selbststeuerungskompetenzen investieren sollten, um einen reflektierten Umgang der Studierenden mit Medien und insbesondere Social Media zu fördern.

1. Einleitung

In diesem Beitrag steht das Medienhandeln von Studierenden mit Fokus auf Social Media im Zentrum. Es wird untersucht, wie Studierende ihr eigenes Medienhandeln bezogen auf Social Media beschreiben und welche Strategien zur Selbststeuerung sie im Umgang mit diesen entwickeln.

Spezifische Handlungsmuster, Interaktionsroutinen und Bedeutungswelten, die sich in der Aushandlung mit den Social Media entwickelt haben, sind bisher kaum untersucht worden. In zahlreichen Studien zu Medienhandeln, Medienkompetenz und Mediennutzung zeigt sich ein ambivalentes Bild hinsichtlich der Kontexte studentischen Medienhandelns wie auch zur Einordnung der Social Media (Steffens et al., 2017, S. 44 f). Zwar gibt es quantitative Studien, die regelmässig Zahlen zur Nutzung erheben, jedoch wenig qualitative Vertiefung. Hier möchte diese Studie mit einem qualitativen Ansatz anknüpfen.

Nachdem in Kapitel 2 der theoretische Rahmen des Beitrags gesetzt wird, werden in Kapitel 3 die Ergebnisse aus der empirischen Untersuchung zu den folgenden Fragen dargestellt: Wie sind die Social Media mit dem Leben der Studierenden verwoben und wie erleben die Studierenden ihr Handeln selbst? Wie sind die Handlungsmuster an die Social Media angepasst und welche Strategien zu Selbststeuerung entwickeln die Studierenden? Aufbauend auf diesen empirischen Erkenntnissen und unter Einbezug der im Theorieteil vorgestellten Definitionen und Konzepte erfolgt in Kapitel 4 eine Diskussion darüber, welche Themenbereiche von Medienhandeln durch die Nutzung von Social Media im Kontext des Studiums besonders bedient werden und wo Studierende beim Aufbau von Selbststeuerungs- und Medienkompetenzen bezüglich Social Media unterstützt werden können.

2. Theoretischer Rahmen

Social Media sind aus dem Alltag von Studierenden nicht mehr wegzudenken und eng mit allen Lebensbereichen verwoben. Über mobile Geräte und mittels Push-Benachrichtigungen sind Social Media omnipräsent – nicht nur im Unterricht, sondern auch im Selbststudium, bei der Arbeit und in der Freizeit. Eine einheitliche Definition für die Social Media gibt es nicht. Allen Definitionen ist jedoch gemeinsam, dass sie darunter Anwendungen im Internet verstehen, die es Nutzenden digitaler Geräte ermöglichen, sich zu vernetzen sowie Inhalte zu erstellen und zu teilen (engl. *user-generated-content*). Im Folgenden sollen unter Social Media alle internetbasierten Anwendungen und Anwendungsplattformen verstanden werden, die Kommunikation, Kollaboration und Multimedia-Nutzung ermöglichen (Gabriel & Röhrs, 2017, S. 21).

Die Social Media(-Anwendungen) bedienen gezielt Funktionen von Medien und befähigen somit zum Medienhandeln im Internet. Wenn auch die Form der Mediennutzung sich über die letzten Jahrzehnte stark verändert hat und Medien – nicht zuletzt – einem viel grösseren Nutzendenkreis zur Verfügung stehen, so sind die Funktionen von Medien auch im Kontext Social Media gleichgeblieben, nämlich (1) Informationsbedarf decken, (2) Beziehungsaufbau und -pflege (3) Aufbau persönlicher Identität sowie (4) Unterhaltung (Koubek, 2016; Schelhowe et al., 2009). Wie aktuell diese Funktionen für Medienhandeln sind, zeigen die Social Media sogar besonders deutlich. Sie sprechen die Funktionen nicht nur direkt an, sondern sind eigens dafür geschaffen und konstruieren in ihrer Zweckerfüllung spezifische Formen des Medienhandelns. Das Medienhandeln ist dadurch vielfältiger und umfangreicher geworden. Mit der Ausbildung der digitalen Medien und vor allem mit der zeit- und ortsunabhängigen Verfügbarkeit hat sich die Beschreibung von Medienkompetenz gewandelt. Die Fachdiskussion zu Medienkompetenz umfasst weitere, teils komplementäre, Begriffe wie *Media and Information Literacy* oder digitale Kompetenz bzw. *Digital Literacy* (Süss et al., 2018; Hermida et al., 2017). Die Entwicklung von Medienkompetenz gehört zu den wesentlichen Fähigkeiten von Studierenden, um den Herausforderungen der Digitalisierung der Medienwelt begegnen zu können. Ein bewusster Umgang mit Social Media im Studierendenalltag setzt darüber hinaus ein ausreichendes Kompetenzniveau bei der Selbststeuerung und im Beziehungsmanagement voraus. Durch Selbststeuerung wird das eigene Verhalten in Richtung gesetzter Ziele gelenkt. Die Fähigkeit zur Selbstregulation (ich weiss, was ich will und wie ich es erreiche") und Selbstkontrolle (ich weiss, was ich jetzt nicht darf, um meine Ziele zu erreichen") (Fröhlich & Kuhl, 2003) sind dabei hilfreiche Ausdifferenzierungen der Selbststeuerung. Indem das Medienhandeln im Studienalltag selbstverantwortlich gesteuert und gestaltet wird, können auch Wohlbefinden und Balance langfristig erhalten bleiben (Graf, 2012).

3. Methodisches Vorgehen

Für die Untersuchung wurde ein qualitativer und explorativer Ansatz gewählt, um einen Einblick in die Beschreibungen und Deutungen der Studierenden zu erhalten. Welche Bedeutung haben Social Media für junge Menschen? Wie beschreiben die Studierenden ihr eigenes Medienhandeln im (Studien-)Alltag? In der vorliegenden Untersuchung wurde auf Interviews zurückgegriffen, die halbstrukturiert und leitfadengestützt im Rahmen von Lehrveranstaltungen an der Hochschule Luzern durchgeführt und nach den Regeln der wortgetreuen Transkription (Zurbriggen et al., 2018, S. 49) verschriftlicht wurden. Es wurden insgesamt 26 Einzelinterviews mit Studierenden und Auszubildenden von unterschiedlichen Schweizer Bildungsinstitutionen und verschiedener Fachdisziplinen durchgeführt. Die Interviewteilnehmenden waren im Durchschnitt 22,4 Jahre alt und ungefähr je zur Hälfte Frauen und Männer (12 Frauen, 14 Männer). Die Interviews wurden themenanalytisch nach dem Codierverfahren von Froschauer und Lueger (2003) ausgewertet. Das Datenmaterial wurde in mehreren Iterationen bearbeitet und die Kategorien induktiv mit Hilfe der Software MAXQDA gebildet. Damit konnte die Interviewauswertung strukturiert und nachvollziehbar erfolgen. Daraufhin wurden die induktiv gebildeten Kategorien teilweise den sich deduktiv aus der Literatur ergebenen vier Funktionen für Medienhandeln zugeordnet.

4. Analyse und empirische Ergebnisse

Im Verlauf der Analyse der Interviews wurde deutlich, dass sich die induktiv entwickelten Themen den vier Funktionen für Medienhandeln zuordnen lassen: Information und Wissen, Identität und Selbstpräsentation, soziale Beziehungen und Netzwerke sowie Unterhaltung. Gleichzeitig entwickelte sich die Selbststeuerung als eigene Themen-Kategorie.

4.1 Information und Wissen

Der Kategorie „Information und Wissen" liessen sich die Themen „effiziente Informationsbeschaffung und -verteilung", „Informationsflut" und „Umgang mit Privatsphäre" zuordnen.

Nahezu alle Befragten hoben die funktionalen Vorteile der Social Media für die Informationsbeschaffung hervor. Die Studierenden nutzten Social Media, um schnell, einfach oder eben effizient Informationen einzuholen oder zu teilen, z. B. um Tagesnachrichten zu recherchieren, Lerngruppen zu organisieren oder Daten zu teilen.

> *„Da ist Facebook eigentlich eine super Sache, um Information zu verteilen. Also zum Beispiel da sind... der Matchbericht, was waren die Resultate vom Wochenende, Videos hochzuladen, Sachen zu publizieren für ein Trainingslager oder irgendwie, wenn man Helfer sucht."*

Während die funktionalen Vorteile der Social Media für das Informations- und Wissensmanagement hervorgehoben wurden, schien die Menge an vermittelten Informationen teilweise problematisch. Häufiger war die Rede von der Informationsflut. Es sind nicht nur die ständig eintreffenden Chat-Nachrichten, die andere Tätigkeiten unterbrechen, es ist auch die Verarbeitung der enthaltenen Informationen, die zu Stress führen kann.

Auffällig ist dabei, dass es sich einerseits um diejenigen Informationen handelte, die durch ihre technologische Form der Vermittlung als „Flut" erschienen, z. B. Push-Benachrichtigung oder der Klingelton, und andererseits um Informationen, die Handlung erforderten, beispielsweise schnell zurückschreiben, also eher sozialen Stress aufbauten.

> *„...dass mit WhatsApp viel mehr Informationen auf dich zukommen und du...viel mehr dran [bist]. Also, es gibt es eigentlich selten, dass ich eine Stunde lang eine WhatsApp-Nachricht nicht sehe."*

Gewisse Kritik wurde vereinzelt in Bezug auf Privatsphäre-Bedenken und der Möglichkeit des Datenmissbrauchs geäussert. Die Nutzung von Social Media hinterlässt Spuren im Netz, dessen waren sich die Studierenden bewusst. Klarheit darüber, welche Spuren sie hinterlassen und welche Folgen eine unkritische Mediennutzung haben kann, herrschte nicht.

> *„Die Schattenseite von Social Media ist meines Erachtens ganz klar die Privatsphäre, weil man sie Stück für Stück aufgibt. Nicht nur durch Platt-formen wie Facebook und Instagram, wo jeder oder zumindest fast jeder die Möglichkeit hat, einen Einblick in dein Privatleben zu gewinnen."*

4.2 Soziale Beziehungen und Netzwerke

Die Kategorie „Soziale Beziehungen und Netzwerke" liess sich durch die Themen „Kontaktaufbau und -pflege", „sozial teilhaben" und „sozialer Stress und Konflikte" charakterisieren.

„Kontakte pflegen" und „sozial teilhaben" hatte grosse Bedeutung für alle befragten Studierenden. Es ging zum Beispiel darum zu wissen, was die Freunde und Familie gerade tun, um so an ihrem Leben teilhaben zu können, oder umgekehrt darum, sozial teilhaben zu lassen am eigenen Leben und an den eigenen Freuden. Die positiven Schilderungen bezogen sich auf diejenigen Menschen, mit denen man im Alltag kaum regelmässigen Kontakt halten kann, sowie auf Freundesgruppen, die ihre Interaktion in den virtuellen Raum erweitern. Die erweiterte und gleichzeitig verein-fachte Kommunikation ermöglichte es den Befragten, viele Kontakte mit wenig Aufwand über ein ortsunabhängiges Netzwerk zu pflegen.

> *„Macht schon glücklich, wenn man in Kontakt bleiben kann. Wenn die Bilder posten: Ah, der ist jetzt fünf geworden oder sie hat sich die Haare geschnitten. Es sind die kleinen Dinge, weil ich kann nicht jede Freundin jeden Tag sehen."*

Es zeigten sich spezifische Deutungs- und Bewertungsmuster für Social Media, vor allem bezüglich der Social Networks. Das betraf die eigene Kommunikation ebenso wie auch die der referenzierten Personen. So wurde beispielsweise für eine bestimmte Absicht eine spezifische Kommunikationsform, z. B. ein Kommentar, ein Like und Shares oder ein bestimmtes Medium, z. B. Text, Stimme, Bild, verwendet. Wenn beispielsweise ein „Like" gegeben werde, zeige das, dass man das Tun und Erleben anderer unterstütze.

> *„Ein Like ist heute wirklich etwas, das ist nicht mehr nur ein digitales Gefällt mir, sondern es ist wirklich eine Geste."*

Nicht nur die Pflege sozialer Beziehungen und Netzwerke wurde häufig benannt, sondern auch das Knüpfen neuer Kontakte. Die Möglichkeiten, Social Media zu nutzen, um sich zu spezifischen Themen auszutauschen, Communitys beizutreten oder auch Verwandte und neue Freunde zu finden, wurden insgesamt als Bereicherung empfunden. Die Befragten zeigten sich hier fähig in der Vernetzung mit anderen, auch oder insbesondere in Bezug zu Lern- und Arbeitsgruppen.

> *„ (…), dass man einfacher Leute erreicht, die die gleichen Interessen teilen wie du. Früher warst du vielleicht der Einzige in deinem Freundeskreis, der zum Beispiel gerne Basketball spielte. Heutzutage kannst du mit Social Media hingegen gleich ein ganzes Basketball-Team aufstellen, indem du verschiedene Leute anschreibst."*

Die Formen der Kontaktaufnahme und Vernetzung wurden als niederschwelliger beschrieben, als sie es in der physischen Welt seien. Nicht nur, weil sie orts- und zeitunabhängig sind, sondern weil sich die jeweiligen Befragten sicherer in der digitalen Kommunikation bewegten und fühlten als in der analogen. Vernetzung über Social Media beschrieben sie als niederschwellig, weil einerseits ein gewisses Gefühl von Anonymität und Sicherheit vorhanden ist, aber andererseits auch die Möglichkeit besteht, Informationen über die anderen Personen einzuholen, ehe der Kontakt aufgenommen wird.

> *„Man kann auch alte Schulfreunde ausfindig machen. Jemanden anzuschreiben, mit dem man lange keinen Kontakt hatte, braucht sicher weniger Mut als anzurufen."*

Die Bewertung des Beziehungsmanagements durch Social Media sowie die ständige Erreichbarkeit sind einerseits sehr positiv ausgefallen, andererseits führte das gleiche Verhalten mancherorts auch zu sozialem Stress. Die Befragten schilderten ein Gefühl der Verantwortlichkeit oder einer Last, die sie für spezifische Kommunikationsakte tragen. Neben einer vermeintlichen Verpflichtung, ständig erreichbar zu sein, entsteht sozialer Druck aus der Annahme heraus, dass schnelle Antworten in den Social Media üblich und bei manchen Gruppen erwünscht seien.

> *„Vielleicht, weil da halt schon ein gewisser Druck da ist (…) man fühlt sich verpflichtet, immer für alle erreichbar zu sein (…) falls irgendetwas wäre. "*

Neben der kritisch betrachteten Häufigkeit und Menge von Informationen wurde auch das Thema der sozialen Konflikte durch unerwünschte Kommunikation angeführt. Der teils rücksichtslose Umgang miteinander auf Social Media sowie bedrängende Angebote wurden beschrieben. Solchen Umgang erfassten die Befragten hier analytisch und wendeten dies auf erlebte Erfahrungen an bzw. auf Erfahrungen anderer, von denen die Befragten gehört hatten. Es fand nicht nur eine Bewertung statt, sondern auch die angepassten Reaktionen wurden beschrieben. Die befragten Studierenden bezogen ihre Deutungen nicht nur auf geschilderte Einzelerlebnisse, sondern auf Mechanismen bestimmter Plattformen oder spezifischer sozialer Regeln auf Social Media, die unerwünschte Kommunikation oder Mobbing fördern.

> *„Wenn es dann gleich beleidigend wird und wenn man dann gleich fertiggemacht wird, dann muss ich sagen, ist das Niveau von dem Menschen sowieso unterste Schublade. Ich finde das natürlich nicht cool, denn es gibt viele Jugendliche, die noch so leicht beeinflussbar sind und das ist richtig schädigend für sie. (…) Also klar ist man dann getroffen, wenn halt jemand einen selbst beschimpft, aber wie gesagt, das lösche ich dann eigentlich immer und dann hat sich das erledigt. "*

4.3 Identität und Selbstpräsentation

Die Kategorie „Identität und Selbstpräsentation" beinhaltet die Themen „Selbstdarstellung", „Bestätigung" und „Oberflächlichkeit".

Der bewusste Umgang mit der Selbstdarstellung gelang teilweise, indem zum Beispiel Plattform-spezifische Kommunikationsformen in kontrollierter Häufigkeit genutzt oder zumindest nach spezifischen Prinzipien gehandhabt werden. Den Befragten waren die unterschiedlichen Öffentlichkeiten, und wie sie diesen begegneten, weitestgehend bewusst. Sowohl das Wissen über die Social-Media-Anwendungen wie auch die Fähigkeit, diese zu gestalten, liessen sich erkennen. Da das digitale Medienhandeln eng verwoben ist mit dem analogen, ist auch die Mediennutzung in Bezug auf Identitätsmanagement nur punktuell im digitalen Raum zu finden. Das wurde besonders an Aussagen deutlich, die auf berufliche Kontexte rekurrierten. Die eigene Selbstdarstellung wurde bewusst gehandhabt, um zukünftigen Arbeitgeberinnen oder Arbeitgebern ein professionelles Selbst zu vermitteln. Umgekehrt wurde deutlich, dass es einigen Befragten schwerfiel, die Identität in der Selbstdarstellung auf Social Media in einer zufriedenstellenden Weise zu steuern. Es wurden negative Auswirkungen auf das Selbstbild beschrieben. Häufig genannt wurden die überhöhte Selbstdarstellung und die negativ beeinflusste Einschätzung von äusseren Eigenschaften wie Aussehen, Talent usw.

> *„Ja genau, und dann siehst du, dass auch Leute in deinem Alter Photoshop benutzen, was dir das Gefühl gibt, dass du noch hässlicher bist."*

Darüber hinaus ist den Befragten das Janusgesicht der Social Media bewusst. Was einerseits als Oberflächlichkeit taxiert wurde, dient andererseits einem gesunden Selbstschutz. Im ersten Fall schien der Anspruch vorzuherrschen, dass Social Media ein authentisches Persönlichkeitsbild vermitteln, also alle Eigenheiten einer Person aufzeigen sollen. Im zweiten Fall wurden mediale Öffentlichkeiten unterschieden, die zur Darstellung einiger Persönlichkeitsanteile geeigneter oder ungeeigneter sind, so z. B. das berufliche Netzwerk LinkedIn das geeignet ist, um professionelle Aussagen zu teilen, aber ungeeignet, um emotionale Botschaften an die Familie zu senden.

> *„Ich empfinde Glück, wenn ich ein tolles Konzert hatte und da war ein Kumpel oder ein Fotograf, der einen speziellen Moment festgehalten hat, durch ein Foto zum Beispiel. Das kann ich dann auf Social Media hochladen und mich damit bei den Menschen bedanken, die am Konzert dabei waren oder mich sonst wie unterstützt haben."*

Potenziell erreichbar sein heisst auch, ständig potenziell Aufmerksamkeit und Bestätigung zu bekommen und diese zu erwarten.

> *„Also eine Art Bestätigung, die du bekommst? // Ja genau, wie wenn du in der Schule irgendwas geleistet hast und dein Lehrer lobt dich. Genauso fühle ich mich, wenn ich etwas poste. Meine Freunde, die mir folgen, geben mir damit das Gefühl, dass ich akzeptiert werde und das macht mich glücklich."*

4.4 Unterhaltung

In der Kategorie „Unterhaltung" wurden die Themen „Zeitvertreib und Lückenfüller", „Entspannung", „Zeitverlust" und „Suchtverhalten" deutlich.

Alle befragten Studierenden verwendeten Social Media zu Unterhaltungszwecken (hedonistische Motivation) und als Zeitvertreib (Langeweile) oder zur Zerstreuung (Entspannung).

> *„Ja, ich habe das Gefühl, wenn ich einen schlechten Tag habe, also bei der Arbeit vor allem, dann lenken mich lustige Tiervideos im guten Sinn ab. Ich weiss, dass man das eigentlich nicht braucht. Für einen kurzen Moment fühlt man sich einfach gut. (…) für mich ist das Ganze eigentlich mehr ein Zeitvertreib. Also mehr aus Langeweile."*

Dass es hier eine Balance zwischen Zeitaufwand und (hedonistischem) Nutzen zu finden gelte, wurde ebenfalls von allen erwähnt, jedoch nicht von allen als gelungen beschrieben. In diesem Zusammenhang wurden Social Media als Zeitverlust gesehen, indem Nutzende „hängen" blieben im Modus immer neuer Informationen und Nachrichten.

> *„Also wenn es einmal langweilig ist oder man nichts zu tun hat, dann geht man schnell einmal auf Social Media und schaut, was in dieser Zeit, in welcher man offline war, alles passiert und ja diese Zeit könnte man viel besser nutzen. Wenn man einen Tag Social Media nicht nutzen würde, dann könnte man sehr viel anders machen in dieser Zeit. Für mich ist es teilweise eine Zeitverschwendung."*

Weitreichender als das Thema Zeitverlust ist das mehrfach genannte Thema Social-Media-Sucht. Die Grenze zwischen Social Media als Zeitfresser und Sucht wurde dabei fliessend wahrgenommen.

> *„Der Nachteil ist einfach, man wird abhängig, es fällt einem schwerer sich zu konzentrieren, man kann teils sogar schlechter schlafen, da man vor dem Einschlafen zu lange am Handy war."*

4.5 Strategien der Selbststeuerung

Die Strategien der Selbststeuerung bezogen sich auf die Themen „Priorisierung", „Verzicht und Löschen von Accounts", und „Schutz der Privatsphäre".

Immer dort, wo sich die Studierenden ihres eigenen problematischen Umgangs bewusst wurden und die negativen Auswirkungen auf ihr Verhalten reflektierten, wurde als Reaktion die Priorisierung angeführt. Dabei konnte es sich um bestimmte Personen und Personengruppen handeln, die bevorzugt behandelt werden, aber auch bestimmte Inhalte, Aufgaben oder sogar Social Media. Allgemein ging es für die Befragten darum, all diejenigen Handlungen einzuschränken, die sie als überflüssig bewerten oder die einen negativen Einfluss auf ihr Empfinden haben. So wurden beispielsweise ausschliesslich Posts versandt, auf die keine negativen Reaktionen erwartet wurden.

> *„Aber ein grosser Nachteil ist, dass man schnell nicht mehr die reale Welt sieht. Dass man den Realitätsbezug verliert und ähm darum versuche ich mich da selber zu manipulieren. Dadurch, dass ich mir sage, dass ich das nicht brauche, das ist mir nicht wichtig."*

Bestimmte Social Media werden von den Befragten bewusst gemieden, oder es wird auf die Nutzung in bestimmten Kontexten bzw. in bestimmter Weise verzichtet, z. B. um zu vermeiden, dass die Nachrichtenanfragen steigen und sich daraus sozialer Stress ergibt. Teilweise wurden Strategien beschrieben, die aufzeigten, dass ein Umgang im alltäglichen Gebrauch gefunden wurde, beispielsweise in Lernphasen oder in sozialer Interaktion. Dies war jedoch eher selten der Fall. Deutlich häufiger berichteten die Studierenden, dass sie das Smartphone ausschalten, wenn sie sich konzentrieren müssen oder auf bestimmte Handlungen vollständig verzichten, beispielsweise während bestimmter (Studien-)Phasen. Die Deinstallation von Social-Media-Apps auf dem Smartphone oder die Löschung von Social-Media-Accounts kam für die Befragten jeweils dann infrage, wenn andere Strategien nicht funktioniert hatten. Dieser strikte oder radikale Umgang mit den eigenen Gewohnheiten oder Süchten wurde in weiteren Interviews jeweils als notwendig beschrieben und die darauffolgende Erleichterung erwähnt.

> *„Für solche Situationen habe ich eine Zeitsperre auf meinem Smartphone eingerichtet. Ich kann eine bestimmte Zeitspanne angeben, und wenn ich diese Zeitmenge in sozialen Medien verbraucht habe, ist der Zugang zu diesen gesperrt."*

> *„Gerade in der Lern- und Prüfungsphase schränke ich mich ein mit sozialen Medien. Wenn ich zu Hause lerne, dann lege ich mein Smartphone absichtlich in einen anderen Raum. Ich vergesse dadurch das Smartphone ein wenig, da es komplett aus meinem Sichtfeld ist. Ansonsten lasse ich mich von jeder Push-Nachricht ablenken."*

Auch für den Schutz des Privaten wurden von den Studierenden Strategien entwickelt. Diese umfassen den Schutz der Privatsphäre vor beruflichen Kontexten, aber auch die Pflege des eigenen Wohlbefindens im Kontext sozialer Beziehungen.

„Im Nachhinein habe ich gewisse Einträge gelöscht, die mir kindisch oder unpassend oder so vorgekommen sind. Das ist vielleicht am ehesten negativ, dass [einmal Geschriebenes stehen bleibt],…und man nicht mehr wirklich Eigentümer ist von den persönlichen Statements."

5. Diskussion und Ausblick

Die vorliegende Studie zeigt, dass zentrale Konzepte zum Medienhandeln, die älter als Social Media sind, auch auf neue digitale Medienformen anwendbar sind. Hier wurden nach Koubek (2016) und Schelhowe et al. (2009) vier Funktionen von Medien betrachtet – Information/Wissen, Beziehungen, Identität und Unterhaltung. Die vier Funktionen widerspiegeln sich in den empirischen Daten, wobei deren Detailbeschreibungen medienspezifisch ausfielen und nicht allen Funktionen im Zusammenhang von Studierenden und Hochschulalltag gleich viel Gewicht zugeschrieben wurde. Im Folgenden wird zusammenfassend auf die Erkenntnisse zu den vier Funktionsbereichen im Kontext eines gelungenen Studien-alltags eingegangen.

„Information und Wissen" spielten für die interviewten Studierenden bei der Social-Media-Nutzung eine zentrale Rolle. Informationen rund um das Studium und darüber hinaus wurden über Social Media rezipiert. Neben Inhalten mit vorrangig Unterhaltungsaspekten sind über Social Media auch Informationen auffindbar, die für die inhaltliche Bearbeitung des Studienstoffs von Relevanz sind. So werden z. B. über Blogs praxisrelevante und aktuelle Inhalte vermittelt, oder Wissenschaftler aus unterschiedlichsten Disziplinen teilen über Twitter ihre Erkenntnisse.

Neben der Vermittlung von Inhalten ist ein zentraler Aspekt des Studierendenlebens der Aufbau und die Pflege von Beziehungen mit Mitstudierenden, wobei das Networking der Studierenden den Studienerfolg fördert (Boda et al., 2020). Social Media unterstützen diesen Aspekt und werden im Studienalltag und darüber hinaus in einen Zusammenhang mit „Beziehungen" gesetzt. Über Social Media kann am Leben anderer teilgenommen werden, und die Studierenden lassen andere an ihrem Leben teilhaben. Das Knüpfen neuer Kontakte über Social Media wird als einfach bezeichnet, was für den Aufbau von sozialen Netzwerken während und nach dem Studium als wertvoll eingeschätzt wird. Hinsichtlich Informationen/Wissen und Beziehungen nehmen die Studierenden die Geschwindigkeit rund um Social Media auch negativ wahr. Beziehungen über Social Media verlangen umgehende Antworten bzw. Reaktionen, und die grosse Menge an Informationen führt zu einer Informationsflut bzw. -überflutung.

Eng mit den Beziehungen verknüpft ist die Funktion der „Identität" bzw. Identitätsbildung, der von den Interviewten in Bezug auf Social Media medienspezifische Aspekte zugeschrieben werden. Die Selbstdarstellung erfolgt den Interviews gemäss durchwegs bewusst, mit besonderem Augenmerk auf die Darstellung gegenüber potenziellen Arbeitgebern. Die Studierenden sind sich im Klaren, dass eine professionelle Präsenz auf Karriere-Plattformen wie LinkedIn für den beruflichen Erfolg von hoher Relevanz ist.

Mit Blick auf die Aussagen der Studierenden zu ihrem Social-Media-Handeln und der Funktion „Unterhaltung" zeigt sich, dass hier im Verhältnis zu den Funktionen Informationen/Wissen, Beziehungen und Identität am meisten Diskrepanz zu einem kompetenten Social-Media-Umgang besteht. Die Interviewten gaben an, dass Social Media oft zwecks Unterhaltung, Zeitüberbrückung, aus Langeweile oder zur Entspannung genutzt werden – also als Ausgleich zu konzentrierten Tätigkeiten wie Textstudium, Notizen nehmen, schriftliche Arbeiten verfassen etc. Der gesuchte Ausgleich über Social Media führt jedoch oft zu erneutem Stress, da ständig Informationen eingeordnet und zeitnah auf Nachrichten reagiert wird. Wirkliche Entspannung findet zuweilen nicht mehr statt, was sich auf die Studienleistungen auswirken kann. Social Media sind auf das kurzfristige Belohnungssystem ausgerichtet, ein Studienabschluss ist jedoch ein längerfristiges Ziel. Wenn sich kurzfristige Belohnung und längerfristige Ziele in die Quere kommen, was sich in den Bemühungen der Interviewten widerspiegelt, die Social-Media-Nutzung einzugrenzen, kann es zu Konflikten kommen, die sich in Form von Erschöpfung und Studienproblemen zeigen. Gleiches gilt für sozialen Stress, der zu Konzentrationsschwierigkeiten und Unwohlsein führt. Grösstenteils sind sich die befragten Studierenden dieser Widersprüche bewusst und versuchen mit unterschiedlichsten Strategien, ihr Medienhandeln zu steuern.

Die Vermittlung entsprechender Strategien zur „Selbststeuerung" im Umgang mit Social Media in der Hochschullehre würde deshalb Sinn ergeben. Daher könnte auch weiterführende Forschung zum Social-Media-Handeln von Studierenden bei der Selbststeuerung ansetzen. Dabei wird es als lohnenswert erachtet, zum einen die Strategien vertieft zu betrachten, wie Studierende Social Media von der fokussierten Arbeit an

Studieninhalten abgrenzen, und zum anderen verschiedene Vorgehensweisen zur gelungenen Abgrenzung zu testen. Methodisch wären für die Erhebung der von den Studierenden angewandten Strategien qualitative und quantitative Methoden angebracht. So liesse sich beispielsweise mittels Tagebuchführung durch Studierende deren Strategien über einen vorgegebenen Zeitraum erfassen, qualitativ auswerten und mittels quantitativer Analysen erzielter Studienleistungen ein Zusammenhang mit den Strategien beschreiben. Werden Studierenden verschiedene Vorgehensweisen zur Abgrenzung von fokussiertem Arbeiten, Medienhandeln inkl. Social Media und Erholungsphasen vermittelt und danach in Anwendungsphasen oder Experimenten überprüft, könnte die Einschätzung dieser Ansätze durch die Studierenden qualitativ erhoben werden. Lohnenswert wäre es, die Ergebnisse in Arbeitstechniken, die im Rahmen des Hochschulstudiums vermittelt werden, einfliessen zu lassen.

Literatur

Boda, Z., Elmer, T., Vörös, A. & Stadtfeld, Ch. (2020). Short-term and long-term effects of a social network intervention on friendships among university students. *Scientific Reports, 10*(1), 1–12.

Fröhlich, S.M. & Kuhl, J. (2003). Das Selbststeuerungsinventar: Dekomponierung volitionaler Funktionen. In J. Stiensmeier & F. Rheinberg (Hrsg.), *Diagnostik von Motivation und Selbstkonzept* (S. 221–258). Göttingen, Bern: Hogrefe.

Froschauer, U. & Lueger, M. (2003). *Das qualitative Interview.* Wien: WUV-Universitätsverlag.

Gabriel, R. & Röhrs, H. P. (2017). *Social Media: Potenziale, Trends, Chancen und Risiken.* Wiesbaden: SpringerGabler.

Graf, A. (2012). *Selbstmanagement-Kompetenz in Unternehmen nachhaltig sichern.* Wiesbaden: SpringerGabler.

Hermida, M., Hielscher, M. & Petko, D. (2017). Medienkompetenz messen: die Entwicklung des Medienprofis-Tests in der Schweiz. *Medienpädagogik*, 38–60.

Koubek, J. (2016). Digital natives und digital naives – Soziale Netze zwischen Schule und Beruf. In J. Jacobs, N. Zowislo-Grünewald & F. Beitzinger (Hrsg.), *Social Media in der Lebenswelt und bei der Berufswahl Jugendlicher - Who cares?* (S. 25–44). Baden-Baden: Nomos.

Schelhowe, H., Grafe, S., Herzig, B., Koubek, J. & Niesyto, H. (2009). *Kompetenzen in einer digital geprägten Kultur. Medienbildung für die Persönlichkeitsentwicklung, für die gesellschaftliche Teilhabe und für die Entwicklung von Ausbildungs- und Erwerbsfähigkeit.* Bonn: Bericht der Expertenkommission des BMBF zur Medienbildung.

Steffens, Y., Schmitt, I. L. & Aßmann, S. (2017). *Mediennutzung an der Hochschule: über den studentischen Umgang mit Medien - Systematisches Review nationaler und internationaler Studien zur Mediennutzung Studierender*. Online verfügbar unter http://your-study.info/wp-content/uploads/2017/11/Review_Steffens_Schmitt_A ssmann.pdf.

Süss, D., Lampert, C. & Trültzsch-Wijnen, Ch. W. (2018). *Medienpädagogik*. Wiesbaden: Springer.

Zurbriggen, L., Kohler, F., Dröge, K. & Hodel, M. (2018). *Qualitative Interviews meistern. Vorbereiten, durchführen, auswerten. Ein Fachbuch für Studierende*. Berlin: Cornelsen.

Mit digitaler Kultur zur verbindlichen Freiwilligenkommunikation. Wie Strukturbedingungen Inklusion in der Freiwilligenarbeit fördern können

Carmen Koch, Nadine Klopfenstein

Abstract

Das Schaffen einer gemeinsamen digitalen Freiwilligenkultur ist eine wichtige Aufgabe von Non-Profit-Organisationen (NPO) und Ausgangslage für eine erfolgreiche digitale Transformation in der Freiwilligenarbeit. Dafür sollten die Freiwilligenkoordinator:innen der NPO ihre Freiwilligen und deren (digitalen) Ressourcen gut kennen, Kanäle gezielt auswählen, Leitplanken für die Nutzung und Zusammenarbeit setzen, sowie die Datenschutzvoraussetzungen klären und mit den Freiwilligen besprechen. Damit können sie Freiwillige entlasten und die Anforderungen an digitale Kompetenzen mindern. Wenn dies gelingt, ist das Potential für den Einsatz digitaler Kanäle und digitaler Kollaborationsformen für Freiwilligeneinsätze gross. Die hier erläuterten Erkenntnisse stammen aus einer dreiteiligen Erhebung bei NPO im humanitären, Menschenrechts- und Umweltbereich in der Schweiz. In der Studie wurden einerseits Leitfadengespräche mit Freiwilligenkoordinator:innen geführt, andererseits Freiwillige quantitativ sowie qualitativ befragt.

1. Einleitung

Für die Entwicklung der Freiwilligenarbeit bei Non-Profit-Organisationen (NPO) bringt die digitale Transformation ganz neue Möglichkeiten. Diese Chancen zu nutzen stellt beträchtliche Anforderungen an die Organisation der Strukturen und Prozesse. So müssen Organisationen eine digitale Kultur aufbauen und ihre Freiwilligenkoordinator:innen dafür fit machen. Letztere schaffen mit ihrer Arbeit die Basis für die Kommunikation mit und unter Freiwilligen. In ihrer Funktion sind sie Orientierungspunkt und Vorbild für Freiwillige, die über kurz oder lang im Rahmen ihres Engagements ebenfalls digital agieren müssen. Basierend auf der Prämisse, dass die Befähigung der freiwilligen Mitarbeitenden idealerweise niederschwellig geschieht, gehen wir der Frage nach, was NPO beachten müssen, um Strukturbedingungen zu schaffen, die digitales Agieren von Freiwilligen ermöglicht.

Der Fokus des Beitrages liegt auf der formellen Freiwilligenarbeit bei NPO im Bereich Umwelt, Menschenrechte und Humanitäres. Es geht also um ein unentgeltliches Engagement in Vereinen und Organisationen, das nicht (in erster Linie) dem Selbstzweck dient (Theilengerdes, 2012, S. 6).

2. *Stand der digitalen Transformation in der Freiwilligenarbeit*

Erpf und Marin (2018, S. 6–10) sehen für NPO viel Potential in den neuen digitalen Möglichkeiten: Organisationsintern sind eine höhere Effizienz in Prozessabläufen, die Flexibilisierung bei der Erbringung von Dienstleistungen, eine vereinfachte interne Kommunikation und die Auflösung von Distanzrestriktionen als zentrale Vorzüge zu nennen. Diese Vorteile gelten weitestgehend auch für das Freiwilligenmanagement. NPO können digitale Kanäle nutzen, um ihre Freiwilligen beispielsweise mit Lernvideos oder Wissensplattformen (Erpf & Marin, 2018, S. 10) zu schulen, mit Informationen rund um die NPO sowie den Tätigkeitsbereich zu versorgen, Einsätze zu planen und Abmachungen zu treffen (Jordan, 2019, S. 44–45).

Digitale Transformation darf dabei nicht als blosser Einsatz digitaler Tools verstanden werden, sondern beschreibt eine umfangreiche Anpassung in Kultur und Arbeitsweise (Dufft & Kreutter 2018, S. 106). Der digitale Wandel führt zu neuen Austausch- und Umgangsformen sowie neuen Formen der Zusammenarbeit. Dabei gilt es bei digitalen Kanälen mehr auf Kooperation und weniger auf Konsultation zu setzen: „Sie erlauben es, unterschiedliche Menschen in den gesamten Prozess von der Formulierung bis hin zur Umsetzung eines Projekts oder einer Dienstleistung einzubeziehen und sie mitbestimmen zu lassen" (Erpf & Marin, 2018, S. 11). Neue Engagementformen wie Micro-Volunteering (Samochowiec et al., 2018) und reines Online-Volunteering (Ackermann & Manatschal, 2018) können resultieren. Allerdings bedeutet es nicht, dass man sich künftig nur noch digital engagieren möchte, sondern vielmehr, dass gerade die Kombination analoger und digitaler Zusammenarbeitsformen für die Freiwilligenarbeit interessant sind (Dufft et al., 2017, S. 18). Internet und Face-to-Face-Kommunikation sind so nach Eimhjellen (2014, S. 904) kein Entweder-oder-Phänomen: „Internet usage may support increased face-to-face interaction in local voluntary organizations through a range of social, cultural, and organizational activities."

Die Realität ist aber (noch) eine andere: In ihrer Studie attestieren Dufft et al. (2017, S. 6) dem Non-Profit-Sektor ein klares Defizit an digitalen Kompetenzen. Die Affinität zu Technologie fehle, der Wille zur Veränderung diesbezüglich sei gering (Dufft et al., 2017, S. 29). Unsere Leitfadengespräche mit Freiwilligenkoordinator:innen (Koch & Klopfenstein, 2020) zeigen ebenfalls: Die digitale Kommunikation ist eine grosse Herausforderung für die Verantwortlichen. Viele sind im Umgang und mit dem Einsatz von neuen digitalen Tools im Alltag überfordert. Nur einzelne zeigen sich ganz überzeugt oder gar begeistert von den Chancen der digitalen Transformation.

NPO sind also gefordert:

„Aussichtsreiche Digitalisierungsinitiativen erfordern neben finanziellen und zeitlichen Ressourcen auch entsprechende Fähigkeiten und Kompetenzen innerhalb der Organisation. Und das nicht nur im technischen Sinne, also beispielsweise im Umgang mit digitalen Medien oder digitalen Tools, sondern auch im Sinne einer Kenntnis über neue Arbeitsweisen und Methoden sowie der Art, wie Veränderungsprozesse erfolgreich angestossen und umgesetzt werden können" (Dufft et al., 2017, S. 33).

Durch die Freiwilligkeit der Arbeit haben NPO Bedenken, hohe Ansprüche an Freiwillige zu stellen. Es ist schwierig, Forderungen in Bezug auf zu leistende Aufgaben zu stellen, wenn eine Abhängigkeit – wie etwa durch Lohzahlungen – fehlt. Ebenso gestaltet es sich mit dem Profil und den Kompetenzen von Freiwilligen (Theilengerdes, 2012). Die räumliche Distanz ist ein zusätzlich erschwerender Faktor in der Zusammenarbeit. Eine hohe intrinsische Motivation bildet somit den Ausgangspunkt für den Einsatz in der Freiwilligenarbeit und ist ausschlaggebend für ein (langfristiges) Engagement (van Schie et al., 2015, S. 133).

3. Digitale Freiwilligenkultur entwickeln

Im Zuge des digitalen Wandels sind NPO gefordert, Kontinuität sicherzustellen und gleichermassen auf Veränderungen zu reagieren. So gilt, was Dufft et al. (2017, S. 4) insgesamt für NPO beschreiben, im Spezifischen auch fürs Freiwilligenmanagement: NPO müssen „[…] nicht nur ihren Umgang mit den (neuen) Technologien verändern, sondern auch bereit sein, ihre eigenen Organisationsstrukturen und Prozesse, ihre Kultur und Arbeitsweise sowie ihre Ausrichtung und Strategie konsequent auf den Prüfstand zu stellen." Die Leitfadengespräche mit Freiwilligenkoordinator:innen und Freiwilligen zeigen, dass Freiwillige unmittelbar arbeiten, direkt wirken und keine (vermeintlich) unproduktive Zeit in die eigene Weiterbildung stecken wollen (Koch & Klopfenstein, 2020). Sie bevorzugen niederschwellige Ausbildungsangebote, die sie „on the job" erhalten.

NPO können dies im Freiwilligenmanagement berücksichtigen. Die Verantwortung für die Umsetzung liegt bei den Koordinator:innen. Dafür brauchen sie Fachkompetenzen in der Freiwilligenarbeit, Methodenkompetenzen (Projektmanagement, Erwachsenenausbildung, Gruppenarbeit etc.) sowie Sozialkompetenzen (Teamfähigkeit, Einfühlungsvermögen, Kommunikationsfähigkeit etc.) (Biedermann, 2002, S. 81). Theilengerdes (2012, S. 28) verweist auf Fähigkeiten „[...] welche es dem FM [Freiwilligenmanager:in / ck] ermöglichen, den Prozess des Freiwilligenmanagements zu steuern und Antworten darauf zu finden, wie dieser gestaltet werden muss, damit seine Inhalte so gut wie möglich vom Freiwilligen erfasst und verarbeitet werden können." Die Manager:innen haben u.a. die Aufgabe, die organisatorischen Rahmenbedingungen zu schaffen, eine Freiwilligenkultur zu entwickeln, Projekte aufzugleisen und Kooperationen aufzubauen (Reifenhäuser, 2013). In all diesen Punkten ist es entscheidend, wie digitale Medien mitgedacht und eingeführt werden. Es geht dabei darum, die digitalen Medien als selbstverständliches Werkzeug zu integrieren und herauszufinden, wie sie für den Freiwilligeneinsatz sinnvoll genutzt werden können, aber auch den kommunikativen Vorlieben der Freiwilligen selbst entsprechen.

In der Freiwilligenkoordination, sprich auf der konkreten Handlungsebene, gilt es, Freiwillige zu befähigen, zu führen, zu fördern, zu begleiten und anzuerkennen (Reifenhäuser, 2013). Genner (2019, S. 49) zeigt in ihrem Kompetenzmodell für Unternehmen, wie breitgefächert die Kompetenzanforderungen in der digitalen Welt sind:

- Auf fachlicher Ebene geht es u.a. darum Technologien anzuwenden, Informationen zu suchen, zu filtern, zu beurteilen, zu speichern und abzurufen.
- In Bezug auf soziale Kompetenzen wird gefordert, mit Hilfe von digitalen Technologien interagieren zu können, Informationen und Inhalte zu teilen, sich in der Onlinegesellschaft zu engagieren und so zusammenzuarbeiten.
- In Bezug auf persönliche Kompetenzen zählt das eigene Verhalten im digitalen Raum, das Verwalten der digitalen Identität, der effiziente, zielgerichtete Einsatz von Technik sowie das Bewusstsein für die eigene Nutzung und die Fähigkeit, dieses regulieren zu können.

Ein bedeutender Teil von Genners Modell bezieht sich auf Grundwerte wie Respekt, Verantwortung, Vertrauen, Verlässlichkeit, Geduld und viele weitere. Gerade in der Freiwilligenarbeit sind Werte immanenter Bestandteil, wenn es um die Zielerreichung geht. Diese gemeinsame ideelle Grund- und Wertehaltung könnte genutzt werden, um als Team gemeinsam einen digitalen Weg zu entwickeln und Hürden zu nehmen.

Auf der anderen Seite besteht die Gefahr, dass Freiwillige abspringen, wenn die Hürden zu gross sind. Wird die Freude am Engagement getrübt durch Angst vor, Frust oder Überforderung mit digitalen Medien, dürfte dies die Engagementbereitschaft senken.

Wir argumentieren, dass NPO für Strukturbedingungen sorgen müssen, die eine gemeinsame, digital akzeptierte Kultur schaffen und es den Freiwilligen ermöglichen, sich zu entfalten. Im Zentrum stehen damit nicht die digitalen Kompetenzen des Einzelnen, sondern eine digital befähigende und ermöglichende Organisation. So lassen sich die Anforderungen an digitale Kompetenzen im Rahmen der Freiwilligenarbeit auf einem Niveau halten, das es allen, die wollen, ermöglicht, mitzuwirken. NPO sollten demnach dazu beitragen, digitale Kompetenzen aufzubauen und sicherstellen, dass die Schwelle und die Anforderungen an die digitalen Kompetenzen niedrig sind. Buvat et al. (2017, S. 2) zitieren Ethan Bernstein, der erklärt: „Without laying a strong foundation for culture and aligning employees to a digital vision, it will be extremely difficult to make any meaningful progress on digital transformations."

4. Datengrundlage

Welche Aspekte sind zu berücksichtigen beim Schaffen einer digitalen Kultur und Strukturbedingungen für die Freiwilligenarbeit? Dieser Frage gehen wir nachfolgend entlang vier Punkten nach: a) die (digitalen) Ressourcen der Freiwilligen kennen, b) Kanäle gezielt einsetzen, c) Leitplanken für die Nutzung und Zusammenarbeit setzen und d) Datenschutzvoraussetzungen klären. Es ist zu berücksichtigen, dass der erste Punkt auf einer anderen Ebene anzuordnen ist als die weiteren drei. Er stellt die Basis dar für Entscheidungen in Bezug auf Freiwilligenangebotsformen, die Kanalwahl und das Festlegen von Leitplanken.

Ausgangslage sind die Ergebnisse einer dreiteiligen Studie (Koch & Klopfenstein, 2020) zur Freiwilligenarbeit in humanitären, Menschenrechts- und Umweltorganisationen in der Schweiz. In der *ersten Teilstudie* im Herbst 2018 wurden 16 stündige, halbstrukturierte Interviews mit Koordinator:innen von NPO geführt. Gefragt wurde nach Kommunikationskanälen sowie nach Chancen und Herausforderungen in der Freiwilligen-kommunikation in Bezug auf die digitale Transformation. Im Frühling 2019 wurden *zweitens* im Rahmen einer standardisierten Online-Befragung mit 298 Freiwilligen die Einstellungen gegenüber digitalen Kanälen und Erfahrungen in der Zusammenarbeit mit diesen erhoben. Frageblöcke behandelten das Thema Datenschutz, die Einschätzung des Digitalisierungs-grades der NPO, die Einstellungen der Freiwilligen gegenüber digitaler Freiwilligenkommunikation sowie Chancen und Herausforderungen in Bezug auf digitalisierte Kommunikation. *Drittens* wurden im Herbst 2019 die Erkenntnisse der Online-Befragung in Leitfadengesprächen mit 15 Freiwilligen aus 10 verschiedenen NPO vertieft. Es wurden insbesondere die Themen Wertschätzung, Verbindlichkeit in der Kommunikation und Abgrenzung von der Freiwilligenarbeit vertieft behandelt. Die in Teilstudie 1 und 3 transkribierten Gespräche wurden mit einer qualitativen Inhaltsanalyse nach Mayring (2015) ausgewertet und verglichen.

5. Strukturbedingungen, die digitales Handeln ermöglichen

5.1 Die (digitalen) Ressourcen der Freiwilligen kennen

Zentrale Aufgabe der Koordinator:innen ist es, die Freiwilligen und deren Bedürfnisse und Ressourcen zu erkennen. In der Literatur werden verschieden Funktionen von Freiwilligenarbeit beschrieben (Wehner et al., 2018, S. 22—23), wie etwa „die eigenen Werte zum Ausdruck bringen", „Erfahrungen sammeln", „Lebenslauf aufwerten", „Selbstwert erhöhen" oder „Kontakte knüpfen". Die von uns befragten Freiwilligen stellen in den Vordergrund, dass für sie „Einstehen für Werte, welche die Organisation vertritt", sowie „etwas Sinnvolles bewirken" Hauptgründe für ihr Engagement sind. Für mehr als ein Viertel zählt „Kontakte knüpfen" zu den wichtigsten Gründen, für jeden Fünften „die eigenen Chancen in der Berufswelt verbessern". In der Befragung der Koordinator:innen kommt noch deutlicher zum Ausdruck, dass das Knüpfen neuer Kontakte und das *gemeinsame* Arbeiten und Wirken ein zentrales Motiv ist. Kennen NPO diese Motive, können sie prüfen, wie sich der Einsatz digitaler Medien auf diese Bedürfnisse auswirkt. Geht es Freiwilligen z. B. darum, Kontakte zu knüpfen und ein soziales Umfeld zu finden, dürfte ein rein digitaler Austausch nicht ihren Ansprüchen an das Engagement entsprechen. Das betonen auch die Freiwilligenkoordinator:innen. Hingegen könnte die digitale Projektarbeit für die berufliche Karriere Freiwilliger förderlich sein. Dies erwähnte etwa ein Freiwilliger, der sich erhofft, dass die Erfahrung im Freiwilligenansatz bei der Stellensuche positiv ins Gewicht fällt.

5.2 Digitale Ressourcen

Für das Arbeiten mit digitalen Kanälen muss noch eine andere Seite der Freiwilligen beleuchtet werden: ihre persönlichen Ressourcen in Bezug auf die Arbeit mit digitalen Kanälen. Diese beginnen mit der *Einstellung und Offenheit* gegenüber digitalen Kanälen: Es ist wichtig zu wissen, wie offen die Freiwilligen gegenüber digitalen Medien sind, um mögliche Barrieren frühzeitig zu erkennen. Dabei trifft folgendes Zitat aus einem Leitfadengespräch den Kern der Sache: „Der Unterschied in der Mentalität ist oft ein Handicap." Die Herausforderung liegt, wie unsere Erhebung verdeutlicht, in der Bandbreite der Bedürfnisse. Auf der einen Seite stehen jene Freiwillige, die so weit möglich alles vermeiden, was mit Internet zu tun hat, auf der anderen jene, die sich vorzugsweise nur noch digital engagieren möchten. In der Online-Befragung zeigt sich zwar, dass 63 % der von uns Befragten grundsätzlich offen dafür sind, mit digitalen Medien zu arbeiten. Damit steht diesen aber doch rund ein Drittel ambivalent oder ablehnend Eingestellter gegenüber. Insgesamt hegt auch nur ein Viertel (26 %) den Wunsch, mehrheitlich über digitale Kanäle zu kommunizieren. Die Bereitschaft, mit digitalen Kanälen zu arbeiten, nimmt bei über 50-Jährigen signifikant ab.

Dies kann unter anderem mit der erfahrenen oder erwarteten *Überforderung* zusammenhängen – denn je geringer die Offenheit gegenüber digitalen Kanälen, desto grösser die Überforderung. Diese Korrelation wird in den Daten der Online-Befragung klar sichtbar. Immerhin rund die Hälfte der Befragten gab an, manchmal oder häufig mit digitalen Kanälen überfordert zu sein, und auch hier besteht eine Kluft zwischen Altersgruppen: Über 50-Jährige sind nach eigenen Angaben signifikant häufiger überfordert. Die Überforderung hängt einerseits mit der Technik selbst, andererseits mit der Kommunikationsweise („Wie nutze ich den Kanal effizient?") und Informationsflut zusammen: „Es ist einfach zu viel Information. Man kann das gar nicht alles verarbeiten", sagte eine Befragte im Gespräch.

Freiwillige gehen sehr unterschiedlich mit der *Informationsmenge und einem (gefühlten) Druck, ständig parat sein zu müssen,* um. Digitale Medien ermöglichen es, schnell Informationen und Nachrichten zu publizieren, aber auch darauf zu reagieren. Das setzt gerade viele Koordinator:innen unter Druck. Freiwillige machen diese Erfahrung weniger oft – doch immerhin erleben 29 % ein Stressgefühl, immer umgehend antworten zu müssen. Die andere Seite der digitalen Medien ist dafür die erlebte Unabhängigkeit in Bezug auf Zeit und Ort, welche zwei Fünftel stark schätzen. Dass sich die Freiwilligenarbeit zu stark vermischt mit dem sonstigen Privatleben, fällt für sie – im Gegensatz zu den Koordinator:innen – nicht so ins Gewicht. Das Freiwilligenengagement ist für sie ein Hobby und die mentale Belastung deshalb für die meisten Freiwilligen nicht vergleichbar mit dem häufig erfahrenen beruflichen Druck.

Insgesamt zeigt sich also, wie unterschiedlich die Ausgangslage je nach Motiv, Bedürfnissen, Einstellung, Offenheit und Kompetenz der Freiwilligen ist. Es ist herausfordernd für NPO, hier den Überblick zu behalten. Zentral ist es zu wissen, wo die Freiwilligen stehen. Die erwartete oder erlebte Überforderung kann Ängste auslösen, die überwunden werden müssen. So sehen es auch Niederhäuser und Rosenberger (2018, S. 29) aufgrund ihrer Bestandsaufnahme des strategischen Kommunikationsmanagements von Wirtschaftsunternehmen, Verwaltungen und Non-Profit-Organisationen in der Schweiz als zentrale Aufgabe des strategischen Kommunikationsmanagements, Digitalisierungsängste bei Mitarbeitenden abzubauen. Freiwillige müssen darin unterstützt werden, Prioritäten zu setzen und zu filtern – wie auch Genner et al. (2017, S. 49) in ihrer Studie „Der Mensch in der Arbeitswelt 4.0" betonen. Ein Weg dazu dürfte das Aufstellen von Regeln sein (vgl. Kapitel 5.4). Der erste Schritt ist aber immer, die angemessenen Kanäle für Austausch und Kollaboration zu wählen.

5.3 Kanäle gezielt einsetzen

NPO können den Freiwilligen viel Last abnehmen, indem sie wenige, dafür zielgerichtete und auf die Freiwilligen abgestimmte Kanäle wählen – und diese über längere Zeit beibehalten. Dieses Bedürfnis bringen die Freiwilligen sowohl in den offenen Kommentaren der Online-Befragung als auch in den Leitfadengesprächen zum Ausdruck. Für die richtige Wahl ist es wichtig, die Motivation, Ansprüche, Offenheit und Ängste der Freiwilligen zu berücksichtigen. Die Gespräche mit Koordinator:innen und Freiwilligen verdeutlichen, dass digitale Kanäle analoge Austauschformate nicht ersetzen, sondern ergänzen sollten. Zwar wird anerkannt, dass es digitale Medien erlauben, einfacher und effizienter zu arbeiten. Kollaboration und Projektentwicklung über digitale Kanäle stehen aber bislang (noch) nicht im Vordergrund. Viele möchten in digitalen Medien vor allem eine administrative Unterstützung, etwa um Treffen zu koordinieren, Informationen zu erhalten oder Dateien zentral abzulegen und allen zugänglich zu machen. Neue Formen etwa des Online-Volunteering sind für die meisten der von uns Befragten keine Option. Hier dürfte die Stichprobenselektivität Einfluss auf das Ergebnis nehmen; es ist davon auszugehen, dass sich die Zielgruppen für Online-Volunteering von den aktuell bestehenden Freiwilligen in den NPO unterscheiden. Ein reines Online-Volunteering könnte neue Zielgruppen ansprechen und dürfte dem Micro-Volunteering, d.h. kurzen, befristeten, spontanen Einsätzen, Aufwind geben.

Der persönliche Austausch mit Gleichgesinnten und die Zugehörigkeit zu einer Gruppe sind für viele Freiwillige Motive, um sich zu engagieren. So ist das Zusammenkommen mit anderen Menschen das am zweithäufig genannte Motiv für die Freiwilligenarbeit (Lamprecht et al., 2020, S. 95). Diese Funktion wird nach Meinung der Freiwilligen über digitale Medien noch zu wenig erfüllt. „Für den Teamgeist muss man zusammen an einen Tisch sitzen", sagt eine Freiwillige und entspricht mit ihrer Aussage dem Grundtenor. Eine Mehrheit ist überzeugt, dass es gemeinsame Vor-Ort-Treffen braucht, um Projekte zu entwickeln und vorwärts zu bringen. Die Kommunikation über digitale Kanäle funktioniert laut Einschätzung der Freiwilligen besser, wenn sich alle persönlich kennen. Ein weiterer Aspekt ist die Wertschätzung: Obschon die Mehrheit der befragten Freiwilligen der Ansicht ist, dass Wertschätzung über digitale Kanäle möglich ist, sind sich gerade Koordinator:innen einig, dass die Verbundenheit und Dankbarkeit im persönlichen Austausch angemessener ausgedrückt werden kann.

Die Festlegung auf die richtigen Kanäle ist für NPO eine Gratwanderung: Es dürfen nicht zu viele oder zu wenige sein, und der Mix von Face-to-Face-Treffen und virtuellem Austausch muss stimmen. Digitale Kompetenz zeichnet sich so unter anderem auch durch einen gezielten Medieneinsatz aus: „Durch die Vielzahl an Möglichkeiten, digitale Medien einzusetzen, ist es anspruchsvoller geworden, den angemessenen Kanal bzw. das richtige Medium für die jeweilige Aufgabe, für die jeweilige Botschaft oder Zielgruppe zu wählen" (Genner et al., 2017, S. 44).

5.4 Rahmenbedingungen schaffen

NPO sollten Rahmenbedingungen und Kommunikationsregeln schaffen – dies erweist sich für eine erfolgreiche digitales Zusammenarbeit als zentral. Es ist ein Wunsch, der von beiden Seiten – Freiwilligen wie Koordinator:innen – geäussert wird. Die befragten Freiwilligen begrüssen klare Abmachungen und Regeln bezüglich der Erwartung an die digitale Kommunikation, wie aufgrund der Online-Befragung deutlich wird. Dabei gilt es verschieden Aspekte zu berücksichtigen, wie Einstellung und Kompetenzen der Freiwilligen, ihre Ressourcen und Bedürfnisse, aber auch der Datenschutz. Idealerweise werden die Regeln mit den Freiwilligen gemeinsam entwickelt. Freiwillige wünschen sich zwar einerseits Mitsprache- und Mitgestaltungsrecht, wollen sich andererseits aber nicht über längere Zeit damit beschäftigen. Die NPO können Freiwillige entlasten, indem sie Leitplanken für die Diskussion festlegen und Freiwillige nicht mit zu viel Entscheidungsmöglichkeiten überfordern.

Durch die Konzentration auf ausgewählte Kanäle sind die Freiwilligen vor einem Aus- und Wildwuchs an Kanälen in der Projektarbeit geschützt. Hilfreich ist es ferner zu definieren, was über welchen Kanal kommuniziert wird, beispielsweise auch, wo ein informeller Austausch stattfindet und welche Tonalität gefordert ist. So zeigen Erfahrungen mit WhatsApp-Gruppen, in denen ein reges Durcheinander herrscht, dass einige Freiwillige den Anschluss verlieren und es nicht schaffen, sich in die Diskussion einzuklinken. Das ständige Aufblitzen von Nachrichten, oftmals zu Nebensächlichem, kann dazu führen, dass der Chat im Alltag stört oder wichtige Informationen unter vielen anderen untergehen.

Ein ähnliches Thema ist die Mail-Flut: Die Menge an Information führt bei gewissen Adressaten schnell zu Überforderung, und Informationen können nicht mehr verarbeitet werden. Andere, vor allem jüngere Zielgruppen, werden mit diesem Kanal häufig gar nicht mehr erreicht. Einige Freiwillige spüren aufgrund der digital einfachen Erreichbarkeit den Druck, ständig antworten zu müssen. Gerade die Koordinator:innen erwähnen, dass die Erwartungshaltung gross sei, man müsse ständig und überall unmittelbar reagieren, vor allem bei Anfragen über die sozialen Medien oder Direct-Messenger-Dienste. Aus diesem Grund müssen zwingend die gegenseitigen Erwartungshaltungen geklärt werden, z.B. in welchem Zeitraum eine Antwort erwartet wird. Kommunikationsregeln können dazu dienen, den Druck abzubauen und helfen, Prioritäten zu setzen – dies ist für die Zufriedenheit und mentale Gesundheit zentral. Die Regeln sorgen aber auch für Verbindlichkeit in Bezug auf Abmachungen und Einsätze. So machen sowohl Koordinator:innen wie auch Freiwillige die Erfahrung, dass die Verbindlichkeit beim Austausch über digitale Kanäle tiefer ist als bei persönlichen Treffen. Über digitale Kanäle werde schneller eine Zusage gemacht und dann nicht eingehalten oder kurzfristig eine Absage verschickt, so die breite Erfahrung.

Insgesamt sollten NPO eine Vorauswahl treffen, welche Kanäle sich eignen und die Datenschutzanforderungen erfüllen. In den Rahmenbedingungen sollte sodann thematisiert werden, welche Informationen über welche Kanäle geteilt werden dürfen.

5.5 Zeigen, dass man Datenschutz ernst nimmt

Datenschutz ist allen wichtig – Koordinator:innen wie Freiwilligen. Freiwillige geben in unserer Umfrage an, Bedenken zu haben, was den Datenschutz bei der NPO betrifft. Nur 14 % machen sich keinerlei Gedanken. Mit der NPO wird das Thema Datenschutz jedoch kaum besprochen; nur wenige haben sich mit ihr darüber ausgetauscht, so ein Umfrageergebnis. Ein Drittel der Freiwilligen wünscht, dass die NPO das Thema Datenschutz häufiger thematisieren. Insgesamt wird aber aus den Leitfadengesprächen mit Freiwilligen der Wunsch deutlich, dass sich die NPO diesem Thema annehmen und entsprechend datensichere Kanäle und Tools anbieten. Im Idealfall klären die NPO die Datenschutzregelungen, entscheiden auf dieser Basis, welche digitalen Kanäle wofür geeignet sind (5.3) und legen den Einsatz im Regelwerk (5.4) fest. Dieses zeigt zudem auf, auf welchen Kanälen es Vorsicht zu walten lassen gilt und welche Inhalte (z.B. Bildmaterial) über welche Kanäle versandt werden dürfen oder aus Datenschutzgründen eben nicht.

6. Fazit

Freiwilligenkoordinator:innen müssen mit ihrer Arbeit Strukturbedingungen schaffen, die es Freiwilligen ermöglichen, auch mit wenig digitalen Kompetenzen in die digitale Freiwilligenkommunikation einzusteigen. NPO sollten einfache, niederschwellige Möglichkeiten schaffen, damit sich Freiwillige digitale Kompetenzen ohne grossen Aufwand und möglichst kostengünstig aneignen können. So sollten Weiterbildungsangebote explizit die Stärkung der Veränderungsfähigkeit adressieren und Führungskräfte darin befähigen, agile Ansätze in ihrer Organisation einzuführen, Transformationsprozesse umzusetzen und Mitarbeitende für Veränderungen zu motivieren (Dufft & Kreutter, 2018, S. 113–114). Wichtig sind dafür Neugier und Offenheit für neue Möglichkeiten. Idealerweise wird von den NPO eine digitale Kultur entwickelt, welche die Einstellung, Ängste und Bedürfnisse der Freiwilligen berücksichtigt und Leitplanken für die digitale Kommunikation mit Hilfe von Regeln setzt. Dadurch wird nicht nur der Einsatz digitaler Kanäle erleichtert, sondern auch eine grössere Verbindlichkeit im Umgang mit diesen geschaffen. Denn wo gegenseitige Abmachungen bestehen, können sich Freiwillige und Koordinator:innen auch daran orientieren.

Digitale Kompetenz wird so langsam über die Organisationskultur aufgebaut. Gemeinnützige Organisationen müssen sich selbst und ihre ehrenamtlichen Mitarbeitenden befähigen und sollten gleichzeitig berücksichtigen, dass digitale Freiwilligenkommunikation allein nicht ausreicht. Der Wunsch nach persönlichem Austausch von Angesicht zu Angesicht ist trotz digitaler Möglichkeiten gross.

Literatur

Ackermann, K. & Manatschal, A. (2018). Online volunteering as a means to overcome unequal participation? The profiles of online and offline volunteers compared. *New Media & Society*, 20(12), 4453–4472. https://doi.org/10.1177/146 1444818775698

Biedermann, C. (2002). Die Zusammenarbeit mit Freiwilligen organisieren.: Eine Handlungsanleitung. In D. Rosenkranz, A. Weber & A. Möhringer (Hg.), *Grundlagentexte soziale Berufe. Freiwilligenarbeit: Einführung in das Management von Ehrenamtlichen in der Sozialen Arbeit* (S. 79–87). Weinheim: Juventa-Verlag.

Buvat, J., Crummenerl, C., Kar, K., Sengupta, A., Solis, B., Aboud, C. & El Aoufi, H. (2017). *The Digital Culture Challenge: Closing the Employee-Leadership Gap* [By the Digital Transformation Institute]. https://www.capgemini.com/consulting/wp-content/uploads/sites/30/2017/07/dti_digitalculture_report.pdf

Dufft, N., Kreutter, P., Peters, S. & Olfe, F. (2017). *Digitalisierung in Non Profit Organisationen: Strategie, Kultur und Kompetenzen im digitalen Wandel.* betterplace lab, Berlin https://www.haniel-stiftung.de/sites/haniel-stiftung.piipe.de/files/171 207_Studie-Digitalisierung-in-Non-Profit-Organisationen.pdf

Dufft, N. & Kreutter, P. (2018). Digitalisierung in Non-Profit-Organisationen: Strategie, Kultur und Kompetenzen im digitalen Wandel. In R. Berndt, P. Kreutter & S. Stolte (Hg.), Zukunftsorientiertes Stiftungsmanagement (S. 105–115). Springer Fachmedien Wiesbaden. https://doi.org/10.1007/978-3-658-19267-9_9

Eimhjellen, I. S. (2014). Internet Communication: Does It Strengthen Local Voluntary Organizations? *Nonprofit and Voluntary Sector Quarterly*, 43(5), 890–909. https://doi.org/10.1177/0899764013487996

Erpf, P. & Marin, N. (2018). Digitalisierung in Nonprofit-Organisationen: NPO-Führung in Zeiten neuer Herausforderungen. *Verbands-Management (VM)*, 44(2), 6–13.

Genner, S., Probst, L., Huber, R., Werkmann-Karcher, B. & Majkovic, A. L. (2017). *Der Mensch in der Arbeitswelt 4.0: IAP Studie 2017.* ZHAW, Zürich.

Genner, S. (2019). Kompetenzen und Grundwerte im digitalen Zeitalter, in:, [Bern: EKKJ], S. 9–15. *Soziale Sicherheit CHSS*, 3, 45–49. https://sarah.genner.cc/uploads/5/1/4/1/51412037/kompetenzen_fu%CC%88r_das_digitale_zeitalter.pdf

Jordan, D. (2019). Digital Natives verändern die Freiwilligenarbeit. *Substanz* (02), 44–45.

Koch, C. & Klopfenstein, N. (2020). Media Literacy in NPO: Wie die Digitalisierung die Kommunikationskultur und -anforderungen der Freiwilligenkommunikation verändert. ZHAW IAM Institut für An-gewandte Medienwissenschaft. SACM Annual Conference 2020, Winterthur (virtuell).

Lamprecht, M., Fischer, A. & Stamm, H. (2020). *Freiwilligen-Monitor Schweiz 2020.* Seimo Verlag, Sozialwissenschaften und Gesellschaftsfragen AG. https://doi.org/ 10.33058/seismo.30733

Mayring, P. (2015). *Qualitative Inhaltsanalyse: Grundlagen und Techniken* (12. Aufl.). Weinheim: *Beltz Pädagogik.*

Niederhäuser, M. & Rosenberger, N. (2018). *Kommunikation in der digitalen Transformation: Bestandesaufnahme und Entwicklungsbedarf des strategischen Kommunikationsmanagements von Wirtschaftsunternehmen, Verwaltungen und Non-Profit-Organisationen in der Schweiz. Abschlussbericht zum Projekt Kommunikation in der digitalen Transformation.* Winterthur: ZHAW Zürcher Hochschule für Angewandte Wissenschaften. https://digitalcollection.zhaw.ch/handle/11475/10294

Reifenhäuser, O. (2013). Freiwilligenmanagement. In C. Reifenhäuser & O. Reifenhäuser (Hg.), *Edition Sozial. Praxishandbuch Freiwilligenmanagement* (S. 14–24). Weinheim/Basel: Beltz Juventa.

Samochowiec, J., Thalmann, L. & Müller, A. (2018). *Die neuen Freiwilligen: Die Zukunft zivilgesellschaftlicher Partizipation.* https://www.gdi.ch/de/publikationen/ studien-buecher/die-neuen-freiwilligen

Theilengerdes, R. (2012). *Der Motivationskreislauf in Non-Profit-Organisationen: Schlüsselfaktor für die Arbeit mit Haupt- und Ehrenamtlichen.* Hamburg: Diplomica-Verlag.

van Schie, S., Güntert, S. T. & Wehner, T. (2015). Gestaltung von Aufgaben und organisationalen Rahmenbedingungen in der Freiwilligenarbeit. In T. Wehner & S. T. Güntert (Hg.), *Psychologie der Freiwilligenarbeit: Motivation, Gestaltung und Organisation* (S. 131–149). Berlin/Heidelberg: Springer. https://doi.org/10.10 07/978-3-642-55295-3_8

Wehner, T., Güntert, S. T. & Mieg, H. A. (2018). *Freiwilligenarbeit.* Wiesbaden: Springer Fachmedien. https://doi.org/10.1007/978-3-658-22174-4

Social Media Dilemmas and Informal Learning: a Parenting Forum as an Opportunity for Social Media Literacy?

Davide Cino

Abstract

The growing incorporation of digital media within the households has given rise to new media practices of digital parenting of which *sharenting* is an example. The expression „sharenting" delineates the act of sharing multimodal representations of one's parenting and children on social media. A small but interesting corpus of literature on the topic has highlighted the presence of digital dilemmas parents live with respect to this practice. In spite of its normalization in the daily politics of family representations, in fact, it seems that many contemporary parents question the transformation of aspects of their parenting and their children's lives into digital traces. This contribution homes in on these quandaries by investigating parents Social Media Dilemmas (SMDs) associated with sharenting. Specifically, this work looks at how parents try to learn how to face these dilemmas by using a parenting forum to spontaneously ask for their peers' support. Building on findings of the analysis of a large corpus of discussions revolving around the SMDs of sharenting I advance that these conversations function as informal reflective practices through which parents co-construct hermeneutic and practical trajectories to face these everyday dilemmas. Such an endeavor, I argue, can be seen in line with the notion of social media literacy as it relates to parents' knowledge and desire to acquire abilities to govern the spread of digital traces about their parenting and children.

1. Introduction

„Sharenting", or „sharing representations about one's parenting or children online" is a normalized *media practice* (Couldry, 2012) for many families in the digital age (Blum-Ross & Livingstone, 2017; Leaver, 2015), whereas information, pictures and, broadly, stories about children and parents are transformed into digital data (Mascheroni, 2018).

A little explored aspect of this phenomenon are the digital dilemmas parents grapple with about these digital representations.In this chapter I will retrace some of the theoretical and empirical contributions coming from my doctoral research on parents' digital dilemmas about their children's social media presence – which I conceptualized as „Social Media Dilemmas" (henceforth, SMDs) – reflecting first on the framework of „good (digital) parenting", then how informal peer-to-peer conversations may work as reflective practices through which such a frame is socially constructed or de-constructed, and finally on the potential of parenting forums as informal educational loci for parents where answers to SMDs can be discussed and co-constructed. Such an endeavor, I will argue, can be seen in line with the notion of social media literacy as it relates to parents' knowledge and desire to acquire and assess abilities to govern the spread of digital traces about their parenting and children (Daneels & Vanwynsberghe, 2017).

This contribution explores how a mothering forum can function as an informal site where parents discuss digital dilemmas associated with children's social media presence when the latter have no agency in the process. The BabyCenter forum was used as a site of data collection to investigate these dilemmatic situations, focusing on threads where mothers wanted to discuss how the evolving communication ecology poses new daily challenges to deal with in the digital home.[1]

2. The neoliberal imperative of good (digital) parenting

Being a „good" parent functions as a moral imperative in the neoliberal age (Lee et al., 2014). In this context, parents, and particularly mothers, are constantly evaluated for their ability to „perform" parenting correctly, with society expecting them to be accountable to guarantee their children opportunities and protect them from harms (Hays, 1998; Romagnoli & Wall, 2012). Parents in general, and mothers in particular, are then asked to reflect on a plethora of areas of concern when it comes to children and their upbringing, making decisions about diet, school, education, and even their relationship with digital media, an area that concerns the broader realm of „digital" parenting.

---

1 This chapter reworks and expand materials and concept previously addressed in other publications, such as: Cino & Dalledonne Vandini, 2020a/b; Cino, 2020; Cino, in press; Cino & Formenti, 2021.

According to Mascheroni, Ponte, and Jorge (2018, p. 9), digital parenting is „a popular yet polysemic concept that refers both to how parents are increasingly engaged in regulating their children's relationships with digital media (parental mediation), and how parents themselves incorporate digital media in their daily activities and parenting practices, and, in so doing, develop emergent forms of parenting". Both the former and the latter components of such a theoretical concept intertwine with the good parenting framework.

Parents have in fact historically been concerned about governing and regulating their children's experiences with digital technology (Wartella, 2019). The case of sharenting, however, is quite peculiar, for sharing about a minor on social media without his/her consent may pose ethical questions in terms of how to narrate one's private domesticity as a „responsible" parent, paving the way towards new ethical challenges arising as a result of the changing communication landscape families inhabit. Some parents, in this regard, reported to have lived digital dilemmas (Blum-Ross & Livingstone, 2017; Chalklen & Anderson, 2017) when trying to balance pros and cons of sharenting. I argue in this chapter that these dilemmas lie between a more traditional parental ethic of responsibility and a new and ever-evolving digital ethic. As above, the media governance literature has predominantly focused on how parents mediate children's experience with technology, as well as the influence of technology on family relationships (Clark, 2011). While the focus of the issue has long been on children's media use, sharenting changes the rules of the game, as governing sharenting does not involve controlling children's online behavior, but adults'.

Scholars argued for the importance to problematize the treatment of children's data online (Green & Holloway, 2019), with some emphasizing how minors may lose agency when adults share about them, arguing for the importance for parents to manage their children's digital identities (Kumar & Schoenebeck, 2015; Steinberg, 2016). Some research reported negative opinions from children whose parents shared about them online (Verswijvel et al., 2019), while media outlets took a negative stance towards sharenting, framing parents as irresponsible about their children's online presence (Barassi, 2019).

Little attention, however, has been paid to the „Social Media Dilemmas" of sharenting, and particularly on how these dilemmas can pave the way towards reflective practices through which parents can reflect about and learn how to navigate the current and evolving mediatized digital ecology.

3. *Parents' dilemmas and informal learning online*

Starting from these premises, in my doctoral research I tried to go „beyond the surface" and focus exactly on SMDs parents lived about sharenting. The literature on these dilemmas is in fact scarce to date, and mostly only reported on the existence of these predicaments, without exploring their learning and transformative potential within parents' daily life.

In trying to explore how SMDs may inform and transform parents' understanding and practices with respect to sharenting and, generally, the normalization of children's social media presence (Leaver, 2015), I explored my topic of inquiry through an interdisciplinary lens that would bring together insights from communication and media studies and educational studies. Specifically, here, I focused on the transformative and informal learning potential of dilemmas (Mezirow, 1991; Formenti & West, 2018), especially when put in words and discussed with other people, as opportunities to trigger critical thinking and collective meaning-making.

As human beings we take in fact part to an informal lifelong/lifewide learning process, transversal to the contexts we experience and independent of a given axiological orientation, through which we acquire – even unconsciously and unintentionally – a set of new knowledge, skills, and values from everyday experience (Jarvis, 2012).

This is particularly true in the case of parenting, which – as Formenti and West (2010) argue – as a concept encompasses an array of ideas, practices, and pedagogical models socially constructed and learned through „informal, everyday, invisible processes" that take shape as „interactions and mutual feedback" between parties (p. 35). Let us think about all the wide range of dilemmas parents may experience about their parenting, for which they seek support by interacting with their peers, relatives, their own parents, professionals and the like, engaging in a series of reflective practices. Reflective practices are particularly important, since not only do they contribute to the construction of specific frameworks of references and courses of action to take in certain dilemmatic circumstances, but also of a given parental identity. In dealing with dilemmas and challenges of family life, parents may refer explicitly or implicitly, directly or indirectly, to a range of family scripts (Byng-Hall, 1998) in terms of shared expectations of what should or can be done in certain situations (Formenti, 2012). When it comes to sharenting and SMDs in general, however, parents may feel disoriented since because of their new and evolving nature there might be a paucity of cultural models to refer to on how to „perform" „good" digital parenting and govern sharenting in the domestic environment.

In the digital age, one of the ways for parents to learn about their parenting is through online interpersonal communication with peers, which can take place through parenting forums (Lupton et al., 2016). Parenting forums have been studied by scholars as they may function as epistemic arenas where parents can find and provide social and emotional support, learn how to face certain dilemmatic circumstances (Pedersen, 2016), and contribute to the construction of mediated framework of references to refer to when grappling with some predicament (Das, 2017). Little has been said, however, about how parents may use a digital site to discuss and face their digital dilemmas. My study seeks to fill this gap by looking at how the BabyCenter forum, which is deemed to be one of the most notorious parenting forums online (Lupton et al., 2016) is used by contemporary parents to face SMDs.

4. The present study

For this purpose, I collected a sample of threads where posters would discuss SMDs associated with sharenting from the US-based BabyCenter Community. According to the website, BabyCenter US reaches over 50 million parents all over the world, with seven in ten new and expectant mothers using it monthly in the United States. Previous studies found that most members are mothers aged 20 to 30 (Jang & Dworkin, 2012).

Given the exploratory nature of my study, I considered this approach appropriate as it allowed me to investigate dilemmas that parents themselves felt a need to discuss because the dilemmas were *disorienting* (see Mezirow, 1991) in terms of possible courses of action, and thus discussion-worthy. Also, by studying natural data on a parenting forum I could explore how SMDs are experienced, understood, and co-constructed not only by the original posters, but also interacting parts.

Data were collected using a sequentially top-down data collection method (Eriksson & Salzmann-Erikson, 2013), where the first 150 pages of results were screened for considerations (1500 threads). Thus, all the discussion threads were filtered to select those in line with my study, dealing with sharing about children on social media. In the end, a final sample of 665 threads focused on SMDs about sharenting was analyzed through means of content (White & Marsh, 2006) and thematic analysis (Riessman, 2008).

Threads were coded with respect to authorship, finding that 99 % of these posts were authored by a mother (whether it be already a mom or expecting her first child), which 62 % of the times reported to be pregnant, and 13 % of the times to be a first-time mother. This is not surprising, since previous studies already reported that these spaces are predominantly used by mothers (Dworkin et al., 2013; Lupton et al., 2016).

For the purpose of this chapter, in the next paragraph I will report on three vignettes here illustratively used to reflect some of the dilemmas experienced by these mothers, and how using them within the interactional context of the forum helped interacting parents learn how to read and possibly face them.

5. Discussing and constructing „good" digital parenting through online interpersonal communication

The following three vignettes concern different aspects of SMDs, with the first two concerning the poster's sharing behavior and the third a dilemma caused by other people posting about this mother's child on social media without her permission.

Vignette #1

Hey all! I've been struggling a bit today since I don't know if I should continue posting about my daughter on Facebook. She's 4 so she doesn't have much of a say in the whole thing... anyway, I was talking to a friend who told me of some famous person's daughter who grew up and had a stiff with her parents because they posted about her when she was a child. This got me thinking... **Are we creating an indelible mark for our children? Should I stop sharing? What do you guys do?**

Vignette #2

Hi mamas! Back when we were all pregnant, I made a post about how I was debating whether I would post photos of my baby on social media. My partner and I both decided we felt more comfortable not posting any pics. This does not mean we would never post pics, but for now it's not what we have chosen to do. This also does not mean I am opposed to others posting the occasional photo either, especially when the baby is in a picture with other children and people. I do not ask people to take it down and it really does not bother me so I don't consider myself to be particularly overprotective or anything. However, while myself, my partner, and my parents are all aligned and are very happy we will not be posting photos... **I have gotten a lot of inquiries about it and I am finding it odd!** *Several people have messaged me privately asking why I do not post pics to „show him off" or have asked my parents and/or my partner why there are no pictures* *posted. **I almost feel that others find it to be wrong that I haven't or that we haven't even when we explain our reasoning.** I have a million photos of my child on my phone and I send relatives and friends photos through email, private message, text, etc. whenever they ask and whenever I have a super cute pic I want to send out! Any other parents choosing not to post pics? What kind of reaction do you get? How do you respond? I don't want people to think that I am judgmental of their choice to post photos as everyone is entitled to make their own choices and **all of us parents are trying to do our best in the choices we make for our children.** Thank you!*

Vignette #3

*My husband and I are not ones to put pics of our baby on social media, but this past week my brother, cousin, and even our next door neighbor all took pics of our son and shared them on facebook and snapchat. **All of these people know that we just don't want pictures of our baby floating out in the internet right now.** Should I say something? **It's really irritating to me that no one even asked me if they could post the pictures they were taking** (and all three times I didn't even realize pictures were being taken or posted until I saw them myself on the internet). (My husband and I both use our facebook accounts for networking, so we both have a lot of „friends" who are strangers to us - which is why we don't feel comfortable sharing photos of our baby, in case anyone wondered)*

The experiences reported denote a critical and inquiring stance towards sharenting, that far from being something these mothers naively adhered to, it was here a cause of concern to the point where these posters decided to seek support online for their peers.

These mothers reported feelings of regret with respect to something they had posted online without giving it too many thoughts (vignette 1), of surprise due to the social expectation and pressure of posting about the offspring on social media even when they did not want to do so (vignette 2), and annoyance at other people crafting a digital identity for their children without permission (vignette 3).

These dilemmas, then, reflect worries about respecting children's agency and acting as a „good" digital parent (Kumar & Schoenebeck, 2015), deciding autonomously whether to embrace or resist the normalization of sharenting (Leaver, 2015), and having people external to the nuclear family causing boundary predicaments (Petronio, 2002) in making decisions about the social media presence of the poster's child. Far from simplistic views, mothers experience predicaments about their children's social media presence, concerning their own photo-sharing behavior – questioning the legitimacy of creating a digital footprint for their children – and other people's behavior.

Data suggest that posters are concerned about long-term consequences of what they shared about their children on social media and how the content posted could affect them negatively, immediately or later in life. Sharing about one's child is framed by these mothers as a new ethical challenge to deal with in the digital age.

Posters taking part in the conversation acted here as „advice-givers" (Lindholm, 2017) who would suggest to their peers hermeneutic trajectories to interpret the situation and courses of action to take to practically tackle it. As in the words of these posters, commenting on the dilemma reported in the third vignette:

I totally see your point. What these people did is WRONG! They deliberately violated your privacy expectation. As a mother it is your duty to protect your child from the perils of the internet. It is YOU who should have a say in what gets posted and what doesn't. You don't let other people make decisions for you. With all the psychos and crazy weirdos we have out there it is indecent someone else feels entitled to make decisions about children who are not even theirs! Go face them and talk to them!

While I do not see anything wrong with children's photos online, I see why you are upset and I get it. It's not their child, they should not make that call. However, with social media being such a huge part of our life some people may not even realize they're doing something you may not be happy about. If these people are close to you, I would probably have a honest conversation with you, your husband and them. Enforce your rules, but also explain people why it is important to protect your children and respect your privacy. They may just not know…

Commenting posts like the ones reported here served the purpose of both offering hermeneutic frameworks to help mothers read the situation and suggest actions to take. In doing so, interacting parts activated a hermeneutic circle (Gadamer, 1975) where morally oriented parental ethnotheories (Harkness & Super, 1992) about being a „good" digital parent were socially constructed and offered to better understand how to tackle the situation.

In discussing these dilemmas, parents appreciated the role played by this forum as a site of support, stressing the importance of such an informal space to normalize their experiences about these new types of quandaries and orient their actions, as evident in the following excerpts:

*You guys are amazing! I've not felt this much support over my **social media issue**. I needed this tonight!*

I think I feel grounded and confident in handling this issue now and going forward.

I honestly had no idea how to face this problem and reading what you all have been doing or would do gave me a lot of confidence in facing this situation!

These data suggest that parenting forums may represent an environment for parents where answers to these new difficulties can be discussed and co-constructed. Such an endeavor can be seen as an opportunity for parents to acquire social media literacy as it relates to parental mediation, referring to parents' knowledge and abilities to govern potential online risks for their children deriving from sharenting. The interactional environment offered by the forum, the stories mobilized by original posters, and the theoretical and practical advice offered by other mothers all contribute to the construction of this conversational space as an informal learning environment where „digital parenting", as an epistemic object, can be discussed, framed and informally learned, offering contemporary mothers a digital site to address digital dilemmas.

6. Concluding remarks

This contribution focused on how the morally „good" practices of digital parenting are *socially constructed* and informally learned. I argue that such a construction, here taking place through online interpersonal interactions, represents an indicator of a peer-to-peer media education process building on these mothers' desire to acquire social media literacy in order to better navigate the complex and ever-evolving digital ecology they inhabit today. I see the lack of pedagogical and cultural references as one of the reasons why these dilemmas occur. Data from this project suggest that putting these dilemmas in words fostered the activation of reflexive practices among peers thanks to which the very same idea of digital parenting became something debatable, to learn and discuss, in the end by reinforcing ideas on what it means to be a „good" parent – stressing in particular the role of a „good" mother.

In helping interacting parts facing their SMDs, these conversations additionally created a storage of practices and framework of references (Das, 2017) to look at, in order to better learn how to manage sharenting as a media practice within the family. In the background, though, they further contributed to the construction of social and pedagogical discourses on what it means to be a good digital parent in the digital age, showing how the desire to become more literate about domestic media practices led these mothers to autonomously activate hermeneutic circles in order to face the lack of cultural models on the topic, reflecting however neoliberal discourses focused on individual responsibility and framing the governance of children's social media presence as a further area parents need to actively worry about.

These data show that if on the one hand digital media cause these predicaments, on the other they also offer these women a space to collectively make sense of them, constructing and reinforcing a set of ideas that could inform their parenting in the digital age.

References

Barassi, V. (2019). Against Sharenting. *Child Data Citizen*. Retrieved from: http://childdatacitizen.com/against-sharenting/

Blum-Ross, A., & Livingstone, S. (2017). „Sharenting", parent blogging, and the boundaries of the digital self. *Popular Communication, 15*(2), 110–125.

Byng-Hall, J. (1998). *Le trame della famiglia. Attaccamento sicuro e cambiamento sistemico*. Milano: Raffaello Cortina.

Chalklen, C., & Anderson, H. (2017). Mothering on Facebook: exploring the privacy/openness paradox. *Social Media + Society, 3*(2) 1-10.

Cino, D. (2020). Dilemmi digitali e governance dell'identità digitale dei minori: l'interazione fra pari come opportunità informale di media education. *Media Education, 11*(2), 149-161.

Cino, D. (in press). Beyond the surface: Sharenting as a source of family quandaries. Mapping parents' Social Media Dilemmas. *Western Journal of Communication*.

Cino, D., & Dalledonne Vandini, C. (2020a). „Why Does a Teacher Feel the Need to Post My Kid?": Parents and Teachers Constructing Morally Acceptable Boundaries of Children's Social Media Presence. *International Journal of Communication, 14*, 20.

Cino, D., & Dalledonne Vandini, C. (2020b). „My kid, my rule": Governing children's digital footprints as a source of dialectical tensions between mothers and daughters-in-law. *Studies in Communication Sciences, 20*(2), 181-202.

Cino, D., & Formenti, L. (2021). To share or not to share? That is the (social media) dilemma. Expectant mothers questioning and making sense of performing pregnancy on social media. *Convergence. The International Journal of Research into New Media Technologies*, 1-17.

Clark, L. S. (2011). Parental mediation theory for the digital age. *Communication theory, 21*(4), 323-343.

Couldry, N. (2012). *Media, society, world: Social theory and digital media practice.* Cambridge, UK: Polity.

Daneels, R., & Vanwynsberghe, H. (2017). Mediating social media use: Connecting parents' mediation strategies and social media literacy. *Cyberpsychology: Journal of Psychosocial Research on Cyberspace, 11*(3), 1-13.

Das, R. (2017). Speaking About Birth: Visible and Silenced Narratives in Online Discussions of Childbirth. *Social Media + Society, 3*(4), 1-11.

Dworkin, J., Connell, J., & Doty, J. (2013). A literature review of parents' online behavior. *Cyberpsychology, 7*(2), 1–10.

Eriksson, H., & Salzmann-Erikson, M. (2013). Supporting a caring fatherhood in cyberspace – an analysis of communication about caring within an online forum for fathers. *Scanidavian Journal of Caring Science, 27*, 63–69.

Formenti, L. (Ed.). (2012). *Re-inventare la famiglia. Guida teorico-pratica per i professionisti dell'educazione.* Santarcangelo di Romagna: Maggioli Editore.

Formenti, L. & West, L. (2010). Costruire spazi di immaginazione auto/biografica. Quando i vissuti dei genitori diventano esperienza. *Animazione Sociale, 243*, 34-41.

Formenti, L., & West, L. (2018). *Transforming perspectives in lifelong learning and adult education: A dialogue.* New York: Springer.

Gadamer, H. (1975). Hermeneutics and social science. *Philosophy Social Criticism, 2*(4), 307–316.

Green, L., & Holloway, D. (2019). Introduction: Problematising the treatment of children's data. *Media International Australia, 170*(1), 22-26.

Harkness, S., & Super, C. M. (1992). Parental ethnotheories in action. In I. E. Sigel, A. V. McGillicuddy-DeLisi, & J. J. Goodnow (Eds.), *Parental belief systems: The psychological consequences for children* (pp. 373–391). Hillsdale, NJ: Lawrence Erlbaum Associates.

Hays, S. (1998). *The cultural contradictions of motherhood.* New Haven: Yale University Press.

Jang, J., & Dworkin, J. (2012). Babycenter.com: New parent behavior in an online community. *The Forum for Family and Consumer Issues, 17* (2). Retrieved from: https://projects.ncsu.edu/ffci/publications/2012/v17-n2-2012-summer-fall/jang-dworkin.php.

Jarvis, P. (2012). Learning from everyday life. *HSSRP, 1*(1), 1-20.

Kumar, P., & Schoenebeck, S. (2015). The Modern Day Baby Book: Enacting Good Mothering and Stewarding Privacy on Facebook. *Proceedings of the 18th ACM Conference on Computer Supported Cooperative Work & Social Computing*, 1302–1312.

Leaver, T. (2015). Born digital? presence, privacy, and intimate surveillance. In J. Hartley & W. QU (Eds.), *Re-Orientation: translingual transcultural transmedia. studies in narrative, language, identity, and knowledge* (pp. 149–160). Shangai: Fudan University Press.

Lee, E., Bristow, J., Faircloth, C., & Macvarish, J. (2014). *Parenting culture studies.* New York: Palgrave Macmillan.

Lindholm L. (2017), „So now I'm panic attack free!" Response stories in a peer-to-peer online advice forum on pregnancy and parenting. *Linguistik Online, 87*(8), pp. 25–41.

Lupton, D., Pedersen, S., & Thomas, G. M. (2016). Parenting and digital media: from the early web to contemporary digital society. *Sociology Compass, 10*(8), 730–743.

Mascheroni G. (2018). Researching datafied children as data citizens. *Journal of Children and Media, 12*(4), 517-523.

Mascheroni G., Ponte C., & Jorge A. (Eds.) (2018). *Digital Parenting. The challenges for Families in the Digital Age.* Gothenburg, Sweden: Nordicom, The Clearinghouse Yearbook.

Mezirow, J. (1991). *Transformative dimensions of adult learning.* San Francisco, CA: Jossey-Bass.

Pedersen, S. (2016). The good, the bad and the 'good enough' mother on the UK parenting forum Mumsnet. *Women's Studies International Forum, 59*, 32–38.

Petronio, S. (2002). *Boundaries of privacy: Dialectics of disclosure.* New York: State University of New York Press.

Riessman, C. K. (2008). *Narrative methods for the human sciences.* Los Angeles, CA: SAGE.

Romagnoli, A., & Wall, G. (2012). 'I know I'm a good mom': Young, low-income mothers' experiences with risk perception, intensive parenting ideology and parenting education programmes. *Health, Risk & Society, 14*(3), 273-289.

Steinberg, S. B. (2016). Sharenting: children's privacy in the age of social media. *Emory LJ, 66*, 839.

Verswijvel, K., Walrave, M., Hardies, K., & Heirman, W. (2019). Sharenting, is it a good or a bad thing? Understanding how adolescents think and feel about sharenting on social network sites. *Children and Youth Services Review, 104*, 104401.

Wartella, E. (2019). Smartphones and tablets and kids – Oh my, oh my. In Donohue, C. (Ed.). (2019). *Exploring Key Issues in Early Childhood and Technology: Evolving Perspectives and Innovative Approaches.* London: Routledge.

White, M. D., & Marsh, E. E. (2006). Content analysis: A flexible methodology. *Library trends, 55*(1), 22-45.

Teil 3.
Medientechnologische, gesellschaftliche und ästhetische Aspekte von Media Literacy

Wie kann Data und Privacy Literacy gefördert werden? Evaluation einer Bildungsintervention für Studierende

Urs Dahinden, Caroline Dalmus, Laura Gründler

Abstract

Die Nutzung digitaler Anwendungen durchdringt mittlerweile den Alltag der meisten Menschen, insbesondere aber den von Jugendlichen und jungen Erwachsenen. Hieraus ergibt sich die Notwendigkeit, Wissen und Fähigkeiten im Umgang mit digitalen Informations- und Kommunikationstechnologien zu fördern, um potentiellen Risiken wie etwa Datenmissbrauch oder Identitätsdiebstahl entgegenzuwirken. Während die Vermittlung von digitalen Kompetenzen in der obligatorischen Schule bereits durch den Lehrplan 21 geregelt ist, fehlen im Bereich der tertiären Bildungsstufe für das fortgeschrittene Niveau von Studierenden entsprechende bildungspolitische Vorgaben und die dazugehörige Evaluationsforschung. Der vorliegende Beitrag setzt bei dieser Lücke an und geht primär der Frage nach, wie wirksam Bildungsinterventionen sind, um Studierenden die notwendige Data Literacy im Sinne einer Online Privacy Literacy zu vermitteln. Zu diesem Zweck wurde eine Untersuchung durchgeführt, in deren Rahmen insgesamt 159 Studierende an je zwei Unterrichtslektionen zum Thema Datensicherheit teilnahmen. Mittels Befragung zu zwei verschiedenen Zeitpunkten wurde die objektive Privatheitskompetenz überprüft. Es zeigte sich, dass das Wissen nach den Unterrichtslektionen signifikant höher war als zuvor. Zwar bleibt offen, ob die Lektionen einen direkten oder indirekten Effekt auf das Wissen der Studierenden haben; allerdings wird durch die Resultate ersichtlich, dass Unterrichtseinheiten positive Impulse geben können.

1. Einleitung

Die Digitalisierung durchdringt mittlerweile so gut wie jeden Bereich des menschlichen Lebens. Egal ob die zwischenmenschliche Kommunikation im beruflichen oder privaten Kontext, Alltagsgeschäfte wie Banküberweisungen, Einkäufe und die Planung des nächsten Urlaubs oder die Zusammenarbeit in Projekten und im Studium – digitale Anwendungen und Prozesse vereinfachen den menschlichen Alltag und liefern somit einen klaren Nutzen für die Gesellschaft.

Insbesondere Jugendliche und junge Erwachsene nutzen diverse digitale Anwendungen regelmässig und umfangreich. Gemäss der repräsentativen JAMES-Studie nutzen 87 % der Jugendlichen (12- bis 19-Jährige) in der Schweiz das Internet täglich während durchschnittlich 2 Stunden (Median-Wert an einem Wochentag) (Bernath et al., 2020, S. 28). Deshalb kommt dem Erwerb von Fähigkeiten im Umgang mit digitalen Informations- und Kommunikationstechnologien ein hoher Stellenwert zu, was zumindest als bildungspolitischer Konsens für die obligatorische Schule (bis und mit Sekundarstufe I) in der Schweiz gelten darf. Für diese fächerübergreifende Aufgabe ist im Lehrplan 21 ein eigenes Modul „Medien und Informatik" definiert, mit dem ein systematischer Aufbau von Kompetenzen in diesem Bereich realisiert werden soll (Deutschschweizer Erziehungsdirektoren-Konferenz, 2016, S. 483). Weniger intensiv erforscht und bildungspolitisch vorstrukturiert ist die Vermittlung von digitalen Kompetenzen bei Studierenden im Bereich der tertiären Bildungsstufe (Hochschule). Im Rahmen dieses Beitrags kann aus forschungsökonomischen Gründen nicht auf alle relevanten digitalen Kompetenzen eingegangen werden, sondern es wird ein Fokus gesetzt auf Data Literacy. Im theoretischen Teil wird dieser Fokus noch genauer begründet.

Die folgenden forschungsleitenden Fragestellungen sind dabei von Interesse und werden in diesem Beitrag empirisch untersucht:

- Über welche Kompetenzen müssen junge Erwachsene verfügen, um die Kontrolle über ihre eigenen Daten zu behalten und sie gemäss ihren individuellen Werten (z. B. in Bezug auf Privatsphäre) zu verwalten?
- Wie wirksam sind Bildungsinterventionen (kurze Unterrichtseinheiten), um Studierenden die notwendige Data Literacy im Sinne einer Online Privacy Literacy zu vermitteln?

In den folgenden Abschnitten werden zunächst die theoretischen Hintergründe beleuchtet, nämlich der Wandel des Medienpublikums vom passiven Mediennutzer hin zum aktiven Produser (Abschnitt 2). Anschliessend folgt eine explizite Definition der Online-Privatheitskompetenz (Abschnitt 3). In Abschnitt 4 werden die hier untersuchten Forschungsfragen und Hypothesen zu unterschiedlichen Datentypen und zu den Wirkungen einer Bildungsintervention vorgestellt. Anschliessend werden in Abschnitt 5 das methodische Vorgehen und in Abschnitt 6 die empirischen Resultate präsentiert. Eine vertiefte Diskussion der Resultate und die Skizzierung von weiterem Forschungsbedarf ist in Abschnitt 7 zu finden. Der Beitrag schliesst in Abschnitt 8 mit einem Fazit und Ausblick.

2. Theorie: Vom passiven Mediennutzer zum aktiven Produser

Der digitale Wandel hat zu einer Veränderung der Rollen in der öffentlichen Kommunikation geführt, mit weitreichenden Folgen für die theoretische Begriffsbestimmung von Media Literacy. Das Konzept des Produsers (Bruns 2008) beschreibt eine solche neue Rolle, welche sowohl passiv Medieninhalte rezipiert (User), als auch aktiv produziert (Producer), z. B. in Form von Likes und Social-Media-Beiträgen.

Eine aktive Produzentenrolle wurde zwar bereits in früheren Definitionen von Media Literacy als eine theoretische Teildimension thematisiert (Mediengestaltung bei Baacke, 2001, Partizipationskompetenz bei Theunert, 1999). Die empirische Bedeutung dieser Produzentenrolle hat in den vergangenen Jahrzehnten aber stark an Bedeutung gewonnen: Während vor der Ausbreitung des Internets die Produzentenrolle oft im Rahmen von zeitlich befristeten medienpädagogischen Aktivitäten (Bsp. Schülerzeitung, Studentenradio etc.) angesiedelt war, veröffentlichen heutzutage Produser in ihrer Rolle als Mediengestalter sehr viel öfter und umfangreicher selbstproduzierte Medieninhalte, zu denen oft und unbeabsichtigt auch private Daten gehören.

Diese Selbstoffenbarung – die Offenlegung von privaten Daten im Internet – hat Vorteile, da sie beispielsweise hilft, soziale Verbindungen aufzubauen und zu pflegen. Darüber hinaus kann die Preisgabe persönlicher Informationen auch die Benutzerfreundlichkeit, Bequemlichkeit und Effizienz einer Website verbessern und zur Personalisierung von Dienstleistungen beitragen. Diese Vorteile gehen jedoch mit einem Risiko für die Privatsphäre der Menschen einher. Obwohl der Einzelne in der Regel in die Verwendung seiner persönlichen Daten einwilligen muss, weiss er oftmals nicht, wie und in welchem Umfang seine Informationen verwendet werden. Das Bewusstsein über die Risiken, das Wissen über Datenschutzstrategien und die Motivation des Einzelnen, diese umzusetzen, werden umso bedeutsamer, je mehr Informationen vor dem Hintergrund wirtschaftlicher Datennutzungspraktiken als Quelle der Wertschöpfung gesehen werden.

Vor diesem Hintergrund erscheint eine Ergänzung des allgemeinen Konzepts der Media Literacy mit der spezifischen Teilkompetenz der Online Privacy Literacy als sinnvoll und notwendig.

3. Definition Online-Privatheitskompetenz

Nach Trepte et al. (2015, S. 339) kann Online-Privatheitskompetenz, auf Englisch „Privacy Literacy", als eine Kombination aus faktischem oder auch deklarativem und prozeduralem Wissen über Online-Privatheit definiert werden. In Bezug auf deklaratives Wissen umfasst diese Kompetenz das Wissen der Benutzer über technische Aspekte des Online-Datenschutzes, über Gesetze und Richtlinien sowie über institutionelle Praktiken („Wissen über"). Prozedurales Wissen im Rahmen der Online-Privatheitskompetenz bezieht sich auf die Fähigkeit der Nutzer, Strategien zur individuellen Regulierung der Privatsphäre und des Datenschutzes anzuwenden („Wissen wie"). Beide Wissensformen sind notwendig für die informationelle Selbstbestimmung und die dazugehörige Handlungsfähigkeit in der Onlinekommunikation.

Masur, Trepte und Teutsch (2017, S. 7) haben zur objektiven Messung der Online-Privatheitskompetenz eine Skala entwickelt, die Online-Privatheitskompetenz-Skala oder auf Englisch „Online Privacy Literacy Scale" (OPLIS). Zu diesem Zweck haben die Autoren bisherige Messinstrumente analysiert und nach eigener Aussage optimiert, sodass alle Aspekte des Konzepts abgedeckt werden. Das deklarative Wissen wird durch drei Dimensionen abgefragt, während sich die vierte Dimension auf das prozedurale Wissen bezieht.

1. Wissen über Praktiken von Institutionen und Online-Dienstanbietenden: Beinhaltet Wissen über Datenweitergabe zwischen Unternehmen, Erlösmodelle hinter dem Datentransfer und dessen Konsequenzen für Nutzerinnen und Nutzer
2. Wissen über technische Aspekte des Datenschutzes: Umfasst Wissen über technische Massnahmen zum Datenschutz bezogen auf unterschiedliche Anwendungen
3. Wissen über Datenschutzrecht: Enthält das Wissen über die rechtliche Situation in der Schweiz und in der EU
4. Wissen über Datenschutzstrategien: „Umfasst die Kompetenz der Nutzerinnen und Nutzer, geeignete Strategien anzuwenden, um ihre Privatheit bei der Internetnutzung zu kontrollieren" (Masur et al., 2017, S. 8).

Für die vorliegende Arbeit wurde diese Online-Privatheitskompetenz-Skala als empirisches Instrument verwendet.

4. Fragestellungen und Hypothesen: Datentypen und Wirkungen einer Bildungsintervention

Die bisherigen Ausführungen bilden die theoretischen Grundlagen, mit deren Hilfe eine ganze Reihe von relevanten Fragestellungen und Hypothesen formuliert und auch empirisch überprüft werden können. Aus Platzgründen kann hier nur auf die folgende, stark begrenzte Auswahl von Hypothesen eingegangen werden, in denen einerseits auf die Differenzierung zwischen unterschiedlichen Datentypen und andererseits auf die Wirkungen einer Bildungsintervention eingegangen wird. Eine umfassende Auswertung des erhobenen Datensatzes ist an anderer Stelle (Gründler, 2020) zu finden.

Forschungsfrage 1: Welche Zusammenhänge sind festzustellen zwischen der subjektiven Klassifizierung von *Datentypen* (persönlich oder unpersönlich) und der Bereitschaft, diese Daten online zu teilen?
Hypothese 1: Daten, welche von den Befragten als persönlich eingestuft werden, werden seltener online geteilt als Daten, welche als weniger persönlich eingestuft werden.

Hintergrund dieser Hypothese ist unter anderem die Studie von Taddicken et al. (2014), in der Befragte ebenfalls bei mehreren Datentypen Auskunft über ihr Datenteilungsverhalten gaben. In der Faktoranalyse der Resultate konnten zwei unterschiedliche Verhaltensmuster (Faktoren) identifiziert werden. Befragte sind zurückhaltender beim Teilen von „sensitiven Informationen" (Fotos, Erfahrungen, Gedanken, Gefühle, Sorgen und Ängste) als beim Teilen von „faktischen Informationen" (Nachname, Geburtsdatum, Beruf, Wohnadresse). Die Bezeichnung dieser Datentypen als „sensitiv" oder faktisch" wurde nicht von den Befragten, sondern von den Forschenden im Prozess der Dateninterpretation vorgenommen (Taddickcn ct al., 2014, S. 259).

Forschungsfrage 2: Welche Wirkung hat die Bildungsintervention (Besuch von zwei Lektionen zum Thema Datensicherheit) auf die *objektive Privatheitskompetenz?*
Hypothese 2: Die Bildungsintervention hat einen positiven Einfluss auf die objektive Privatheitskompetenz, welche nach der Intervention höher ist als vorher.

Hintergrund dieser Hypothese ist die allgemeine Erkenntnis aus der Bildungsforschung, dass Bildungsinterventionen (unter bestimmten Umständen) auch die beabsichtigte positive Wirkung erreichen (Soicher et al., 2020). Gemäss dem Wissensstand der Autoren wurde allerdings noch nie wissenschaftlich untersucht, ob dieser Effekt auch im Themenbereich der objektiven Privatheitskompetenz zu beobachten ist.

5. Methodisches Vorgehen

Die Untersuchungsdaten wurden in einem von Swissuniversities (Dachverband der Schweizer Hochschulen) finanzierten Projekt erhoben (siehe 9. Danksagung). Dabei wurden im Zeitraum von November 2019 bis Februar 2020 Studierende von Schweizer Hochschulen mittels zweier Online-Fragebogen befragt. Bei den Befragten handelt es sich um Studierende der Pädagogischen Hochschule Graubünden (Studiengänge: Kindergarten und Primarstufe) sowie der Fachhochschule Graubünden (Studiengänge: Digital Business Management, Information Science und Tourismus). Das Forschungsinteresse des Projekts lag in der Sensibilisierung von Lehrenden und Studierenden für den Umgang mit Daten sowie in der Stärkung der digitalen Kompetenzen. Das Unterrichtsmaterial ist grundsätzlich für alle Studiengänge geeignet, aber der Einsatz an pädagogischen Hochschulen hat eine zusätzliche Funktion: Dadurch werden künftige Volksschullehrpersonen in ihrer Datenkompetenz gestärkt und können ihre Kenntnisse im Rahmen ihrer künftigen Berufstätigkeit (gemäss Lehrplan 21) an Schüler:innen an Volksschulen weitergeben.

Die Bildungsintervention, mit deren Hilfe die digitale Kompetenz der Studierenden gefördert werden sollte, bestand aus zwei Lektionen zum Thema Datensicherheit, welche im Rahmen des normalen Hochschulunterrichts erteilt wurden, wobei zwischen den beiden Lektionen ein zeitlicher Abstand von mindestens einer Woche lag. Das eingesetzte Unterrichtsmaterial wurde vorgängig von Studierenden der Informationswissenschaft der FH Graubünden im Rahmen eines Projektkurses im Frühlingssemester 2019 entwickelt und im gleichen Semester mit Studierenden der Pädagogischen Hochschule Zürich getestet (siehe 9. Danksagung). Das Unterrichtsmaterial ist öffentlich zugänglich (Dahinden et al., 2021), damit es auch von weiteren interessierten Hochschuldozierenden eingesetzt werden kann.

Um die Wirksamkeit des Unterrichts zu überprüfen, wurde ein quasi-experimentelles Vorgehen (Pretest-Posttest-Design) gewählt: Die Befragung der Personen erfolgte zu zwei verschiedenen Zeitpunkten. Der Studienablauf war wie folgt: Zuerst wurde der erste Online-Fragebogen (T1) ausgefüllt. Anschliessend wurden zwei Unterrichtsmodule durchgeführt. Deren Ziel war die Erhöhung der Datenkompetenz der Studierenden, d. h., sie sollten für den Umgang mit ihren eigenen Daten sensibilisiert werden. In der Lektion 1 wurde das Thema Data Privacy behandelt, in Lektion 2 Identitätsdiebstahl. Die zweite Online-Befragung (T2) wurde im Anschluss an die zweite Unterrichtslektion durchgeführt. Das Matching wurde mithilfe der anonymen Identifikationsnummer vorgenommen.

Stichprobe:

Im Zeitraum von November 2019 bis Februar 2020 wurden insgesamt 159 Studierende der Fachhochschule sowie der Pädagogischen Hochschule Graubünden zu zwei Zeitpunkten befragt. An der ersten Befragung nahmen 157 Personen teil. Von den Auswertungen wurden Personen ausgeschlossen, die bei mehr als 40 von 105 Items einen fehlenden Wert hatten, womit 151 Personen übrigblieben. Die zweite Befragung wurde von 141 Personen ausgefüllt. Es wurde anhand des anonymisierten Identifikationscodes festgestellt, dass der eindeutige Abgleich nur für eine geringe Anzahl an Studierenden möglich war. Daraus ergab sich für den experimentellen Vergleich (vorher-nachher) eine Stichprobe von N = 72 Teilnehmenden.

Die meisten Teilnehmenden waren angehende Lehrpersonen der Primarstufe (40 %), gefolgt von Studierenden in Information Science (23 %) und solcher der Kindergartenstufe (13 %). 79 % der Befragten waren weiblich, 20 % männlich und 11 % hat eine andere Geschlechtsidentität angeben. Der Altersdurchschnitt lag bei 25,38 Jahren (SD = 4,38; jüngste Person: 21, älteste Person: 57). Mit 60 % war der Anteil Studierender der PH-GR (Pädagogische Hochschule Graubünden) grösser als jener der FHGR (Fachhochschule Graubünden).

6. Ergebnisse

In diesem Abschnitt werden die empirischen Ergebnisse vorgestellt, welche die Basis darstellen für die Überprüfung der zwei zuvor formulierten Hypothesen (siehe oben). Ergänzend werden auch noch weitere Ergebnisse vorgestellt.

Hypothese 1: Klassifizierung und Teilen von unterschiedlichen Datentypen

Hypothese 1 postuliert, dass Daten, welche von den Befragten als persönlich eingestuft werden, seltener online geteilt werden als Daten, welche als weniger persönlich eingestuft werden.

Abbildung 1: Vergleich von als persönlich klassifizierter und geteilter Datentypen in den letzten zwei Monaten (Angabe in Prozent, n = 151)

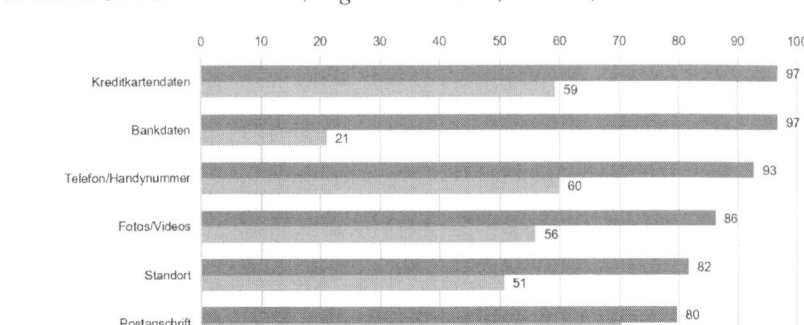

Abbildung 1 zeigt die Antworten der Teilnehmenden als Prozentsätze in einem Balkendiagramm und hebt hervor, inwiefern ein Datentyp als persönlich klassifiziert wurde, im Vergleich dazu, in welchem Umfang dieser in den letzten zwei Monaten geteilt wurde.

Betrachtet man zunächst nur die Frage nach der Klassifikation (persönlich oder nicht), so fällt auf, dass alle diese sehr unterschiedlichen Datentypen von einer Mehrheit der Befragten als persönlich eingestuft werden. Die Extremwerte bilden dabei am einen Ende der Skala die Bank- sowie Kreditkartendaten, welche von je 97 % der Befragten als persönlich eingestuft werden, im Kontrast zum Datentyp Social-Media-Identität am anderen Ende der Skala, der von nur 51 % als persönlich klassifiziert wird.

Welchen Zusammenhang gibt es nun zwischen der subjektiven Klassifikation der Datentypen und der Bereitschaft, sie online zu teilen? Bereits eine erste, deskriptive Analyse zeigt, dass es keinen einfachen Zusammenhang gibt. So werden einige Datentypen zwar von einer deutlichen Mehrheit als persönlich eingestuft, aber gleichzeitig von einer noch grösseren

Gruppe zur Nutzung von Online-Dienstleistungen geteilt. Beispielsweise haben fast alle befragten Studierenden in den zwei Monaten vor der Befragung Name, Mailadresse sowie das Geburtsdatum online geteilt, obwohl sie diese Angaben als persönlich einstufen. Auch Postanschrift, Handynummer, Fotos und Videos sowie Kreditkartendaten wurden von mehr als der Hälfte aller Studierenden bei der Nutzung digitaler Angebote preisgegeben. Nur wenige Datentypen wurden nur von einer Minderheit online geteilt, nämlich Bankdaten (27 %), Social Media Identität (41 %), Daten via Cloud-Storage (34 %) und Tracking-Daten/Physiologische Daten (22 %). Die Klassifikation dieser eher selten geteilten Datentypen folgt dabei keinem klaren Muster.

Untersucht man den Zusammenhang zwischen den Variablen „als persönlich klassifizierte Daten" und „geteilte Daten" nicht nur deskriptiv, sondern im Sinne der Hypothesenprüfung auch mit einem statistischen Test, so ist dafür der Pearson Chi-Quadrat-Test geeignet. Die Resultate dieses Pearson Chi-Quadrat-Tests (Likelihood Ratio= 0.113, p = 0.737) machen deutlich, dass es keinen statistisch signifikanten Zusammenhang zwischen den als persönlich klassifizierten und geteilten Datentyp gibt (Gründler, 2020, S. 34), so dass Hypothese 1 verworfen werden muss.

Hypothese 2: Wirkung der Bildungsintervention auf objektive Privatheitskompetenz

Gemäss Hypothese 2 hat die hier durchgeführte Bildungsintervention (zwei Lektionen zum Thema Datensicherheit) einen positiven Einfluss auf die objektive Privatheitskompetenz, welche nach der Intervention höher ist als vorher.

Dieser Zusammenhang konnte in dieser Untersuchung bestätigt werden. Die Unterrichtseinheiten scheinen einen positiven Effekt auf die objektive Privatheitskompetenz gehabt zu haben: Wurden in der ersten Befragung im Wissenstest von zwanzig Fragen im Schnitt elf richtig beantwortet, so lag die Anzahl richtiger Antworten in der zweiten Befragung (direkt im Anschluss an die zweite Lektion nach Abschluss beider Lektionen) mit durchschnittlich 13 richtigen Antworten deutlich höher (siehe Abbildung 2).

Abbildung 2: Vergleich der objektiven Privatheitskompetenz vor und nach der Bildungsintervention (dargestellt: Durchschnittliche Anzahl richtiger Antworten; n = 71).

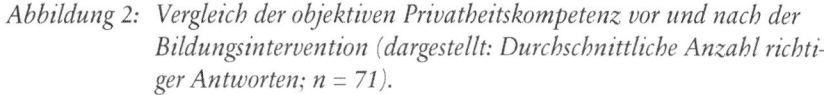
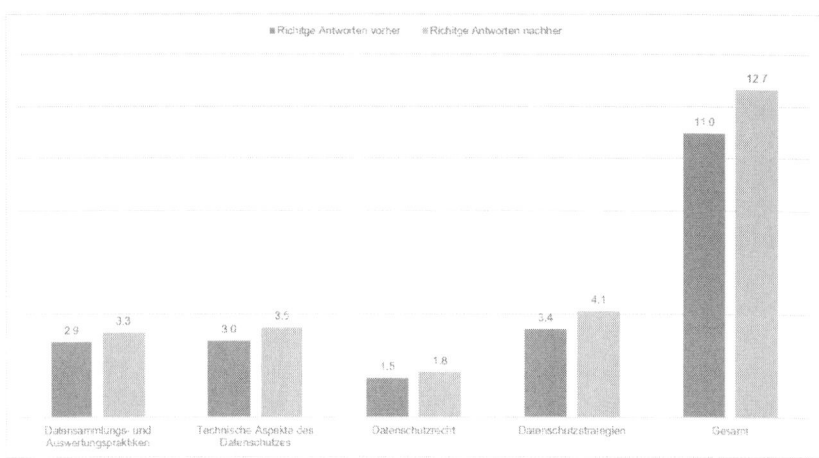

Dieser deutliche Kompetenzzuwachs ist auch statistisch signifikant. Da dieselben Probanden zu zwei verschiedenen Zeitpunkten verglichen werden, wurde ein t-Test für abhängige Stichproben durchgeführt. Der Test zeigt, dass es einen signifikanten Unterschied in den Testresultaten zwischen Zeitpunkt 1 und Zeitpunkt 2 gibt, sowohl im Hinblick auf die erreichte Gesamtpunktzahl ($t(74) = -5.160$, $p = .000$) als auch auf die erreichte Punktzahl in den Bereichen *Datensammlungs- und -auswertungspraktiken* ($t(74) = -2.023$, $p = .047$), *Technische Aspekte des Datenschutzes* ($t(75) = -4.154$, $p = .000$) und *Datenschutzstrategien* ($t(74) = -4.829$, $p = .000$). Offen bleibt an dieser Stelle aber, ob die Bildungsintervention direkt gewirkt hat (Kompetenzerhöhung durch die vermittelten Bildungsinhalte), oder ob es sich dabei eher um einen indirekten Effekt handelt, bei dem der Unterricht in Lektion 1 zu einem erhöhten Interesse und einer vertiefenden individuellen Auseinandersetzung mit dem Thema (Eigenrecherche, Selbststudium) geführt hat, welche sich dann indirekt auch positiv auf das Kompetenzniveau nach Abschluss der Lektion 2 ausgewirkt hat. Zusammenfassend kann dennoch festgehalten werden, dass Hypothese 2 durch diese Ergebnisse bestätigt wird.

Durch den Unterrichtseinsatz konnte zudem auch das subjektive Wissen der Studierenden zu Schutzmöglichkeiten im Internet erhöht werden. Während in der ersten Befragung vor den Lehreinheiten mehr als die Hälfte aller Studierenden ihr Wissen in verschiedenen Bereichen als schlecht oder sehr schlecht einstuften, gaben in der zweiten Befragung 32 % an, dass sie das Gefühl haben, durch die Unterrichtseinheiten viel Neues zum Thema Datensicherheit gelernt zu haben. Darüber hinaus betonten 66 % der Befragten, dass sie Lehreinheiten rund um das Thema Datensicherheit an Hochschulen für wichtig halten.

Weitere Resultate

In diesem Abschnitt werden weitere Forschungsresultate vorgestellt, auf die aus Platzgründen weniger detailliert eingegangen werden kann. Die Diskussion dieser Resultate und die Hinweise auf weiteren Forschungsbedarf sind weiter unten im Abschnitt 7 zu finden.

Zusammenhang von Geschlecht und Online-Privatheitskompetenz

Bereits in früheren Studien von Park (2011) sowie von Trepte und Dienlin (2014) wurde festgestellt, dass Nutzerinnen über eine niedrigere Online-Privatheitskompetenz verfügen als Nutzer. Dieser Zusammenhang wurde auch in dieser Studie untersucht und konnte durch die Auswertungen bestätigt werden. Die befragten Männer (M = 13.80, SD = 3.40) verfügen in der Stichprobe über eine statistisch signifikant höhere objektive Privatheitskompetenz (t(61.541) = −4.908, p = .000) als die Frauen (M = 10.07, SD = 4.75). Dieser signifikante Unterschied zeigt sich allerdings nur für die erste Befragungsrunde. Während hier die Männer wie oben angegeben im Schnitt vier Punkte mehr als die Frauen erreichten, konnte dieser Abstand in der zweiten Befragung auf durchschnittlich zwei Punkte verringert werden (Frauen: M = 12.11, SD = 4.02, Männer: M = 14.10, SD = 4.18). Insbesondere die Frauen konnten demnach ihr objektives Wissen stark verbessern.

Zusammenhang von Bildungsintervention auf die Motivation zur vertieften Auseinandersetzung mit dem Thema

Welche Wirkung hat die Bildungsintervention (Besuch von zwei Lektionen zum Thema Datensicherheit) auf die Motivation der Studierenden, sich intensiver mit dem Thema auseinanderzusetzen?

Diese Forschungsfrage wurde operationalisiert durch einen Vergleich von zwei Befragtengruppen: Die erste Gruppe (n = 21) hatte nur an einer oder gar keiner Unterrichtslektion teilgenommen, die zweite Gruppe (n = 112) an beiden Unterrichtslektionen. Die Resultate zeigten aber nicht den vermuteten positiven Zusammenhang, wonach Befragte, welche beide Unterrichtslektionen besucht hatten, stärker interessiert gewesen wären an einer vertieften Auseinandersetzung mit dem Thema. Überraschenderweise wurde der gegenteilige Zusammenhang festgestellt: Das Interesse an einer thematischen Vertiefung war bei der Gruppe mit der unvollständigen Bildungsintervention (nur eine oder gar keine Lektion besucht) statistisch signifikant höher als bei der Gruppe, welche beide Lektionen besucht hatte (Gründler, 2020, S. 39).

Über die Ursachen dieses überraschenden Befundes kann hier nur spekuliert werden. Bei der Gruppe mit der unvollständigen Bildungsintervention konnte vermutlich das angestrebte Ziel der Kompetenzerhöhung kaum erreicht werden, aber offenbar wurde durch den selektiven Besuch von Lektionen immerhin ein gewisses Interesse an der Thematik geweckt, das vielleicht auch mit dem Gefühl verbunden war, etwas Wichtiges verpasst zu haben, das im Nachhinein im Selbststudium noch nachgeholt werden sollte.

Bei der zweiten Gruppe, welche an beiden Lektionen teilgenommen hatte, war das Interesse an einer weiteren thematischen Vertiefung im Vergleich zur ersten Gruppe tiefer. Dies kann einerseits positiv im Sinne einer Sättigung interpretiert werden: Der Wissensdurst konnte durch die Bildungsintervention erfolgreich gestillt werden. Andererseits ist aber auch eine negative Interpretation denkbar, im Sinne einer Überforderung angesichts der hohen Komplexität des Themas und des erheblichen Aufwands, welche für eine vertiefte Auseinandersetzung zu leisten wäre.

Einfluss von Online-Privatheitskompetenz auf Verhalten (Umsetzung von Datenschutzmassnahmen)

Führt eine höhere Online-Privatheitskompetenz auch zu einer Verhaltensänderung im Sinne einer vermehrten Umsetzung von Datenschutzmassnahmen? Diese Annahme erscheint plausibel, da Grundkenntnisse über Schutzmassnahmen unverzichtbar sind, damit diese auch angewandt werden können.

Die empirischen Resultate zeigen zwar einen entsprechenden Trend: Nach den Unterrichtseinheiten ergriff ein Teil der Studierenden aktive Massnahmen für mehr Datenschutz: 36 % fühlten sich motiviert, sich intensiver mit dem Thema Datensicherheit auseinanderzusetzen. 34 % gaben das gelernte Wissen an andere Personen weiter, 28 % änderten ihr Passwort, 35 % überprüften ihre Privatsphäre-Einstellungen und 22 % verschärften diese sogar. Ein gewisser Zusammenhang mit dem Kompetenz-erwerb durch die Unterrichtseinheiten war ebenfalls erkennbar: Studierende mit einer höheren Online-Privatheitskompetenz setzten mehr Datenschutzmassnahmen um als die Vergleichsgruppe mit einer tieferen Online-Privatheitskompetenz. Allerdings ist dieser hier beschriebene Zusammenhang statistisch nicht signifikant.

7. Diskussion und weiterer Forschungsbedarf

In diesem Abschnitt werden die vorgestellten Resultate vertieft diskutiert und der dazugehörige weitere Forschungsbedarf skizziert.

7.1 Wissen und Motivation als Voraussetzung von Verhaltensänderungen

Während die Bildungsmassnahmen einen messbaren positiven Einfluss auf das objektive Wissen der Studierenden hatten, konnte die Motivation zur Umsetzung von Datenschutzmassnahmen nur bedingt gemessen werden. In der zweiten Befragung wurde ermittelt, ob seit dem Besuch der Unterrichtseinheiten Privatsphäre-Einstellungen verschärft oder Passwörter geändert wurden. Diese Massnahmen wurden nur von gut einem Drittel der Studierenden vorgenommen, und es konnte auch kein statistisch signifikanter Zusammenhang zwischen einem hohen Wissen (hier im Sinne der objektiven Online-Privatheitskompetenz) und einem hohen Aktivitätsniveau in Bezug auf Datensicherheitsmassnahmen festgestellt werden. In Kurzform kann das Fazit gezogen werden, dass Wissen zwar eine notwendige, aber keine hinreichende Bedingung für entsprechende Verhaltens-änderungen darstellt.

Vor diesem Hintergrund sollte in der künftigen Forschung dem Thema Motivation mehr Aufmerksamkeit geschenkt werden. Vertieftere Kenntnisse über die Motivation können dazu beitragen, dass sich Bildungsmassnahmen noch zielgerichteter konzipieren lassen.

7.2 Bildungspolitik: Ist die Vermittlung von digitalen Kompetenzen auch an Hochschulen notwendig?

Die Förderung von digitalen Kompetenzen ist ein Ziel, das im Rahmen von verschiedenen bildungspolitischen Programmen im In- und Ausland angestrebt wird. Auch das hier vorgestellte Projekte wurde durch ein entsprechendes Bildungsprogramm von Swissuniversities gefördert (siehe 9. Danksagung).

Die vorliegenden Ergebnisse zeigen, dass die Förderung von digitalen Kompetenzen im hier untersuchten Themenfeld von Datensicherheit und Datenschutz auch bei Studierenden dringend notwendig ist, da das entsprechende Wissen vor der Bildungsintervention vergleichsweise tief war. Im Rahmen dieser Arbeit wurde untersucht, wie umfangreich das Wissen der Studierenden bezüglich Datensammlung, Datenschutzrecht und Datenschutzstrategien ist. Das objektive Wissen wurde hier mittels einer Online-Privatheitskompetenz-Skala gemessen und die Ergebnisse in Bezug zu einer Vergleichsgruppe (Bevölkerungsstichprobe) aus einer anderen Studie (Masur, 2017) gesetzt. Dabei wurde ermittelt, dass die Studierenden bei der ersten Befragung im Vergleich zu einer repräsentativen Bevölkerungsstichprobe aus Deutschland (Masur, 2017) leicht unterdurchschnittlich abschnitten, während sie bei der zweiten Befragung im Durchschnitt lagen (Gründler, 2020, S. 41).

Diese Resultate können bildungspolitisch kaum als zufriedenstellend bewertet werden, da Studierende erstens über ein höheres Bildungsniveau als die allgemeine Bevölkerung verfügen und deshalb zu erwarten wäre, dass sie auch über höhere digitale Kompetenzen verfügen. Zweitens übernehmen Studierende in ihrer späteren beruflichen Tätigkeit oft Ausbildungs- und Wissensvermittlungsfunktionen für digitale Kompetenzen (zum Beispiel Lehrpersonen in Schulen; Informationswissenschaftler in Bibliotheken und Archiven), welche überdurchschnittliche eigene Kompetenzen in diesem Themenbereich voraussetzen.

7.3 Begrenzte Bildungsinterventionen haben eine Wirkung

Trotz der kritischen Vorbehalte in Kapitel 6 kann insgesamt ein positives Fazit zur Wirksamkeit der Bildungsintervention gezogen werden: Auch eine zeitlich sehr begrenzte Bildungsmassnahme von zwei Lektionen hat zu einer statistisch signifikanten Verbesserung des objektiven Wissens über Datensicherheit geführt. Diese durch die Bildungsintervention ausgelösten positiven Impulse sind insbesondere für den Einsatz an pädagogischen

Hochschulen relevant: Denn künftige Volksschullehrpersonen können so in ihrer Datenkompetenz gestärkt werden und ihre Kenntnisse im Rahmen ihrer künftigen Berufstätigkeit gemäss Lehrplan 21 (Deutschschweizer Erziehungsdirektoren-Konferenz, 2016) an Schüler:innen an Volksschulen weitergeben.

Die vorliegende Studie weist mehrere Einschränkungen auf, welche auf ein Potential für die zukünftige Forschung hinweisen. Da sich die Arbeit mehrheitlich auf Personen konzentriert, die zwischen 1994 und 1998 geboren wurden, sind die Ergebnisse nicht für alle Altersgruppen verallgemeinerbar. Zudem handelt es sich eher um eine kleine Stichprobe, die aus nur zwei Hochschulen bzw. wenigen und untereinander ähnlichen Studiengängen gezogen wurde.

7.4 Empirisches Instrument und Stichprobe

Weiterer Forschungsbedarf besteht beim empirischen Instrument. Eine Erweiterung des Fragebogens wird als sinnvoll erachtet, um zu ermitteln, in welchem Kontext Daten geteilt werden und wie gross das Vertrauen in den jeweiligen Online-Anbieter ist. Des Weiteren liesse sich in Bezug auf soziale Netzwerke eruieren, nach welchen Gesichtspunkten sich Personen entschliessen, Informationen zu teilen. Hinsichtlich des objektiven Wissens wäre eine breit angelegte Untersuchung unter Studierenden oder einer repräsentativen Stichprobe der Schweizer Bevölkerung wünschenswert, um einen (lokalen) Referenzwert zu haben.

7.5 Geschlechtsspezifische Unterschiede

In der Untersuchung wurde zudem festgestellt, dass die befragten männlichen Studierenden über eine leicht höhere Online-Privatheitskompetenz verfügten als die befragten weiblichen Studierenden. Die Ursachen dieses Resultats konnten hier nicht vertieft analysiert werden. Dieses Resultat steht in Übereinstimmung mit traditionellen geschlechtsspezifischen Stereotypen, wonach Kompetenzen im Bereich Technik (Datenschutz, Datensicherheit) eher als typisch „männlich" gelten. Verschiedene Bildungsprogramme (u.a. der Akademien der Wissenschaften Schweiz, 2021) bemühen sich schon seit längerer Zeit, solche veralteten geschlechtsspezifischen Stereotype zu überwinden und die entsprechenden MINT-Fächer (Mathematik – Informatik – Naturwissenschaft – Technik) sowie Handlungsfelder auch für Mädchen und junge Frauen (Gymnasiastinnen, Studentinnen) attraktiver zu gestalten. Hier stellt sich die Frage nach der Wirksamkeit und nach einem allfälligen Verbesserungsbedarf der bisherigen geschlechtsspezifischen MINT-Förderung bei Kindern und Jugendlichen.

8. Fazit und Ausblick

Privatheit ist ein komplexes Thema, dessen Bedeutung in Zukunft noch steigen wird, je stärker die Online- und Offline-Interaktionen der Menschen weiter verschmelzen werden. Menschen verbringen immer mehr Zeit online und hinterlassen dabei auch mehr persönliche Informationen. Sowohl in der Volksschule auch als in weiterführenden Bildungsangeboten wie Mittel- und Hochschulen wird es deshalb auch mittel- und langfristig notwendig sein, Digital Skills (u.a. Online-Privatheitskompetenz) mit entsprechenden Unterrichtsangeboten gezielt zu fördern, deren Wirkung mit Unterrichtsevaluation (wie in diesem Projekt) systematisch zu erforschen und auf Grund der erzielten Resultate kontinuierlich zu verbessern.

Danksagung

Zuerst möchten wir uns für die finanzielle Unterstützung dieses Projekts bei Swissuniversities bedanken, welche die vorliegende Studie als Projekt Nr. 36 mit dem Titel „Was geschieht mit meinen Daten? – Entwicklung und Test von Unterrichtsmaterial inkl. eines Selbstdiagnosetools zur Erhöhung der Datenkompetenz von Studierenden" (Swissuniversities, 2018) unterstützt hat. Das Projekt ist Teil des Förderprogramms P-8 „Stärkung von Digital Skills in der Lehre", das Hochschulen bei der Förderung von digitalen Kompetenzen ihrer Studierenden unterstützt (Swissuniversities, 2021).

Ein grosser Dank gebührt den folgenden Studierenden der Informationswissenschaft der FH Graubünden, welche eine erste Version des eingesetzten Unterrichtsmaterials im Rahmen eines Projektkurses im Frühlingssemester 2019 unter der Leitung von Prof. Dr. Urs Dahinden und Hanna Kummel entwickelt haben (in alphabetischer Reihenfolge): Florianne Brunner, Ute Buck, Christina Fischer, Julia Flieg, Flavio Frei, Armin Gockenbach, Mahmoud Hemila, Rebekka Hirsbrunner, Irene Kilchenmann, Nina Kunfermann, Michèle Lohmer, Tina Mark, Claudio Milz, Saskia

Müller, Patrick Nussbaumer, David Simeon Reiser, Larissa Roost, Eva-Maria Schädler, Oliver Sievi, Melanie Sigg, Simone Spring, Sarah Stalder, Jan Steiner, Andreas Weber, Nicole Zimmermann.

Ein herzlicher Dank gebührt den verschiedenen Dozierenden, welche diese erste Version des Unterrichtsmaterials im Rahmen ihrer Lehrtätigkeit im Frühlingssemester 2019 entweder an der Pädagogischen Hochschule Zürich (Dr. Sara Signer, Mareike Düssel) oder der Fachhochschule Graubünden (Dr. Brigitte Hofstetter, Prof. Dr. Philipp Roebrock, Sebastian Gull, Simon Schultze und Lukas Toggenburger) zu Testzwecken eingesetzt und anschliessend auch ausführlich Feedback dazu gegeben haben. Ein ebenso herzlicher Dank geht an Andy Reich und Rico Puchegger, welche als Dozierende an der Pädagogischen Hochschule Graubünden den Einsatz des definitiven Unterrichtsmaterials mit ihren Studierenden im FS 2019 ermöglicht haben. Schliesslich möchten wir uns auch bei allen Studierenden bedanken, welche an den verschiedenen Befragungen freiwillig teilgenommen haben.

Literatur

Akademien der Wissenschaften Schweiz (2021). *Förderung MINT Schweiz*. https://akademien-schweiz.ch/de/themen/mint-forderung/

Baacke, D. (2001). *Medienkompetenz als pädagogisches Konzept.: Broschüre im Rahmen des Projekts „Mediageneration - kompetent in die Medienzukunft. (gefördert durch das BMFSFJ)*. https://dieter-baacke-preis.de/ueber-den-preis/was-ist-medienkompetenz/

Bernath, J., Suter, L., Waller, G., Külling, C., Willemse, I. & Süss, D. (2020). *JAMES (Jugend, Aktivitäten, Medien - Erhebung Schweiz). Ergebnisbericht zur JAMES-Studie 2020*. https://www.zhaw.ch/de/psychologie/forschung/medienpsychologie/mediennutzung/james/

Bruns, A. (2008). *Blogs, Wikipedia, Second Life, and beyond: From production to produsage. Digital formations: Vol. 45*. Peter Lang.

Dahinden, U., Kummel, H. & Dalmus, C. (2021). *Ich habe nichts zu verbergen... doch was geschieht mit meinen Daten? (Unterrichtsmaterial und Befragungsinstrumente)*. https://835582-2.web1.fh-htwchur.ch/

Deutschschweizer Erziehungsdirektoren-Konferenz. (2016). *Lehrplan 21 (Bereinigte Fassung vom 29.02.2016. Projektleitung: Francesca Moser, Kathrin Schmocker)*. www.lehrplan.ch

Gründler, L. (2020). *Der Einfluss von Bewusstsein, Wissen und Motivation auf den Umgang mit der Privatheit in der digitalen Welt. (Bachelor-Thesis im Studiengang Information Science der Fachhochschule Graubünden)*. Fachhochschule Graubünden.

Masur, P. K., Teutsch, D. & Trepte, S. (2017). Entwicklung und Validierung der Online-Privatheitskompetenzskala (OPLIS). *Diagnostica, 63*(4), 256–268. https://doi.org/10.1026/0012-1924/a000179

Soicher, R. N., Becker-Blease, K. A. & Bostwick, K. C. P. (2020). Adapting implementation science for higher education research: the systematic study of implementing evidence-based practices in college classrooms. Cognitive research: principles and implications, 5(1), 54. https://doi.org/10.1186/s41235-020-00255-0

Swissuniversities (2018). *P8: Synthese der endgültigen Projekte.* https://www.swissuniversities.ch/fileadmin/swissuniversities/Dokumente/Lehre/191021_Digital_Skills_Synthese_der_endgueltigen_Projekte.pdf

Swissuniversities (2021). *P-8: Stärkung von Digital Skills in der Lehre.* https://www.swissuniversities.ch/themen/digitalisierung/digital-skills

Taddicken, M. (2014). The 'Privacy Paradox' in the Social Web: The Impact of Privacy Concerns, Individual Characteristics, and the Perceived Social Relevance on Different Forms of Self-Disclosure. *Journal of Computer-Mediated Communication, 19*(2), 248–273. https://doi.org/10.1111/jcc4.12052

Theunert, H. (1999). Medienkompetenz: Eine pädagogische und altersspezifisch zu fassende Handlungsdimension. In F. Schell (Hg.), *Reihe Medienpädagogik: Bd. 11. Medienkompetenz: Grundlagen und pädagogisches Handeln.* KoPäd-Verl.

Trepte S., Teutsch, D., Masur, P. K., Eicher, C., Fischer, M., Hennhöfer, A., Lind, F. (2015). Do People Know About Privacy and Data Protection Strategies? Towards the "Online Privacy Literacy Scale" (OPLIS). In: Gutwirth S., Leenes R., de Hert P. (eds) Reforming European Data Protection Law. Law, Governance and Technology Series, vol 20, pp. 333-365. Springer, Dordrecht.

Bot or No Bot? Digital Media Literacy als Governance-Instrument für die Identifikation von und den Umgang mit Social Bots

Stefano Pedrazzi, Franziska Oehmer

Abstract

Während die bisherige Forschung häufig auf Digital Media Literacy als Instrument zur Überwindung individueller sozioökonomischer Ungleichheiten (Digital Divide) fokussiert hat, erweitert dieser Beitrag den Blickwinkel und betrachtet digitale Medienkompetenzen auf der Makroebene als Mittel zur Stärkung der Governance von (potenziell) schädlichen automatisierten Accounts wie Social Bots. Damit dient Digital Media Literacy folglich als Ergänzung zu staatlichen und organisationalen Governance-Massnahmen, um einen gesunden Online-Diskurs zu ermöglichen. Voraussetzung dafür, dass Nutzende eine Ressource in der Bekämpfung potenziell schädlicher Aktivitäten von Social Bots sein können, sind Kenntnisse der Funktions- und Wirkweise von Social Bots, der potenziell von ihnen ausgehenden Gefahren sowie der Handlungsoptionen im Umgang mit ihnen. Dieser Beitrag systematisiert die notwendigen Kompetenzen der Nutzenden nach den drei im Zusammenhang mit Social Bots stehenden Problembereichen – unlimitierte Kommunikations- und Vernetzungsaktivitäten, Vortäuschung menschlicher Identität sowie deren Rolle bei der Verbreitung von widerrechtlichen und/oder nicht wünschenswerten Inhalten. Den Betreibern von sozialen Netzwerken kommt sowohl bei der Gestaltung der Nutzungsbedingungen als auch bei der Vermittlung entsprechender Kenntnisse und damit bei der Ermöglichung einer kompetenten und verantwortungsvollen Nutzung ihrer Kanäle eine entscheidende Rolle zu.

1. Einleitung und Zielstellung

92 Prozent der Schweizer Bevölkerung nutzen das Internet, 80 Prozent auch auf mobilen Geräten und zwei Drittel sind auf sozialen Netzwerken aktiv (Latzer et al., 2020). Diese dienen in zunehmendem Masse auch als

Informationsquelle für politische Sachfragen und Positionen (Newman et al., 2020). Die auf sozialen Plattformen verbreiteten Ansichten und Informationen sind jedoch häufig ungeprüft, nicht unabhängig und fehlerbehaftet: So gelten soziale Medien häufig als Ort der Verbreitung von Desinformationen („Fake News"), Verschwörungstheorien und Diffamierungen (Bessi et al., 2015; Wood, 2018). Automatisierte Softwareagenten wie Social Bots können unter Vorspiegelung einer menschlichen Identität und aufgrund ihrer potenziell unbegrenzten Kommunikations- und Vernetzungsaktivitäten in hohem Masse zur Verbreitung solch schädlicher Informationen beitragen. Als Folge wird ein verzerrter Online-Diskurs angenommen, wie gesellschaftliche Debatten unter Artikelüberschriften wie „Unterwandern Social Bots die Politik" (Hermann, 2018) oder „Wahlkampf mit dem Social Bot" (Ehm, 2019) verdeutlichen und auch wissenschaftliche Studien zum Einfluss von Social Bots in Zusammenhang mit Wahlen, Abstimmungen und gesellschaftlich polarisierenden Themen teilweise aufzeigen (Bessi & Ferrara, 2016; Broniatowski et al., 2018; Caldarelli et al., 2020; Howard & Kollanyi, 2016; Schäfer et al., 2017).

Plattformen wie Facebook oder Twitter und auch staatliche Akteure nehmen sich den im Zusammenhang mit Social Bots bestehenden Herausforderungen zunehmend an: So wurde beispielsweise im aktuellen deutschen Medienstaatsvertrag gemäss § 18 Abs. 3 MStV eine Kennzeichnungspflicht automatisiert erstellter Inhalte oder Mitteilungen implementiert. Twitter hat laut eigenen Angaben eine Software entwickelt, die schädliche automatisierte Nutzeraccounts löscht oder in einen „Read-only"-Status versetzt, der dem Account die Interaktion mit anderen Nutzenden oder Tweets verunmöglicht, bis der entsprechende Account sich beispielsweise durch eine Telefonnummer identifizieren kann (Roth & Harvey, 2018; Roth & Pickles, 2020). Diese Massnahmen zeitigen jedoch nicht immer den gewünschten Erfolg: Die schiere Masse von Social Bots und ihre komplexer werdenden Aktivitätsmuster erschweren die zweifelsfreie Identifikation durch Software oder menschliche Moderation. Folglich kann das Agieren von Social Bots auf sozialen Plattformen dadurch lediglich reduziert, aber wahrscheinlich nicht vollkommen eingestellt werden. Um die Wirkmacht von Social Bots weiter einzugrenzen, können Nutzende eine wichtige Ressource darstellen. Dafür benötigen sie aber Kenntnisse über soziale Netzwerke sowie über Merkmale und die Funktionsweise automatisierter Accounts. So kann erstens sichergestellt werden, dass von Social Bots verbreitete, kommentierte oder gelikte Inhalte potenziell nicht dasselbe Gewicht zugesprochen wird wie Aktivitäten menschlicher Nutzender. Zweitens können sich Nutzende mit diesen Fähigkeiten und diesem Wissen an der Identifikation und Meldung von automatisierten Accounts beteilen und so selbst einen Beitrag für einen gesunden Online-Diskurs leisten.

Ziel des vorliegenden Beitrags ist es zum einen, mögliche Governance-Optionen aus Nutzendenperspektive für die Identifikation von und im Umgang mit Social Bots zu identifizieren. Zum anderen sollen die zur Umsetzung dieser Governance-Optionen notwendigen digitalen Medienkompetenzen diskutiert werden. Der Beitrag nimmt damit innerhalb der Digital-Media-Literacy-Forschung einen neuen Blickwinkel ein: Anders als bisher, wird hier Digital Media Literacy nicht nur als Instrument verstanden, um auf der Mikroebene bestehende Wissensklüfte und eine daraus resultierende Chancenungleichheit zu überwinden (DiMaggio et al., 2001; Van Deursen & Van Dijk, 2011). Stattdessen wird Digital Media Literacy als Mittel der Media Governance konzipiert, das dazu beitragen kann, auf der Makroebene einen förderlichen Online-Diskurs zu ermöglichen.

Zunächst werden hierfür Social Bots definiert und ihre Funktionsweise dargestellt. Darauf folgt ein Überblick über diskutierte oder bereits etablierte staatliche oder organisationale Governance-Optionen zum Umgang mit Social Bots. Der Fokus des Beitrags richtet sich dann auf die Möglichkeiten, die Nutzende zur Identifikation und zum Umgang mit Social Bots haben sowie auf die hierfür notwendigen Kenntnisse und Fähigkeiten. Der Beitrag stützt sich dabei auf Ansätze der Digital Media Literacy (Hargittai & Micheli, 2019; Livingstone & van der Graaf (2010); Van Deursen & Van Dijk, 2011).

2. Social Bots: Definition, Funktionsweise und Herausforderungen

Social Bots lassen sich als Computeralgorithmen definieren, die unter Vortäuschung menschlicher Identität sowie Nachahmung menschlichen Verhaltens in Online-Umgebungen automatisch Inhalte produzieren, verbreiten und mit anderen Nutzenden – darunter sowohl menschliche Nutzende als auch andere Bots – interagieren, mit dem Ziel, Meinungen oder Verhalten zu beeinflussen (Ferrara et al., 2016; Stieglitz et al., 2017). Um die von ihren Auftraggebenden gesetzten (und zumeist politisch oder ökonomisch motivierten) Ziele zu verfolgen, stehen Social Bots je nach Programmierung unterschiedliche Möglichkeiten der Datenverarbeitung zur Verfügung: So sind trivialere Social Bots in der Lage, in ihrer Online-Umgebung grundlegende Aktivitäten auszuüben (z. B. Accounts folgen) und auf definierte Signale (u. a. Nachricht eines bestimmten Absenders oder Verwenden eines spezifischen Hashtags) mit einer vorgegebenen Interaktion (z. B. mit einem Like versehen oder Veröffentlichung einer vorbestimmten Botschaft) zu reagieren. Dabei sind sie oft so programmiert, dass sie – alleine oder in einem Verbund von Social Bots – ein möglichst hohes Aktivitätsvolumen anstreben und, um menschliches Verhalten vorzutäuschen, entweder nach einem vordefinierten (z. B. während der klassischen Arbeitszeiten) oder zufälligen Zeitplan aktiv sind (Kruschinski et al., 2019). Weiterentwickelte Social Bots verfügen dank Fortschritten in der Datenverarbeitung, im maschinellen Lernen (ML) und in der künstlichen Intelligenz (KI) über ein anspruchsvolles Repertoire an Handlungs- und Anpassungsmöglichkeiten zur Simulation menschlichen Verhaltens und zur Bildung von Publika in sozialen Netzwerken: Moderne Natural-Language-Processing-Modelle ermöglichen Social Bots, das Internet nach Informationen zu durchforsten und diese für das Generieren von thematisch und sinnig passenden Beiträgen zu verwenden, um sich beispielsweise an Diskussionen zu beteiligen (Brown et al., 2020). Darüber hinaus können sie so programmiert werden, dass sie zeitliche Muster der menschlichen Kommunikation und Vernetzung glaubhaft nachahmen (Ferrara et al., 2016).

Bereits die Identifikation von trivialen Social Bots stellt eine grosse Herausforderung dar. Im Falle weiterentwickelter Social Bots mit elaborierteren Aktivitätsmustern und aufgrund der Existenz hybrider (beispielsweise Trolle) und hyperaktiver Profile (von Menschen gesteuerte Accounts mit sehr hohem Aktivitätsvolumen) sowie fliessender Grenzen zwischen diesen Profilformen ist dies ohne umfassende Ressourcen kaum noch zu leisten. Wissenschaftliche Studien setzen oft eigens dafür entwickelte und auf ML-Algorithmen basierende Identifikationsprogramme ein, die anhand von Profil-, Netzwerk- und Verhaltensdaten eine Wahrscheinlichkeit berechnen, dass es sich bei einem Profil um einen vollständig automatisierten Account handelt (Davis et al., 2016; Ferrara et al., 2016). Entsprechende Erkennungssoftware – beispielsweise der Botometer (Davis et al., 2016; Varol et al., 2017) – steht grundsätzlich allen Interessierten offen und frei zur Verfügung. Allerdings wird die Validität der Angaben solcher Erkennungsprogramme aufgrund zahlreich nachgewiesener falscher Positive (Profil als Bot identifiziert, aber in Wahrheit kein Bot) und falscher Negative (d. h. Bot nicht erkannt) in Frage gestellt (Cresci et al., 2017; Grimme et al., 2018; Rauchfleisch & Kaiser, 2020). Die Gründe dafür liegen unter anderem im eingeschränkten Zugang zu Daten, einer fehlenden einheitlichen Definition bezüglich der charakteristischen Merkmale von Social Bots und deren stetige Weiterentwicklung, welche die Identifikation zu einem fortdauernden Katz-und-Maus-Spiel machen (Cresci, 2020; Hegelich & Thieltges, 2019; Kruschinski et al., 2019).

Obwohl ein Einsatz von Social Bots in sehr unterschiedlichen Online-Umgebungen möglich ist, sind es insbesondere die folgenden Entwicklungen in der öffentlichen Kommunikation sowie technologischen Charakteristika von sozialen Netzwerken, die sie zu einer geeigneten und attraktiven Umgebung für Social Bots machen:

- die zunehmende Nutzung und Relevanz als Informations- und Nachrichtenquelle (Newman et al., 2020);
- zur Teilnahme einladende und eine hohe Anzahl Nutzende anvisierende Nutzungsbedingungen ohne Klarnamen- und Identifikationspflicht, was gleichzeitig dazu führt, dass es sich für den/die Durchschnittsnutzer:in bei vielen Teilnehmenden um Unbekannte handelt, deren Identität nicht gewährleistet und zweifelsfrei überprüfbar ist (Oehmer & Pedrazzi, 2020);
- der Zugang über ein Application Programming Interface (Gorwa & Guilbeault, 2020; Howard et al., 2018);
- die Netzwerkarchitektur und die damit verbundene vernetzende Logik (van Dijck et al., 2018);
- die auf Daten und Algorithmen basierende Selektions- und Empfehlungslogiken, die u. a. Eigenschaften von Nutzenden (z. B. Anzahl Follower) und Botschaften sowie Interaktionen (z .B. Anzahl Likes) berücksichtigen (Just & Latzer, 2017; Papakyriakopoulos et al., 2020)

Dabei entfalten Social Bots ihr Wirkungspotenzial, indem sie dank der Automatisierung in der Lage sind, Popularitätsindikatoren von Profilen und Inhalten zu manipulieren sowie zur Steigerung derer Reichweite beizutragen, was potenziell sowohl die Wahrnehmung von Nutzeraccounts, Themen und Positionen, als auch die algorithmische Selektionslogik beeinflussen kann (Papakyriakopoulos et al., 2020; Porten-Cheé et al., 2018; Shao et al., 2018). Das Eintreten einer beabsichtigten Wirkung bedingt allerdings, dass die Existenz von Social Bots und die ihren Aktivitäten inhärente Täuschungsabsicht durch staatliche Akteure und Betreiber von sozialen Netzwerken nicht verhindert und durch Nutzende nicht erkannt werden. Studien, welche die Wahrnehmung und das Verhalten von Nutzenden im Umgang mit automatisierten Kommunikationsagenten und von ihnen produzierten Inhalten untersucht haben, liefern Hinweise dafür, dass sich Menschen mit der Unterscheidung von menschlichen und automatisierten Nutzenden schwer tun (Edwards et al., 2016; Edwards et al., 2014; Jung et al., 2017).

Social Bots verfügen aufgrund ihrer Eigenschaften und im Zusammenspiel mit technologischen Charakteristika der sozialen Netzwerke sowie gekoppelt mit der individuellen Empfänglichkeit seitens der Nutzenden über das Potenzial, Meinungs- und Willensbildungsprozesse beeinflussen zu können. Als zentral lassen sich dabei folgende drei Problembereiche als ursächlich bezeichnen (Oehmer & Pedrazzi, 2020):

- Das Verbreiten von widerrechtlichen und/oder nicht wünschenswerten Inhalten
- unter Vortäuschung menschlicher Identität
- mittels potenziell uneingeschränkten Kommunikations- und Vernetzungsaktivitäten.

3. *Governance-Optionen im Umgang mit Social Bots*

Um diesen komplexen Herausforderungen zu begegnen, ist ein Zusammenspiel verschiedener Akteure und Social-Bot-spezifischer oder für Social Bots anwendbare, generell geltende Massnahmen notwendig: Erstens bedarf es Massnahmen seitens staatlicher Behörden und Institutionen, die mittels gesetzgeberischer Verfahren und/oder strafrechtlicher Verfolgung den schädlichen Aktivitäten von Social Bots Grenzen setzen können. Dazu zählen beispielsweise Bot-Disclosure-Regularien, wie sie u. a. im deutschen Medienstaatsvertrag § 18(3) verankert sind, welche die Kennzeichnung von automatisierten Accounts auf sozialen Netzwerken verpflichtend machen oder die Verfolgung bspw. volksverhetzender oder gefährdender Inhalte und Accounts durch Polizei und Staatsanwaltschaft[1].

Nicht auch zuletzt aufgrund zunehmenden öffentlichen und politischen Drucks haben, zweitens, Plattformbetreiber in jüngster Zeit zunehmend präventive und repressive Massnahmen implementiert, um den Diskurs in ihren Netzwerken von schädlichen Einflüssen von Social Bots, aber auch von anderen hybriden oder hyperaktiven Profilen, zu befreien: So untersagen soziale Netzwerke wie Twitter oder Facebook in ihren Nutzungsbedingungen[2] den Gebrauch ihrer Dienste mit der Absicht, Andere irrezuführen. Weiter investieren sie zunehmend Ressourcen in das Beobachten, Prüfen und gegebenenfalls Löschen von Nutzerkonten mit verdächtigem Aktivitätsprofil (Roth & Harvey, 2018; Roth & Pickles, 2020) oder in die automatisierte und manuelle Content Moderation zur Verhinderung bzw.

---

1 Die strafrechtliche Verfolgung der Urheber entsprechender Inhalte beschränkt sich nicht auf automatisierte Accounts, sondern gilt auch für jegliche andere Profilinhaberinnen und -inhaber.
2 Vgl.: https://help.twitter.com/en/rules-and-policies/twitter-rules; https://de-de.faceb ook.com/legal/terms

Entfernung widerrechtlicher und schädigender Inhalte. Während solche Interventionen beabsichtigen, schädliche Aktivitäten von Social Bots zu limitieren, sind auch Massnahmen denkbar, die dazu beitragen sollen, die Informationsqualität in einem sozialen Netzwerk generell zu fördern, indem beispielsweise Empfehlungsalgorithmen zugunsten qualitativ hochwertiger Inhalte geprüfter Urheber angepasst werden (für einen Überblick über staatliche und organisationale Massnahmen siehe Oehmer & Pedrazzi, 2020).

Solche staatlichen und organisationalen Massnahmen bilden zwar die Grundlage für die Governance von (potenziell) schädlichen Einflüssen durch Social Bots. Sie allein sind jedoch weder geeignet noch dazu in der Lage, täuschende, irreführende, diffamierende oder anderweitig nicht-wünschenswerte Inhalte und Nutzerkonten (frühzeitig) zu identifizieren, sperren oder löschen und damit potenziell schädigende Aktivitäten von Social Bots zu unterbinden. Denn eine zweifelsfreie Identifikation automatisierter Accounts ist bereits zum aktuellen Zeitpunkt nahezu unmöglich. Mit der Zunahme der technologischen Komplexität und Weiterentwicklungen im Bereich der KI ist davon auszugehen, dass die Identifikation noch weiter erschwert werden wird. Zudem ist auch die allein im Verantwortungsbereich der sozialen Plattformen verankerte Moderation nicht nur anfällig für Fehler, sondern bedeutet eine Privatisierung von Entscheidungen, die im Hinblick auf die Meinungsfreiheit als nicht wünschenswert angesehen werden muss (Helberger et al., 2018; Langvardt, 2018).

4. Die Bedeutung der Nutzenden für die Governance von Social Bots

Für die wirksame Anwendung, Implementation und Durchsetzung von Massnahmen gegen schädigende Social-Bot-Aktivitäten ist daher ein kompetenter Nutzender von besonderer Relevanz, der Social Bots (a) erkennt oder zumindest mit ihren Aktivitäten und Täuschungsabsichten rechnet, (b) sein Nutzerverhalten danach ausrichtet (und deren Inhalte nicht ohne weitere Prüfung teilt, likt, als für die Meinungsbildung relevant einstuft etc.) und (c) gegebenenfalls sogar schädliche Aktivitäten bei Plattformen oder Strafverfolgungsbehörden meldet.

Voraussetzung hierfür ist jedoch, dass Nutzende um die Funktions- und Wirkweise, von den (potenziellen) Gefahren im Zusammenhang und Handlungsoptionen im Umgang mit Social Bots wissen und damit über die entsprechend nötige Digital Media Literacy verfügen. Konkret bedarf es dafür folgender fünf der zehn von Hargittai und Micheli (2019) identifizierter Kompetenzen, die für eine effektive und effiziente Nutzung des Internets und von sozialen Netzwerken als essenziell erachtet werden:

- „Awareness of what is possible", worunter Fähigkeiten verstanden werden, die darauf abzielen, Funktionen von Diensten nach den eigenen Wünschen und Bedürfnissen zu konfigurieren;
- „The ability to find and evaluate information", was zusätzlich zum Finden von Informationen eine Reihe weiterer Fähigkeiten inkludiert, wie z. B. Einschätzungen bezüglich der Glaubwürdigkeit, Vollständigkeit und Qualität des Inhalts und der Quelle;
- „Understanding and managing privacy", womit unter anderem das Verwalten von Einstellungen zum eigenen Schutz und zum Schutz anderer gemeint ist, auch im Zusammenhang mit Täuschungsversuchen;
- „Participation through content creation and sharing", wozu nicht nur Text-, Audio- oder Videobeiträge, sondern auch Interaktionen in Form von Likes, Teilen, etc. zählen;
- „Awareness of how algorithms influence what people see", womit neben dem Bewusstsein, dass Algorithmen in sozialen Netzwerken Inhalte nach bestimmten Logiken auswählen und empfehlen, auch Handlungsweisen gemeint sind, die einem erlauben, solche Phänomene zu berücksichtigen und (teilweise) zu umgehen.

Nachfolgend werden die Handlungsoptionen von Nutzenden im Zusammenhang mit potenziell schädigenden Social-Bot-Aktivitäten und unter Berücksichtigung der jeweils notwendigen Kompetenzen vorgestellt und diskutiert. Die Darstellung der Handlungsoptionen erfolgt dabei unter Berücksichtigung der drei spezifischen Problembereiche – Verbreitung widerrechtlicher und/oder nicht wünschenswerter Inhalte, Vorspiegelung falscher menschlicher Identität sowie potenziell unbegrenzte Kommunikations- und Vernetzungsaktivität (Oehmer & Pedrazzi, 2020).

5. Notwendige Kompetenzen zur Governance von Social Bots

Um einen limitierenden Effekt bei der Verbreitung *widerrechtlicher und/ oder nicht wünschenswerter Inhalte* durch Social Bots zu erzielen, spielen die Fähigkeiten, Informationen zu finden und zu evaluieren, das Bewusstsein dafür, wie man mit dem eigenen Handeln dazu beiträgt, dass (und gegebenenfalls wie) sich Inhalte in sozialen Netzwerken verbreiten sowie Kenntnisse über zur Verfügung stehende Handlungsoptionen eine wichtige Rolle. In Zusammenhang mit Falschnachrichten erweist sich eine höhere Information Literacy als hilfreich bei deren Erkennung (Guess et al., 2020; Jones-Jang et al., 2019). Ein von den grossen sozialen Netzwerken weitgehend implementiertes Instrument bildet das Meldeverfahren, das Nutzenden die Möglichkeit bietet, illegale Inhalte direkt innerhalb der Plattform zu melden. Damit können Nutzende im Sinne kooperativer Arbeitsteilung und Verantwortung eine bedeutende Ressource im Kampf gegen die Verbreitung illegaler Inhalte und Desinformation darstellen, da es für die (algorithmenbasierte) Verbreitung von Inhalten einen Unterschied macht, ob sie Nutzenden lediglich angezeigt, von Nutzenden mit einer positiven Reaktion (z. B. Like, Klick) versehen, von diesen mittels einer Meldung negativ sanktioniert werden (Helberger et al., 2018). Allerdings bedarf es hierfür nicht nur der Kenntnis über das Vorhandensein und der Nutzung eines entsprechenden Meldeverfahrens, sondern auch weitreichender Kenntnisse in der kritischen Beurteilung von Informationen und Quellen sowie der Wirkmechanismen von Social Bots. Shao et al. (2018) konnten nachweisen, dass Social Bots gezielt zur Verzerrung von Popularitätsindikatoren und zur Förderung der Diffusion von Falschnachrichten unmittelbar nach deren Veröffentlichung eingesetzt werden, auch um dadurch eine Form der Validierung vorzutäuschen, was die Überprüfung von Inhalten für Nutzende zusätzlich erschwert. Besonders heikel für Nutzende in Zusammenhang mit widerrechtlichen Inhalten ist die Tatsache, dass sich schon Interaktionen wie z.B. Likes als eigenständige Meinungsäusserungen qualifizieren und etwaigen rechtlichen Sanktionen unterliegen können (Koltay, 2019). Erschwerend kommen auch noch abweichende Definitionen hinsichtlich der Legalität von Inhalten in unterschiedlichen Jurisdiktionen hinzu.

Die Erkennung von automatisierten, eine *menschliche Identität vortäuschenden Profilen* ist schon für Plattformbetreiber und Forschende eine äusserst komplexe und mit viel Unsicherheit verbundene Aufgabe – umso mehr trifft dies auf durchschnittliche Nutzende im Rahmen ihrer alltäglichen Nutzung von sozialen Netzwerken zu. In Abwesenheit zuverlässiger und alltagstauglicher Identifikationsprogramme benötigen Nutzende, damit sie potenziell schädliches Handeln von Social Bots limitieren können, einerseits ein Bewusstsein für deren Existenz und Funktionsweise, andererseits mögliche Strategien zur Vorbeugung des Identitätsbetrugs und Minimierung des Risikos der Täuschung durch Social Bots. Eine Reihe von Studien (Bastos & Mercea, 2019; Ferrara, 2017; Shao et al., 2018; Stella et al., 2018) legt beispielsweise nahe, dass Social Bots so programmiert sind, dass sie gezielt menschliche Nutzende in Beiträgen erwähnen und mit ihnen verlinken, um dadurch auch eine Form von Validierung anzustreben, die nur erfolgen kann, wenn Nutzende dies zulassen. Dafür erforderlich sind für jedes einzelne von ihnen genutzte soziale Netzwerk Kenntnisse über mögliche Profileinstellungsoptionen sowie über deren Verwaltung zum Schutz der eigenen Daten und Identität, zumal soziale Netzwerke eher öffentliche Standardeinstellungen vorgeben (Hargittai & Micheli, 2019). In der Tendenz bedeutet das eine restriktivere Verwaltung der Einstellungen, was sich eher negativ auf die Grösse des eigenen Netzwerks, aber entsprechend auch der Anzahl Verbindungen und folglich der Reichweite von Social Bots auswirken kann. Ausserdem sind auch in Zusammenhang mit der Vortäuschung menschlicher Identität kritische Fähigkeiten bei der Evaluation von Quellen und Inhalten von Vorteil. Ähnlich wie im Zusammenhang mit widerrechtlichen Inhalten und davon abhängig, ob ein Meldeverfahren auch die Meldung verdächtiger Profile vorsieht, sind Kenntnisse über dessen Vorhandensein und Nutzungsweise erforderlich.

Der Umgang mit automatisierten und damit *potenziell unlimitierten Aktivitäten* von einzelnen und in Verbünden operierenden Social Bots stellt, da Täuschungsabsichten auf Skalierung treffen, für die Nutzenden die grösste Herausforderung dar. Was für die Überprüfung der Authentizität eines einzelnen Profils gilt, ist auf einer grösseren Skala, beispielsweise bei der Überprüfung von möglicherweise durch Social Bots verzerrte Popularitätsindikatoren, ein nahezu unmögliches Unterfangen. Popularitätsindikatoren, aber auch Erwähnungen oder Verlinkungen, dienen u. a. als Grundlage für die Wahrnehmung und Bewertung von Inhalten und Profilen, können sich auf deren Verarbeitung auswirken sowie zu einem Validierungstransfer beitragen (Porten-Cheé et al., 2018). Andererseits können sie aber auch einen Einfluss auf Empfehlungsalgorithmen ausüben (Papakyriakopoulos et al., 2020). Damit Nutzende dazu beitragen können, das Potenzial von Social Bots durch deren uneingeschränkten Kommunikations- und Vernetzungsaktivitäten zu limitieren, benötigen sie Kenntnisse darüber, nach welcher Logik soziale Netzwerke und ihre Empfehlungsalgorithmen operieren, wie Social Bots damit interagieren können und wie sie Informationen und Quellen überprüfen und beurteilen können. Ausserdem ist ein Bewusstsein dafür erforderlich, dass Nutzende mit ihrem eigenen Handeln und speziell mit Interaktionen wie Likes, etc. dazu beitragen, wie Positionen und Profile wiederum von anderen Nutzenden wahrgenommen werden und sich Inhalte verbreiten.

6. Erwerb von Digital Media Literacy für die Governance von Social Bots

In Anbetracht der zunehmenden Bedeutung sozialer Netzwerke im Alltag der Nutzenden und der Tatsache, dass Nutzende eine wertvolle Ressource in der Bekämpfung potenziell schädlicher Aktivitäten von Social Bots sein können, kommt den Betreibern von sozialen Netzwerken eine wichtige Rolle bei der Ermöglichung einer kompetenten und verantwortungsvollen Nutzung ihrer Kanäle zu. Dazu tragen sie durch die Gestaltung der Nutzungsbedingungen und Optionen für die einfache und sichere Verwaltung von Einstellungen, durch die Schaffung eines Bewusstseins für die Funktionsweise algorithmenbasierter Selektionsoperationen und Transparenz diesbezüglich sowie durch die Vermittlung von Kompetenzen für den kritischen Umgang mit Inhalten und Quellen bei.

Zu diesen Themen gibt es zwar online zahlreiche Dokumente und Informationen, wie sie beispielsweise auch das Informationsportal zur Förderung von Medienkompetenzen *Jugend und Medien*[3] des Bundesamts für Sozialversicherung der Schweizerischen Eidgenossenschaft für Jugendliche, Erwachsene und Lehrpersonen zur Verfügung stellt. Seltener sind hingegen noch Bemühungen, die einen spielerischen Ansatz wählen, um Nutzenden einen sinnvollen Umgang mit im Internet lauernden Herausforderungen und Gefahren beizubringen: Dazu zählen z.B. *Interland*[4] von Google, das im Kleid eines Jump&Run-Spiels Grundlagen der digitalen Verantwortung und Selbstverwaltung lehrt; *Troll Factory*[5] der finnischen Service-Public-Organisation Yle, dessen Ziel darin besteht, „to illustrate how fake news, emotive content and bot armies are utilized to affect moods, opinions and decision-making"; oder *Fakey*[6] der Indiana University, mittels dessen Nutzende lernen können, Falschnachrichten zu erkennen.

Unbeantwortet bleibt die Frage, wie eine breite Mehrheit der Nutzenden digitale Kompetenzen erwerben kann, da die Nutzung der zuvor vorgestellten Lehrangebote Eigeninitiative und Motivation bedingen und mit Aufwand verbunden sind, jedoch keine Bedingung für die Nutzung sozialer Netzwerke darstellen. Betreiber von sozialen Netzwerken könnten beispielsweise in Betracht ziehen, derartige Lerninstrumente als Challenge Response Tests einzusetzen, mit denen sie beispielsweise gleichzeitig die menschliche Identität eines Nutzenden beim Anmeldeprozess feststellen und die Digital Literacy der Nutzenden stärken könnten.

---

3 Vgl.: www.jugendundmedien.ch
4 Vgl.: beinternetawesome.withgoogle.com/en_us/interland
5 Vgl.: trollfactory.yle.fi
6 Vgl.: fakey.iuni.iu.edu

7. Zusammenfassung und Fazit

In der Öffentlichkeit und in wissenschaftlichen Diskursen wird das schädigende Potenzial von Social Bots für Online-Diskurse und Meinungsbildungsprozesse, insbesondere aufgrund der Automatisierung, die prinzipiell 1) unlimitierte Kommunikations- und Vernetzungsaktivitäten ermöglicht, 2) der Vortäuschung menschlicher Identität und deren Rolle bei der 3) Verbreitung von widerrechtlichen und/oder nicht wünschenswerten Inhalten, zunehmend thematisiert. Auch wenn derzeit die grosse Mehrheit der Social Bots noch mit eher trivialeren Fähigkeiten ausgestattet ist, stellt deren zuverlässige Identifikation eine äusserst komplexe Herausforderung dar. Zudem können auch bereits vergleichsweise simple Social Bots beispielsweise dazu eingesetzt werden, um Popularitätsindikatoren und dadurch auch die Wahrnehmung von Themen und Personen zu beeinflussen sowie die Reichweite von Falschnachrichten zu vergrössern. Angesichts der grösser werdenden Bedeutung von sozialen Netzwerken als Informationsquelle und für den Meinungsbildungsprozess stellen Social Bots damit (potenziell) eine Gefahrenquelle für einen gesunden Online-Diskurs dar.

Regulierungsbehörden und Betreiber von sozialen Netzwerken stehen dabei vor der Herausforderung, dass sie alleine nicht in der Lage sind, diesen Problemen wirksam zu begegnen. Sie sind dafür auf kompetente und verantwortungsvolle Nutzende angewiesen, welche die Funktions- und Wirkweise von Social Bots, die potenziell von ihnen ausgehenden Gefahren sowie Handlungsoptionen im Umgang mit ihnen kennen. Voraussetzung hierfür ist jedoch, dass Nutzende über Wissen und entsprechende Kompetenzen verfügen bzw. diese erwerben können.

Im vorliegenden Beitrag wurden die notwendigen Kompetenzen und Fähigkeiten der Nutzenden systematisiert, nach den drei im Zusammenhang mit Social Bots stehenden Problembereichen vorgestellt sowie bereits implementierte oder mögliche Optionen zur Ausbildung dieser Fähigkeiten diskutiert (für eine Übersicht siehe Tabelle 1). Es wird argumentiert, dass Digital Media Literacy nicht nur, wie bisher vor allem in der Literatur diskutiert, dazu dienen kann, individuelle sozioökonomische Ungleichheiten, die durch die Online-Nutzung und dadurch gemachte Erfahrungen entstehen können, zu vermeiden (Hargittai & Micheli, 2019), sondern auch als Mittel zur Stärkung der Governance von Social Bots durch Nutzende und folglich als Ergänzung zu staatlichen und organisationalen Governance-Massnahmen fungiert. Nutzende können demzufolge als zentraler Baustein in der Bekämpfung eines schädlichen und ungesunden Online-Diskurses angesehen werden.

Tabelle 1: Notwendige Nutzerkompetenzen zur Governance von Social Bots

Problembereiche von Social Bots	Notwendige Kompetenzen im Bereich Digital Media Literacy	Optionen und Praxisbeispiele zur Ausbildung der Kompetenzen
Verbreitung widerrechtlicher bzw. nicht wünschenswerter Inhalte	• Kenntnisse des Vorhandenseins und der Nutzungsmodi eines Meldeverfahrens • Kritische Beurteilung von Informationen und Quellen • Kenntnisse der Wirkmechanismen von Social Bots	Öffentliche und/oder staatliche Stellen: • Zur Verfügung stellen von Informationsmaterial über Funktionsweise von sozialen Netzwerken, Social Bots und widerrechtlichen Informationen Soziale Plattformen und Tech-Intermediäre: • Transparenz über Funktionsweise der Plattform zur Verfügung stellen • Inhalte erstellen, die Kompetenzen und Wissen (spielerisch) vermitteln (bspw. Internetland, Troll Factory, Fakey) und diese ggf. für die Nutzung der Plattform obligatorisch machen
Vortäuschen einer menschlichen Identität	• Kenntnisse der Profileinstellungsoptionen sowie deren Verwaltung zum Schutz der eigenen Daten und Identität • Kritische Beurteilung von Informationen und Quellen • Kenntnisse des Vorhandenseins und der Nutzungsmodi eines Meldeverfahrens	
Unbegrenzte Kommunikations- und Vernetzungsaktivität	• Kenntnisse der Logik, nach der die soziale Netzwerke und ihre Empfehlungsalgorithmen operieren und wie Social Bots damit interagieren können • Kritische Beurteilung von Informationen und Quellen • Bewusstsein dafür, dass Nutzende mit ihrem eigenen Handeln und speziell mit Interaktionen wie Likes, etc. dazu beitragen, wie Positionen und Profile von anderen Nutzenden wahrgenommen werden und wie sich Inhalte verbreiten	

Voraussetzung hierfür ist, dass Nutzende sich die entsprechenden Fähigkeiten und Kompetenzen aneignen (können). Dies ist jedoch nicht immer im gewünschten Masse möglich. Zu berücksichtigen sind dabei folgende Hürden:

1. Nutzende sollten grundsätzlich *motiviert und interessiert* sein, sich die notwendigen Fähigkeiten anzueignen und sich auch à jour zu halten – vor allem auch vor dem Hintergrund, dass aufgrund von Fortschritten in der KI sowohl Aktivitätsmuster und Handlungsmöglichkeiten von Social Bots als auch deren Identifikation weiter an Komplexität zunehmen werden. Dies kann mit Blick auf die knappen Zeitressourcen vieler Nutzenden nicht immer als gegeben angenommen werden.

2. Nutzende, die motiviert sind, sich diese Kompetenzen anzueignen, sind auf leicht *zugängliche, glaubwürdige und verständliche Informationen* angewiesen, die bestehende (beispielsweise altersbedingte) Differenzen in den Kompetenzen berücksichtigen. Hier sind v. a. staatliche bzw. öffentliche Institutionen und die Plattformbetreiber selbst in der Pflicht. Möglich wären zum Beispiel durch die Plattformen zur Verfügung gestellte (und allenfalls für die Nutzung der Plattform verpflichtende) kurze Informationseinheiten und Wissenstests.

3. Staatliche bzw. öffentliche Institutionen benötigen zur Zusammenstellung und Aufbereitung solcher Informationsmaterialien das entsprechende Technik- und IT-Knowhow, das nicht immer verfügbar ist bzw. nicht immer dem *State-of-the-Art* entspricht. Zudem sind sie auf die Kooperation der Plattformen angewiesen, die Transparenz über ihre jeweilige Funktionsweise herstellen müssen.

4. Um das gewünschte Resultat eines gesunden Online-Diskurses zu erreichen, ist es notwendig, dass nicht nur wenige Nutzende über diese Kompetenzen verfügen, sondern möglichst eine kritische Masse damit ausgestattet ist.

Den Plattformbetreibern kommt generell bei der Herstellung einer „balance between emancipation and protection" (Livingstone & Lunt, 2011, S. 180) der Nutzenden eine besondere Verantwortung zu. Mit der Gestaltung der Nutzungsbedingungen können sie das sichere Verwalten von Profileinstellungen vereinfachen oder erschweren, aber auch die Existenz von Social Bots ermöglichen oder verhindern. Indem sie Transparenz über algorithmenbasierte Operationen schaffen, können sie dazu beitragen, dass die Nutzenden Selektions- und Empfehlungslogiken besser verstehen sowie Täuschungs- und Manipulationsversuche durch Social Bots bei der Bewertung von Informationen und bei der Meinungsbildung zu berücksichtigen lernen. Und indem sie Meldeverfahren auf ihren Plattformen zur

Verfügung stellen und (beispielsweise in Kooperation mit Bildungseinrichtungen und Service-Public-Organisationen) innovative Angebote entwickeln, welche Nutzenden auf spielerische Weise ermöglichen, Medienkompetenzen in Zusammenhang mit der kritischen Beurteilung von Inhalten und Quellen zu erwerben, können sie einen Beitrag dazu leisten, die Nutzenden als Ressource im Kampf gegen potenziell schädliche Aktivitäten von Social Bots für sich zu gewinnen.

Literatur

Bastos, M. T., & Mercea, D. (2019). The Brexit Botnet and User-Generated Hyperpartisan News. *Social Science Computer Review, 37*(1), 38-54. doi:10.1177/0894439317734157

Bessi, A., Coletto, M., Davidescu, G. A., Scala, A., Caldarelli, G., & Quattrociocchi, W. (2015). Science vs Conspiracy: Collective Narratives in the Age of Misinformation. *PLOS ONE, 10*(2), e0118093. doi:10.1371/journal.pone.0118093

Bessi, A., & Ferrara, E. (2016). Social bots distort the 2016 US Presidential election online discussion. *First Monday, 21*(11). doi:10.5210/fm.v21i11.7090

Broniatowski, D. A., Jamison, A. M., Qi, S., AlKulaib, L., Chen, T., Benton, A., . . . Dredze, M. (2018). Weaponized Health Communication: Twitter Bots and Russian Trolls Amplify the Vaccine Debate. *American Journal of Public Health, 108*(10), 1378-1384. doi:10.2105/ajph.2018.304567

Brown, T. B., Mann, B., Ryder, N., Subbiah, M., Kaplan, J., Dhariwal, P., . . . Amodei, D. (2020). Language Models are Few-Shot Learners. *arXiv e-prints*, arXiv:2005.14165. Retrieved from https://ui.adsabs.harvard.edu/abs/2020arXiv200514165B

Caldarelli, G., De Nicola, R., Del Vigna, F., Petrocchi, M., & Saracco, F. (2020). The role of bot squads in the political propaganda on Twitter. *Communications Physics, 3*(1). doi:10.1038/s42005-020-0340-4

Cresci, S. (2020). A decade of social bot detection. *Commun. ACM, 63*(10), 72–83. doi:10.1145/3409116

Cresci, S., Di Pietro, R., Petrocchi, M., Spognardi, A., & Tesconi, M. (2017). *The paradigm-shift of social spambots: Evidence, theories, and tools for the arms race.* Paper presented at the Proceedings of the 26th International Conference on World Wide Web Companion.

Davis, C. A., Varol, O., Ferrara, E., Flammini, A., & Menczer, F. (2016). *BotOrNot: A System to Evaluate Social Bots.* Paper presented at the Proceedings of the 25th International Conference Companion on World Wide Web, Montréal, QC.

DiMaggio, P., Hargittai, E., Neuman, W. R., & Robinson, J. P. (2001). Social Implications of the Internet. *Annual Review of Sociology, 27*(1), 307-336. doi:10.1146/annurev.soc.27.1.307

Edwards, C., Beattie, A. J., Edwards, A., & Spence, P. R. (2016). Differences in perceptions of communication quality between a Twitterbot and human agent for information seeking and learning. *Computers in Human Behavior, 65,* 666-671. doi:doi.org/10.1016/j.chb.2016.07.003

Edwards, C., Edwards, A., Spence, P. R., & Shelton, A. K. (2014). Is that a bot running the social media feed? Testing the differences in perceptions of communication quality for a human agent and a bot agent on Twitter. *Computers in Human Behavior, 33,* 372-376. doi:doi.org/10.1016/j.chb.2013.08.013

Ehm, S. (2019, 13.04.2019). Wahlkampf mit dem Social Bot. *ZDF Online.* Retrieved from https://www.zdf.de/nachrichten/heute/interview-mike-preuss-social-bots-zd fcheck-100.html

Ferrara, E. (2017). Disinformation and social bot operations in the run up to the 2017 French presidential election. *First Monday, 22*(8). doi:doi.org/10.5210/fm.v22i8.8005

Ferrara, E., Varol, O., Davis, C., Menczer, F., & Flammini, A. (2016). The rise of social bots. *Commun. ACM, 59*(7), 96-104. doi:10.1145/2818717

Gorwa, R., & Guilbeault, D. (2020). Unpacking the Social Media Bot: A Typology to Guide Research and Policy. *Policy & Internet, 12*(2), 225-248. doi:10.1002/poi3.184

Grimme, C., Assenmacher, D., & Adam, L. (2018, 2018//). *Changing Perspectives: Is It Sufficient to Detect Social Bots?* Paper presented at the Social Computing and Social Media. User Experience and Behavior, Cham.

Guess, A. M., Lerner, M., Lyons, B., Montgomery, J. M., Nyhan, B., Reifler, J., & Sircar, N. (2020). A digital media literacy intervention increases discernment between mainstream and false news in the United States and India. *Proceedings of the National Academy of Sciences, 117*(27), 15536-15545. doi:10.1073/pnas.1920498117

Hargittai, E., & Micheli, M. (2019). Internet skills and why they matter. In M. Graham & W. H. Dutton (Eds.), *Society and the Internet : how networks of information and communication are changing our lives* (pp. 109-124). Oxford: Oxford University Press.

Hegelich, S., & Thieltges, A. (2019). Desinformation und Manipulation. *aktuelle analysen, 71,* 97-109.

Helberger, N., Pierson, J., & Poell, T. (2018). Governing online platforms: From contested to cooperative responsibility. *The Information Society, 34*(1), 1-14. doi:10.1080/01972243.2017.1391913

Hermann, J. (2018, 18.12.2018). Unterwandern Social Bots die Politik? *NZZ Online.* Retrieved from https://www.nzz.ch/international/social-bots-bedrohung-oder-hysterie-ld.1445732?reduced=true

Howard, P. N., & Kollanyi, B. (2016). Bots, #StrongerIn, and #Brexit: Computational Propaganda during the UK-EU Referendum. *Available at SSRN 2798311.* doi:10.2139/ssrn.2798311

Howard, P. N., Woolley, S., & Calo, R. (2018). Algorithms, bots, and political communication in the US 2016 election: The challenge of automated political communication for election law and administration. *Journal of information technology & politics, 15*(2), 81-93. doi:10.1080/19331681.2018.1448735

Jones-Jang, S. M., Mortensen, T., & Liu, J. (2019). Does Media Literacy Help Identification of Fake News? Information Literacy Helps, but Other Literacies Don't. *American Behavioral Scientist*, 000276421986940. doi:10.1177/0002764219869406

Jung, J., Song, H., Kim, Y., Im, H., & Oh, S. (2017). Intrusion of software robots into journalism: The public's and journalists' perceptions of news written by algorithms and human journalists. *Computers in Human Behavior, 71*, 291-298. doi:10.1016/j.chb.2017.02.022

Just, N., & Latzer, M. (2017). Governance by algorithms: reality construction by algorithmic selection on the Internet. *Media Culture & Society, 39*(2), 238-258. doi:10.1177/0163443716643157

Koltay, A. (2019). *New Media and Freedom of Expression: Rethinking the Constitutional Foundations of the Public Sphere*. Oxford: Bloomsbury Publishing.

Kruschinski, S., Jürgens, P., Stark, B., Maurer, M., & Schemer, C. (2019). In Search of the Known Unknowns. The Methodological Challenges in Developing a Heuristic Multi-Feature Framework for Detecting Social Bot Behavior on Facebook. In P. Müller, S. Geiss, C. Schemer, T. K. Naab, & C. Peter (Eds.), *Dynamische Prozesse Der Öffentlichen Kommunikation: Methodische Herausforderungen* (pp. 103-146). Köln: Herbert von Halem Verlag.

Langvardt, K. (2018). A New Deal for the Online Public Sphere. *George Mason Law Review, 26*(1), 341-394. Retrieved from https://ssrn.com/abstract=3149513

Latzer, M., Büchi, M., & Festic, N. (2020). Internet use in Switzerland 2011-2019: Trends, attitudes and effects: Summary report World Internet Project - Switzerland. In. Zurich, Switzerland: University of Zurich.

Livingstone, S., & Lunt, P. (2011). The Implied Audience of Communications Policy Making: Regulating Media in the Interests of Citizens and Consumers. In V. Nightingale (Ed.), *The Handbook of Media Audiences* (pp. 169-189). Malden, MA: Wiley-Blackwell.

Livingstone, S., & van der Graaf, S. Media Literacy. In *The International Encyclopedia of Communication*.

Newman, N., Fletcher, R., Schulz, A., Andı, S., & Nielsen, R. (2020). *Reuters Institute Digital News Report 2020* (Vol. 2020): Reuters Institute for the Study of Journalism.

Oehmer, F., & Pedrazzi, S. (2020). Was schützt (vor) Social Bots? Vorschläge zur Governance von computergenerierten Softwareagenten im Internet. *UFITA, 84*(1), 7-35. doi:10.5771/2568-9185-2020-1-7

Papakyriakopoulos, O., Serrano, J. C. M., & Hegelich, S. (2020). Political communication on social media: A tale of hyperactive users and bias in recommender systems. *Online Social Networks and Media, 15*, 100058. doi:https://doi.org/10.1016/j.osnem.2019.100058

Porten-Cheé, P., Haßler, J., Jost, P., Eilders, C., & Maurer, M. (2018). Popularity cues in online media: Theoretical and methodological perspectives. *SCM Studies in Communication and Media, 7*(2), 208-230. doi:10.5771/2192-4007-2018-2-80

Rauchfleisch, A., & Kaiser, J. (2020). The False positive problem of automatic bot detection in social science research. *Social Science Research, Berkman Klein Center Research Publication*(2020-3). doi:http://dx.doi.org/10.2139/ssrn.3565233

Roth, Y., & Harvey, D. (2018). How Twitter is fighting spam and malicious automation. Retrieved from https://blog.twitter.com/en_us/topics/company/2018/how-twitter-is-fighting-spam-and-malicious-automation.html

Roth, Y., & Pickles, N. (2020). Bot or not? The facts about platform manipulation on Twitter. Retrieved from https://blog.twitter.com/en_us/topics/company/2020/bot-or-not.html

Schäfer, F., Evert, S., & Heinrich, P. (2017). Japan's 2014 General Election: Political Bots, Right-Wing Internet Activism, and Prime Minister Shinzō Abe's Hidden Nationalist Agenda. *Big Data, 5*(4), 294-309. doi:10.1089/big.2017.0049

Shao, C., Ciampaglia, G. L., Varol, O., Yang, K.-C., Flammini, A., & Menczer, F. (2018). The spread of low-credibility content by social bots. *Nature Communications, 9*(1), 4787. doi:10.1038/s41467-018-06930-7

Stella, M., Ferrara, E., & De Domenico, M. (2018). Bots increase exposure to negative and inflammatory content in online social systems. *Proceedings of the National Academy of Sciences, 115*(49), 12435-12440. doi:10.1073/pnas.1803470115

Stieglitz, S., Brachten, F., Ross, B., & Jung, A.-K. (2017). Do social bots dream of electric sheep? A categorisation of social media bot accounts. *arXiv preprint arXiv:1710.04044.*

Van Deursen, A., & Van Dijk, J. (2011). Internet skills and the digital divide. *New Media & Society, 13*(6), 893-911. doi:10.1177/1461444810386774

van Dijck, J., Poell, T., & de Waal, M. (2018). *The Platform Society: Public Values in a Connective World.* New York: Oxford University Press.

Varol, O., Ferrara, E., Davis, C. A., Menczer, F., & Flammini, A. (2017). *Online Human-Bot Interactions: Detection, Estimation, and Characterization.* Paper presented at the Eleventh International AAAI Conference on Web and Social Media.

Wood, M. J. (2018). Propagating and Debunking Conspiracy Theories on Twitter During the 2015–2016 Zika Virus Outbreak. *Cyberpsychology, Behavior, and Social Networking, 21*(8), 485-490. doi:10.1089/cyber.2017.0669

Left Behind in the Digital Society – Growing Social Stratification of Internet Non-Use in Switzerland

Kiran Kappeler, Noemi Festic, Michael Latzer

Abstract

In a highly digitized society, internet use yields many advantages in everyday life. In Switzerland, today the share of non-users is dwindling. At the same time, disadvantages of internet non-use become increasingly severe. For more evidence-based public policies to mitigate the risks of digital and social exclusion, long-term results from representative surveys are needed. This chapter investigates how the digital divide – social differences in internet adoption – evolved in Switzerland from 2011 to 2019. The results of multiple binary logistic regressions reveal that internet use remains stratified along existing social differences. Non-use has become increasingly concentrated in traditionally disadvantaged societal groups: people with lower education and income and higher age are more likely to be non-users. Lack of interest and lack of skills are among the main reported reasons for non-use. This underlines that a basic level of media literacy is needed for internet adoption. Non-users feel less integrated into today's society, which highlights the relevance of promoting internet use among them, for instance by having them benefit from the internet indirectly through proxy-use.

1. Introduction

In highly digitized societies such as Switzerland, skilled internet use is required or at least expected for a wide variety of everyday activities. Offline alternatives tend to be inferior or altogether non-existent. In the lockdown months during the covid-19 pandemic, using the internet has become even more critical. Very mundane activities like staying in touch with people, purchasing goods or getting work done suddenly required using the internet. This extraordinary situation has highlighted the present relevance of internet use on an unprecedented scale.

In today's digitized society, not being able to use the internet in a skilled way is thus highly problematic. Indeed, digital and social inclusion are closely intertwined (Helsper & Reisdorf, 2017; Witte & Mannon, 2010). Therefore, all members of a society should be enabled to use the internet in a skilled way to achieve social inclusion. To be able to develop increased internet skills, using the internet is a prerequisite (van Dijk, 2020). However, there is still a part of the Swiss population that does not use the internet at all.

Today, the digital divide – i.e., structural social differences between users and non-users of the internet – becomes increasingly severe. With a growing proportion of the population using the internet, those who cannot or do not profit from it are likely to become an increasingly disadvantaged minority. Promoting internet use – especially in traditionally disadvantaged groups with lower adoption rates – has therefore been a goal of public policies in many societies, including Switzerland (BAKOM, 2018). Not using the internet can either be a deliberate choice (Syvertsen, 2017) or reside in structural inequalities. Factors that predict internet non-use and the development of their influence are thus worth examining.

This chapter addresses the question of who the internet non-users in the highly digitized Swiss society are and how the digital divide has evolved, i.e., whether internet adoption has become normalized or remains stratified across societal groups. We also identify non-users' self-reported reasons for internet non-use and analyze how benefitting indirectly from the internet through proxy-use – i.e., by asking someone to do something online – relates to the intention to use the internet in the future.

We start by giving an overview over the theoretical concept of the digital divide as well as existing empirical research in this area. After having described the methodological approach of this study, the empirical results are presented and discussed. The chapter concludes with policy implications derived from the findings.

2. Theoretical considerations

2.1 Disadvantages due to internet non-use in a highly digitized society

Due to the omnipresence of the internet in today's information society, not using the internet in a skilled way leads to missing out on advantages that internet use offers (e.g., van Deursen & Helsper, 2015 a). This danger is even more severe for those who do not or cannot use the internet at all: drawbacks in various life domains such as work, education, socializing, culture, health, and institutional and political participation are possible (DiMaggio et al., 2004; van Dijk, 2005). Not using the internet can affect upward socioeconomic mobility negatively, even when age, gender and health are controlled for (Eynon et al., 2018). Meanwhile, internet users believe they have profited from a variety of advantages through internet use, such as receiving a discount on a product or booking a more afford-able trip (van Dijk, 2013). Obtaining a job, discovering a matching politi-cal party, finding appropriate social associations, discovering facts about illnesses or finding potential partners are further advantages that internet users have experienced due to their internet use. Among older adults, a re-lationship between personal well-being and using the internet has been found, suggesting that digital and social exclusion can be linked (Seifert et al., 2018). Those who do not use the internet are excluded from these po-tential advantages (van Dijk, 2013).

All these disadvantages from not using the internet are likely to become even more severe in societies where using the internet is normal and expected (Groselj et al., 2019). For instance, the internet has become the primary mode of filling out one's tax returns in Switzerland. Those who cannot or do not want to do this online have to request a paper version to be sent to them via mail, which can be an additional burden for already disadvantaged groups (Kanton Zürich, 2020). Similarly, many companies have switched to sending invoices via e-mail. Paper invoices can usually be requested, but entail additional costs for customers, thus constituting an economic disadvantage. The covid-19 pandemic has demonstrated that in times of crises, the societal reliance on the internet appears to increase even further.

2.2 Social inequalities in internet non-use

Researchers have argued that technology use reflects the unequal power relations that are found in societies (Warschauer, 2004). Thus, digital and social exclusion are understood to be closely related (Witte & Mannon, 2010). From a normative perspective, under the assumption that internet use is predominantly beneficial, for instance in furthering social inclusion, promoting internet use is a social and political goal (van Dijk, 2020). Iden-tifying the cause of internet non-use is essential to tackle digital exclusion (Eynon & Helsper, 2010). Digital-divide research has addressed differences in internet access and use that reside in existing social inequalities (Selwyn, 2006). Research in this tradition is based on the knowledge gap hypothesis, which stipulates that groups with lower socioeconomic background have worse access to media and profit less from using them. This results in a gap between societal groups and knowledge – or the lack thereof – is its cause (Tichenor et al., 1970).

This chapter focuses on the first-level digital divide, which is understood as the distinction between those who do and those who do not use the internet (Ragnedda, 2017). In van Dijk's (2005, 2020) terminology, this chapter thus concentrates on motivation and access divides, which are the most fundamental divides in internet use. These form the basis for further inequalities in usage and skills (second-level digital divide) and consequences of internet use (third-level digital divide).

2.3 Scenarios for the evolution of digital divides

With the increasing spread of the internet, two scenarios for the evolution of digital divides seem particularly plausible (Norris, 2001; van Dijk, 2013): (1) the normalization of existing differences in internet access and use across societal groups, and (2) stratification, where differences persist or increase.

According to the normalization thesis, the number of adopters of an innovation in a society follows an S-shaped curve with two tipping points. As it spreads, an innovation is understood to trickle down from the privileged groups who mostly constitute the innovators towards all population levels. Hence, the theory predicts early differences in internet access and use will fade and normalization will set in (Norris, 2001; Rogers, 2003).

In contrast, the stratification thesis argues that differences in internet use are not merely temporal. Rather, the positions of individuals in society and the relations between them are central to explaining these differences. During the internet appropriation process social inequalities can be reproduced and reinforced (Norris, 2001; van Dijk, 2005, 2013; Wessels, 2013). Groups with lower socioeconomic status can suffer from worse internet access. Consequentially, they are not able to profit from advantages of internet use to the same extent as people who have good access. As a result, differences between social groups are reinforced.

2.4 Policy measures to advance social and digital inclusion

The advantages of using and disadvantages of not using the internet have led to discussions on the need for policy measures to enable everyone to use the internet skillfully. This is especially the case in highly digitized societies, where using the internet is the norm and not being able use the internet in a skillful way is therefore highly problematic. Generally, the public and the private sector are engaged in trying to bridge the digital divide albeit with different motives (Rosston & Wallsten, 2020; van Dijk, 2005). Affordable and reliable broadband internet access of a certain quality is considered a universal service in Switzerland (ComCom, 2019). The Swiss federal office for communication is committed to grant every citizen the same basic infrastructure for digital communication purposes. This also entails promoting basic competences for internet use (BAKOM, 2018). From a normative perspective, the right to life-long learning highlights the importance of providing internet access and the opportunity to use it – especially for the elderly (Doh et al., 2015). The resources needed for participation should thus be granted to everyone (Wessels, 2013). In Switzerland, such initiatives are for instance provided through programs by a non-governmental organization for the elderly (Pro Senectute, 2020) and by the leading telecommunication provider, a private company of which the Swiss state holds the majority stake (Swisscom, 2020). In order to assess the legitimacy and success of existing policies aimed at bringing people online (e.g., Rosston & Wallsten, 2020 for the U.S.), long-term empirical research on the evolution of digital divides are required.

3. Existing empirical research and research gaps

Research on the (first-level) digital divide is concerned with factors that influence why certain people do not use the internet while others do. So far, it has been shown that sociodemographic and socioeconomic background predict internet non-use. Generally, individuals from socioeconomically disadvantaged backgrounds are consistently more likely to be non users (e.g., Blank et al., 2019; Bonfadelli, 2002; Chia et al., 2006; DiMaggio et al., 2004; Dutton & Blank, 2013; Dutton & Reisdorf, 2019; Grishchenko, 2020; Scheerder et al., 2017; van Dijk, 2013; Zickuhr, 2013). Higher income and education level as well as lower age and positive attitudes towards the internet also appear to be stable predictors of internet use (Reisdorf & Groselj, 2017). In fact, social inequalities in internet use have even been shown to grow worse and the emergence of a digital underclass has been reported (Helsper & Reisdorf, 2017).

When non-users are asked why they do not use the internet, they mostly provide one of the following reasons: lack of (affordable) access, skills, time, or interest (Chia et al., 2006; Dutton & Blank, 2013; Helsper &

Reisdorf, 2017; Lenhart et al., 2003; Morris et al., 2007; Reisdorf et al., 2012; Seifert & Schelling, 2015; Selwyn, 2006; van Dijk, 2005; Zickuhr, 2013; Zillien, 2008). Lack of interest has become more important over recent years (Helsper & Reisdorf, 2017).

Several research gaps can be identified in the existing literature. So far, the effects of different sociodemographic variables on internet (non-)use have not been disentangled and effect sizes of predictor variables have not explicitly been compared (Helsper & Reisdorf, 2017). Also, it is not clear which societal groups have negative attitudes towards the internet. Moreover, the influence of non-users' social surroundings and the relation between proxy-use (Groselj et al., 2019) and the intention to use the internet has not been addressed in detail (van Deursen & Helsper, 2015 b). Finally, the evolution of digital divides has only rarely been studied, and analyses of longitudinal representative data at the population-level in a highly digitized country have so far been scarce (e.g., Helsper & Reisdorf, 2017). This chapter contributes to filling these research gaps using the methodological design described in the subsequent section.

4. Method

4.1 Nationally representative survey data

Data was collected from 2011 to 2019 through biannual cross-sectional representative surveys of the Swiss population aged 14 years and over (N_{2011}=1,104; N_{2013}=1,114; N_{2015}=1,121; N_{2017}=1,120; N_{2019}=1,120). Each sample is representative by gender, age, employment status and the three biggest Swiss language regions. Computer-assisted telephone interviews (CATI) were conducted using a dual-frame sampling framework to contact landline and mobile phone numbers. The repeated cross-sectional research design with representative samples for each period allows findings about structural societal changes in factors influencing internet non-use. The data was collected as part of the World Internet Project, an internationally comparative and long-term project on internet use.

4.2 Measures

Non-use. Respondents were asked whether they are currently using or have been using the internet in the past three months. We identified those who answered the question negatively as non-users of the internet.

Proxy-use. Non-users were questioned as to whether they have asked someone to do something for them online in the past year. A positive answer led to classification as a proxy-user. Proxy-users were subsequently questioned as to whom they had asked to do something for them online and what they had asked them to do (e.g., searching for information or buying something online).

Main reason for non-use. Non-users were asked to indicate their main reason for not using the internet from a list of reasons including financial, material, and skills-related reasons as well as reason related to negative experiences (Cole et al., 2019). Respondents also had the option to specify other reasons.

Intended future use. Non-users were also asked about their agreement with the statement that they would like to use the internet in the future on a scale from 1 = *do not agree at all* to 5 = *strongly agree*.

Feeling of inclusion in today's information society. At the end of the survey, after having answered several questions about the media, the internet and various communication technologies, respondents had learned what today's new information society entails. Hence, all respondents were asked about their agreement with the statement that they feel integrated in this new information society (1 = *do not agree at all*, 5 = *strongly agree*). This question was asked to find out about the presence of a perceived digital divide.

Sociodemographic and socioeconomic variables. Several sociodemographic variables such as gender (1 = *male*, 2 = *female*) and age were recorded. Age was recoded into the following categories: 1 − 14–19 years, 2 = 20–29 years, 3 = 30–49 years, 4 = 50–69 years, 5 = 70+ years. Education was measured by the highest level of educational attainment and recoded as follows: primary education, i.e., completion of compulsory school into 1 = *lower*, education on secondary level such as vocational school or higher school certificate into 2 = *intermediate* and tertiary education, i.e., university degree or higher into 3 = *higher*. Household income was measured in different categories in the years 2011 to 2013 and 2015 to 2019 and thus had to be recoded for approximate comparison (2011 and 2013: up to 7,000 Swiss francs = *low*, 7,001–12,000 Swiss francs = *medium*, more than 12,000 Swiss francs = *high*; 2015, 2017 and 2019: up to 6,000 Swiss francs =

low, 6,001–15,000 Swiss francs = *medium*, more than 15,000 Swiss francs = *high*).

4.3 Data Analysis

This study applies multiple binary logistic regression analyses to determine and compare the influence of sociodemographic and socioeconomic characteristics on the probability of being an internet non-user between 2011 and 2019 in Switzerland. In addition, we computed descriptive statistics to complement the findings with self-reported reasons for non-use and intention to use the internet as well as inclusion in the information society.

5. Results

In order to find out who the internet non-users in the highly digitized Swiss society are and how the digital divide has evolved in recent years, we will first provide some descriptive statistics on internet non-use and then present the results of the binary logistic regressions[1].

5.1 Influencing factors on internet non-use

In 2019, the majority of the Swiss population (92 %) used the internet. Internet adoption has steadily increased over the period of research. Table 1 shows the proportion of non-users in the Swiss population in the years 2011 to 2019.

---

1 See working paper at https://www.mediachange.ch/media//pdf/publications/nonu se.pdf for detailed tables on binary logistic regressions of the years 2011–2019 and an extensive list of self-reported main reasons for internet non-use.

Table 1. Proportion of non-users of the internet in the population of Switzerland 2011–2019. $N_{2011}=1,104$; $N_{2013}=1,114$; $N_{2015}=1,121$; $N_{2017}=1,120$; $N_{2019}=1,120$.

	Year				
	2011	2013	2015	2017	2019
Gender					
Male	21 %	13 %	8 %	6 %	6 %
Female	25 %	17 %	17 %	13 %	9 %
Age (in years)					
14–19	27 %	2 %	1 %	0 %	0 %
20–29	12 %	4 %	0 %	2 %	0 %
30–49	11 %	5 %	4 %	3 %	0 %
50–69	23 %	17 %	17 %	13 %	7 %
70+	63 %	53 %	48 %	34 %	40 %
Education					
Lower	49 %	30 %	22 %	21 %	17 %
Intermediate	25 %	16 %	15 %	11 %	9 %
Higher	8 %	6 %	4 %	2 %	2 %
Income					
Low	73 %	52 %	54 %	44 %	39 %
Medium	16 %	11 %	9 %	11 %	5 %
High	5 %	6 %	2 %	0 %	8 %
Total	23 %	15 %	13 %	10 %	8 %

In 2019, two-fifths of those aged 70 and over were internet non-users while there were no non-users in the Swiss population aged 49 and under. Altogether, the highest proportions of non-users were found among the older, the less educated and those with lower household income. The descriptive data shows that internet penetration has increased since 2011. Hence, non-users have become fewer.

To test these discernible trends, binary logistic regressions on the probability of being a non-user were calculated for each of the five years under examination. Figure 1 illustrates the evolution of the effects from 2011 to 2019.

Figure 1. Binary logistic regression: probability of not using the internet 2011–2019. $N_{2011}=1,104$; $N_{2013}=1,114$; $N_{2015}=1,121$; $N_{2017}=1,120$; $N_{2019}=1,120$. Exp(B)=odds ratio. Only significant effects at the level of $p<.01$ are shown.

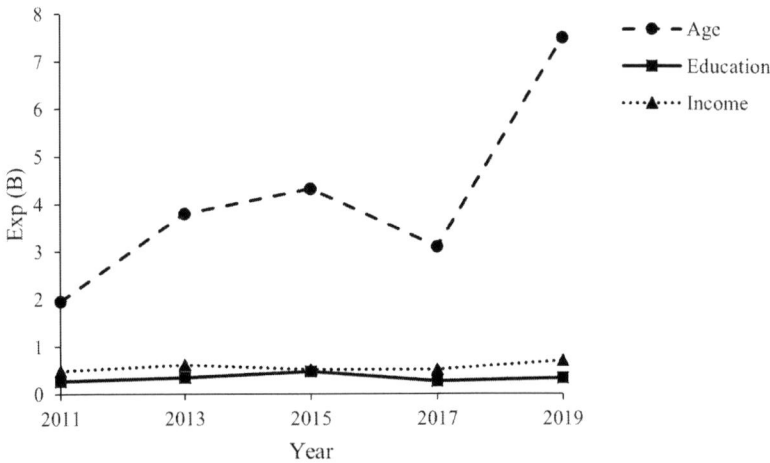

The results indicate that education, income and age influenced the likelihood of not using the internet significantly during the whole period under examination. Lower education and income as well as higher age significantly predicted internet non-use from 2011 onwards. Thus, the higher a person's level of educational attainment, the greater their household income, and the lower their age, the lower the likelihood of them being non-users. Through the years, the effects of education (e.g., $Exp(B)_{2011}=.262$, $Exp(B)_{2019}=.330$) and income (e.g., $Exp(B)_{2011}=.483$, $Exp(B)_{2019}=.707$) remained relatively stable. The effect of age has grown over the years (e.g., $Exp(B)_{2011}=1.953$; $Exp(B)_{2019}=7.497$). Compared with education and income, age had a consistently greater and growing effect on the probability of not using the internet. Over the whole period examined, gender did not relate to the likelihood of being a non-user.

5.2 Self-reported reasons for non-use

In 2019, the reason most non-users regarded as most important for their non-use was a lack of interest or not finding the internet useful (38 %). Feeling too old to use the internet (16 %) as well as lack of knowledge and being confused by technology (12 %) were further relevant reasons reported by non-users. Over the examined period, lack of interest and knowledge were among the most important reasons for non-use, thus indicating critical barriers to internet use. Recently, cost and physical access have become peripheral problems (6 % and 2 % respectively in 2019).

5.3 Intended future internet use and benefitting from the internet indirectly through proxy-use

Even though most non-users (96 %) use offline media (such as newspapers, magazines, television, radio, or books) for information purposes, some non-users additionally seek to benefit from the internet indirectly through proxy-use. The number of proxy-users has risen slightly in recent years (2011: 36 %, 2013: 48 %, 2015: 40 %, 2017: 51 %, 2019: 40 %), although the development is not consistent. In 2019, most of the proxy-users were over 65 years (87 %) and belonged to the group with low household incomes (83 %), a majority were female (61 %) and had a lower (35 %) or intermediate (58 %) levels of educational attainment. In 2019, the most common fields for proxy-use were e-commerce (41 %) and finding information online (39 %). Entertainment (25 %) and socializing (19 %) were less prominent purposes of proxy-use. Proxy-users mainly asked their (grand-)children (51 %) to help them. Asking one's partner (23 %), a friend (14 %) or someone else (20 %) was less common. The younger generation thus provides an important gateway to the benefits of the internet for the group of non-users, which predominantly consists of people who reached the age of retirement. From 2015 onwards, being a proxy-user significantly correlated with an increased willingness to use the internet in the future (2011: $r=.053$, $p>.05$, 2013: $r=.156$, $p>.05$, 2015: $r=.284$, $p<.001$, 2017: $r=.260$, $p<.01$, 2019: $r=.277$, $p<.05$). Thus, indirect contact with benefits of the internet through proxy-use is associated with an increased willingness to start using the internet. At the same time, non-users' intention to use the internet in the future has fallen in recent years. While in 2011 three in ten non-users (28 %) said that they would like to use the internet, only one in ten did so in 2019.

To qualify the relevance of this digital divide, we will now look at how integrated internet non-users feel in today's information society.

5.4 Inclusion in the information society

Being a non-user correlated significantly negatively (p<.001 for all years) with the feeling of inclusion in all the years examined (2011: r=-.445; 2013: r=-.376; 2015: r=-.328; 2017: r=-.282; 2019: r=-.280). The share of people who feel integrated into today's information society is thus greater among users than among non-users. This indicates that digital and societal exclusion are closely linked.

6. Discussion

This chapter has addressed the evolution of the first-level digital divide in the highly digitized Swiss society, applying a longitudinal perspective. Our results show that even at this high level of internet penetration – in 2019, 92 % of all Swiss used the internet – a person's sociodemographic and socioeconomic background still influences their likelihood of internet non-use. Over the last years, societal groups that have traditionally been disadvantaged were constantly more likely to be digitally excluded. The stratification of internet use that we observed implies that the knowledge gap hypothesis (Tichenor et al., 1970) still applies to internet penetration in Switzerland. Indeed, a Matthew effect can be observed: while the rich get richer, the already disadvantaged become even more so.

Our results also reveal a lack of interest and a perceived lack of knowledge as the main reasons for non-use. This implies that a basic level of media literacy as a communicative competence is required for internet use. Furthermore, we see a stable share of proxy-users among non-users and a decline in the intention to use the internet. Taken together, this points towards an increasing saturation in internet adoption, while at the same time, internet use has been shown to become increasingly stratified. Thus, even in a highly digitized country like Switzerland, where the internet is regarded a universal service and access is granted to every citizen (Com-

Com, 2019), traditionally disadvantaged societal groups are at greater risk of digital exclusion.

As the internet gains ever-more relevance for everyday life, not using it becomes increasingly detrimental. Therefore, the shrinking but increasingly disadvantaged group of non-users (600,000 people in Switzerland in 2019) warrants political attention. Increasing internet adoption on a societal level is central to advance social inclusion. While governmental actions like providing necessary infrastructure as well as affordable access and promoting required knowledge are central to this endeavor, the industry can help by providing easily accessible technologies that facilitate adoption (van Dijk, 2020), especially for the elderly who constitute the biggest share of non-users. As has been shown, lack of interest, feeling too old and perceived lack of knowledge are important barriers to using the internet. Policy makers should focus on these when designing policies aimed at increasing the internet adoption. Highlighting the opportunities that the internet offers to non-users specifically is promising. Another promoting factor for internet adoption intention is proxy-use. So-called warm experts, i.e., people close to the non-user that are familiar with using the internet (Bakardjieva, 2005), or peer experts (Doh et al., 2015) may encourage recognition of the usefulness of the internet and thus increase the wish to use the internet.

Finally, the present situation of the covid-19 pandemic highlights that besides market developments and policy measures, unforeseen external events can have a decisive impact on the diffusion and use of a technology. Nationwide lockdowns in numerous countries have influenced internet use hugely. Indeed, the motivation to go online might have grown as dependence on digital tools for working (from home), satisfying informational and consumer needs, or interacting with others has increased to an unprecedented level (Nguyen et al., 2020).

7. Conclusion

To conclude, in today's information society, internet use increasingly entails advantages that can hardly be achieved otherwise. This study shows that internet use has become increasingly socially stratified and that internet non-users feel less integrated into today's information society than internet users do. Especially for people who are at greater risk of being socially excluded, i.e., the elderly, the less well-educated and the less affluent, internet use would provide opportunities for greater inclusion. Because of the positive effects that internet use can entail, it should be promoted especially among these vulnerable groups.

While research increasingly focuses on second- and third-level divides and digital inequalities among internet users, this study has shown that a basic digital divide in access to and use of the internet still prevails – even in a highly digitized society. Indeed, internet use remains stratified. This signifies that as long as the digital divide is not bridged, critical services (e.g., governmental; Reisdorf & Groselj, 2018) should not be provided digitally per default, as this would reinforce existing social exclusion. Also, while initiatives to promote internet skills among the population are commendable, there is a danger that increasingly vulnerable groups are left behind and – at some point – will no longer be able to catch up. This digital exclusion can lead to real-life, tangible disadvantages, that must be prevented in an inclusive, digitized society.

References

Bakardjieva, M. (2005). *Internet Society: The Internet in Everyday Life.* Los Angeles: Sage. http://dx.doi.org/10.4135/9781446215616

BAKOM. (2018). *Digitale Schweiz.* Bundesamt für Kommunikation. https://www.bakom.admin.ch/bakom/de/home/digital-und-internet/strategie-digitale-schweiz.html

Blank, G., Dutton, W. H., & Lefkowitz, J. (2019). *Perceived Threats to Privacy Online: The Internet in Britain. Oxford Internet Survey 2019.* Oxford: Internet Institute. https://oxis.oii.ox.ac.uk/896-2/

Bonfadelli, H. (2002). The Internet and Knowledge Gaps: A Theoretical and Empirical Investigation. *European Journal of Communication, 17(1),* 65–84. https://doi.org/10.1177/0267323102017001607

Chia, S. C., Li, H., Detenber, B., & Lee, W. (2006). Mining the Internet Plateau: An Exploration of the Adoption Intention of Non-Users in Singapore. *New Media & Society, 8(4),* 589–609. https://doi.org/10.1177/1461444806065656

Cole, J. I., Suman, M., Schramm, P., & Zhou, L. (2019). *The World Internet Project. International Report. 9th Edition.* Center for the Digital Future. https://www.digitalcenter.org/wp-content/uploads/2019/01/World-Internet-Project-report-2018.pdf

ComCom. (2019). *Grundversorgungskonzession.* Eidgenössische Kommunikationskommission. https://www.bakom.admin.ch/bakom/de/home/telekommunikation/grundversorgung-im-fernmeldebereich.html

DiMaggio, P., Hargittai, E., Celeste, C., & Shafer, S. (2004). From Unequal Access to Differentiated Use. In K. Neckerman (Ed.), *Social Inequality* (pp. 355–400). Russell Sage Foundation.

Doh, M., Schmidt, L. I., Herbolsheimer, F., Jokisch, M., & Wahl, H.-W. (2015). Patterns of ICT Use among "Senior Technology Experts": The Role of Demographic Variables, Subjective Beliefs and Attitudes. In J. Zhou & G. Salvendy (Eds.), *Human Aspects of IT for the Aged Population. Design for Aging* (Vol. 9193, pp. 177–188). Cham: Springer International Publishing. https://doi.org/ 10.1007/978-3-319-20892-3_18

Dutton, W. H., & Blank, G. (2013). *Cultures of the Internet: The Internet in Britain. Oxford Internet Suvey 2013 Report.* Oxford: Internet Institute.

Dutton, W. H., & Reisdorf, B. C. (2019). Cultural Divides and Digital Inequalities: Attitudes Shaping Internet and Social media Divides. *Information, Communication & Society, 22(1)*, 18–38. https://doi.org/10.1080/1369118X.2017.1353640

Eynon, R., Deetjen, U., & Malmberg, L.-E. (2018). Moving on up in the Information Society? A Longitudinal Analysis of the Relationship between Internet Use and Social Class Mobility in Britain. *The Information Society, 34(5)*, 316–327. https://doi.org/10.1080/01972243.2018.1497744

Eynon, R., & Helsper, E. (2010). Adults Learning Online: Digital Choice and/or Digital Exclusion? *New Media & Society.* https://doi.org/ 10.1177/1461444810374789

Grishchenko, N. (2020). The Gap not only Closes: Resistance and Reverse Shifts in the Digital Divide in Russia. *Telecommunications Policy, 44(8)*, 102004. https:// doi.org/10.1016/j.telpol.2020.102004

Groselj, D., Reisdorf, B. C., & Petrovčič, A. (2019). Obtaining Indirect Internet Access: An Examination how Reasons for Internet Non-Use relate to Proxy Internet Use. *Telecommunications Policy, 43(3)*, 213–224. https://doi.org/10.1016/ j.telpol.2018.07.004

Helsper, E. J., & Reisdorf, B. C. (2017). The Emergence of a "Digital Underclass" in Great Britain and Sweden: Changing Reasons for Digital Exclusion. *New Media & Society, 19(8)*, 1253–1270. https://doi.org/10.1177/1461444816634676

Kanton Zürich. (2020). *Online-Steuererklärung Zürich.* Steuererklärung natürliche Personen. https://www.zh.ch/de/steuern-finanzen/steuern/steuern-natuerliche-pe rsonen/steuererklaerung-natuerliche-personen.html

Lenhart, A., Horrigan, J., Rainie, L., Allen, K., Boyce, A., Madden, M., & O'Grady, E. (2003). *The Ever-Shifting Internet Population: A New Look at Internet Access and the Digital Divide.* Washington D.C.: Pew Research Center. https://www.pewinternet.org/2003/04/16/the-ever-shifting-internet-pop ulation-a-new-look-at-internet-access-and-the-digital-divide/

Morris, A., Goodman, J., & Brading, H. (2007). Internet Use and Non-Use: Views of Older Users. *Universal Access in the Information Society, 6(1)*, 43–57. https:// doi.org/10.1007/s10209-006-0057-5

Nguyen, M. H., Hunsaker, A., & Hargittai, E. (2020). Older Adults' Online Social Engagement and Social Capital: The Moderating Role of Internet Skills. Information, *Communication & Society, 0(0)*, 1–17. https://doi.org/ 10.1080/1369118X.2020.1804980

Norris, P. (2001). *Digital Divide, Civic Engagement, Information Poverty and the Internet Worldwide.* Cambridge: University Press.

Pro Senectute. (2020). *Bildung im Alter*. Pro Senectute Schweiz. https://www.prosen ectute.ch/de/dienstleistungen/freizeit/bildung.html

Ragnedda, M. (2017). *The Third Digital Divide: A Weberian Approach to Digital Inequalities*. Routledge. https://doi.org/10.4324/9781315606002

Reisdorf, B., Axelsson, A.-S., & Maurin, H. (2012). Living Offline – A Qualitative Study of Internet Non-Use in Great Britain and Sweden. *Selected Papers of Internet Research, 2*. https://dx.doi.org/10.2139/ssrn.2721929

Reisdorf, B., & Groselj, D. (2017). Internet (Non-)Use Types and Motivational Access: Implications for Digital Inequalities Research. *New Media & Society, 19(8)*, 1157–1176. https://doi.org/10.1177/1461444815621539

Reisdorf, B., & Groselj, D. (2018). Digital Divides, Usability, and Social Inclusion: Evidence From the Field of E-Services in the United Kingdom. In S. Kurnia & P. Tsatsou (Eds.), *Social Inclusion and Usability of ICT-enabled Services*. (pp. 231–250). Milton Park: Routledge, Taylor & Francis Group. https://doi.org/10.4324/9781315677316-12

Rogers, E. M. (2003). *Diffusion of Innovations* (5th ed.). New York: Free Press.

Rosston, G. L., & Wallsten, S. J. (2020). Increasing Low-Income Broadband Adoption through Private Incentives. *Telecommunications Policy, 44(9)*, 102020. https://doi.org/10.1016/j.telpol.2020.102020

Scheerder, A., van Deursen, A., & van Dijk, J. (2017). Determinants of Internet skills, Uses and Outcomes. A Systematic Review of the Second- and Third-Level Digital Divide. *Telematics and Informatics, 34(8)*, 1607–1624. https://doi.org/10.1016/j.tele.2017.07.007

Seifert, A., Hofer, M., & Rössel, J. (2018). Older Adults' Perceived Sense of Social Exclusion from the Digital World. *Educational Gerontology, 44(12)*, 775–785. https://doi.org/10.1080/03601277.2019.1574415

Seifert, A., & Schelling, H. R. (2015). *Digitale Senioren. Nutzung von Informations- und Kommunikationstechnologien (IKT) durch Menschen ab 65 Jahren in der Schweiz im Jahr 2015*. Pro Senectute Schweiz. https://doi.org/10.13140/RG.2.1.41 83.5600

Selwyn, N. (2006). Digital Division or Digital Decision? A Study of Non-Users and Low-Users of Computers. *Poetics, 34(4–5)*, 273–292. https://doi.org/10.1016/j.poe tic.2006.05.003

Swisscom. (2020). *Kurse für Senioren & Schulungen*. Swisscom Academy. https://www.swisscom.ch/de/privatkunden/services/academy.html

Syvertsen, T. (2017). *Media Resistance – Protest, Dislike, Abstention*. London: Palgrave Macmillan. https://www.palgrave.com/gp/book/9783319464985

Tichenor, P.J., Donohue, G. A., Olien, C. N. (1970). Mass Media Flow and Differential Growth in Knowledge, *Public Opinion Quarterly, 34(2)*, 159–170, https://doi.org/10.1086/267786

van Deursen, A., & Helsper, E. J. (2015a). The Third-Level Digital Divide: Who Benefits Most from Being Online? In *Communication and Information Technologies Annual* (Vol. 10, pp. 29–52). Bingley: Emerald Group Publishing Limited. https://doi.org/10.1108/S2050-206020150000010002

van Deursen, A., & Helsper, E. J. (2015 b). A Nuanced Understanding of Internet Use and Non-Use among the Elderly. *European Journal of Communication, 30(2)*, 171–187. https://doi.org/10.1177/0267323115578059

van Dijk, J. (2005). *The Deepening Divide: Inequality in the Information Society*. Los Angeles: SAGE Publications, Inc. https://doi.org/10.4135/9781452229812

van Dijk, J. (2013). A Theory of the Digital Divide. *The Digital Divide: The Internet and Social Inequality in International Perspective*, 29–51.

van Dijk, J. (2020). *The Digital Divide*. Cambridge: Polity.

Warschauer, M. (2004). *Technology and Social Inclusion: Rethinking the Digital Divide*. Cambridge: MIT Press.

Wessels, B. (2013). The Reproduction and Reconfiguration of Inequality: Differentiation and Class, Status and Power in the Dynamics of Digital Divides. In M. Ragnedda & G. W. Muschert (Eds.), *The Digital Divide: The Internet and Social Inequality in International Perspective* (pp. 17–28). New York: Routledge. http://eprints.gla.ac.uk/172044/

Witte, J. C., & Mannon, S. E. (2010). *The Internet and Social Inequalities*. New York: Routledge.

Zickuhr, K. (2013). *Who's Not Online and Why*. Pew Research Center. https://www.pewinternet.org/2013/09/25/whos-not-online-and-why/

Zillien, N. (2008). Auf der anderen Seite. Zu den Ursachen der Internet-Nichtnutzung. *Medien & Kommunikationswissenschaft, 56(2)*, 209–226. https://doi.org/10.5771/1615-634x-2008-2-209

Satirical Literacy als Voraussetzung für die Decodierung von journalistischer Satire

Guido Keel

Abstract

Der Einsatz von Satire als literarisches Genre geht zurück bis in die Antike, hat aber im Bereich des Journalismus in den letzten Jahrzehnten stark an Bedeutung gewonnen. Während die Satire als attraktive Form erscheint, um auf Missstände hinzuweisen und dabei ein breites Publikum anzusprechen, birgt sie auch die Gefahr, dass sie nicht verstanden wird und unter Umständen sogar kontraproduktiv wirkt. Dies ist unter anderem darauf zurückzuführen, dass Satire sowohl von Fachleuten als auch vom Publikum missverstanden oder zumindest anders als vom Urheber vorgesehen interpretiert werden kann. Die scheinbare Leichtigkeit, mit der Satire daherkommt, täuscht darüber hinweg, dass ihr Verständnis und ihre intendierte Wirkung Vorwissen in Bezug auf den kritisierten Gegenstand und eine Vertrautheit mit Formen des Humors voraussetzen. Zudem bedingt sie eine zumindest implizite Kenntnis der Eigenschaften von Satire als Kritik in humoristischer Form, die individuelle und soziale Bezüge auf verschiedenen Ebenen vereint. Satirical Literacy als Teil der Information Literacy ist unabdingbar für einen kompetenten Umgang mit Satire, d. h. für die erfolgreiche Decodierung und Bewertung von satirischen Beiträgen.

Dieser Beitrag erklärt die Grundlagen von Satirical Literacy. Satirical Literacy befähigt dazu, Satire besser zu erkennen und zu kritisieren. Dazu werden zuerst die Relevanz und die Funktionsweise von Satire erklärt. Dann wird gezeigt, wie Satire systematisch beurteilt und dekodiert werden kann.

1. Hintergrund

Satire als literarische Gattung existiert seit der Antike und ist seither in vielfältigen Formen und zu ganz unterschiedlichen Zwecken verwendet worden. Vor allem als Genre der Literatur oder des Theaters hatte sie immer schon den Anspruch, durch humoristische Zuspitzung mehr oder weniger kritisch auf Missstände in der Gesellschaft hinzuweisen – wobei sich die Frage, was als Missstand gesehen wird, je nach Epoche und Funktion der Satire immer wieder veränderte. Im 19. Jahrhundert, mit der Etablierung von demokratischen Staatsordnungen und der allgemeinen Pressefreiheit, wurde Satire zunehmend politisch (Holbert, 2014, S. 25; Lezius, 2007, S. 27). Es war die Geburtsstunde zahlreicher satirischer Zeitschriften. Hundert Jahre später, kurz nach den Anfängen des Fernsehens, entwickelten sich satirische TV-Formate, was sich auf Form und Verbreitung von Satire auswirkte. Seit nun gut zwanzig Jahren erleben satirische Formate einen rasanten Bedeutungszuwachs, der sich durch Social Media weiter beschleunigte.

Was allerdings mit dem Begriff Satire über Jahrhunderte und heute bezeichnet wird, ist sowohl formal als auch in Bezug auf die Wirkungsabsicht zu vielfältig, um es eindeutig definieren zu können (Brummack, 1971, S. 275; Condren, 2012). Auch die enger gefasste politische Satire lässt sich nicht auf einen einfachen Nenner bringen (Holbert, 2014). Weder ist es eine bestimmte Form von Humor, da sie sich verschiedener Humorformen (Ironie, Parodie, Sarkasmus etc.) bedient, noch ist sie ein literarisches Genre. Vielmehr imitiert sie literarische oder künstlerische Genres wie etwa Zeitungsberichte, Dokumentarfilme oder Werbebeiträge.

Satire und Satirical Literacy ist für die Journalismusforschung von grosser Relevanz, weil Satire als Ergänzung oder gar Ersatz für journalistische Angebote in den vergangenen Jahren weltweit stark an Bedeutung gewonnen hat (Bailey, 2018; Feldman, 2007; Fox et al., 2007; Pew Research Center, 2008). Im deutschsprachigen Raum dient die Satire seit Jahrzehnten der Information und noch viel stärker der politischen Meinungsbildung. Satirische Formate wurden in der Vergangenheit wiederholt explizit als journalistische Leistungen gewürdigt, so beispielsweise mit dem Hans-Joachim-Friedrichs-Preis für Fernsehjournalismus, der 2012 den Macher:innen der satirischen News-Sendung „heute-show" verliehen wurde.

Die Bedeutung der Satire als Ergänzung zu journalistischen Medieninhalten hat in den letzten zwei Jahrzehnten so stark zugenommen, dass beispielsweise der Sender 3Sat 2016 zunächst eine Sendung mit dem Titel „Wenn Satire Journalismus ersetzt" (3Sat, 2016 a) ausstrahlte, und dann bereits einen Monat später mit der Sendung „Satire als letzte Bastion des Journalismus" nachdoppelte. Darin wurde die Frage debattiert, ob Satiresendungen die besseren Nachrichtensendungen seien, und es wurde betont: „Satire-Formate wie *die heute-show* oder *Die Anstalt* werden über Generationengrenzen hinweg zunehmend zum Hauptinformationsmedium."

Die Frage wurde in den Raum gestellt: „Ist Satire damit zur zentralen Instanz journalistischer Wahrheitsfindung geworden?" (3 Sat, 2016 b).

In diesen Sendungen wurde unter anderem kritisiert, dass journalistische Medien in der Vergangenheit viel zu selten eigene Fehler zugegeben und zu wenig transparent gemacht hätten, weshalb welche Entscheidungen gefällt worden seien. Satire sei auch deshalb erfolgreich, weil sie Medienkritik betreibe und Fehler der Medien offenlege. Der Medienexperte Stefan Niggemeyer beschrieb diesen Umstand folgendermassen: „Der Erfolg der Satire ist Ausdruck des Versagens des Journalismus" (3 Sat, 2016 a).

Ebenfalls 2016 schrieb der Leipziger Medienforscher Uwe Krüger in einer kritischen Auseinandersetzung mit der Bedeutung und der Glaubwürdigkeit des Journalismus in Deutschland: „Bezeichnenderweise sehen viele Nutzer mittlerweile Satiresendungen wie *Die Anstalt*, die das Absurde und Empörende der Vorgänge herausarbeiten und die Fakten in andere als die regierungsamtlichen Sinnzusammenhänge stellen, als die eigentlichen Nachrichtensendungen an" (Krüger, 2016, S. 134).

Der Bedeutungszuwachs der Satire lässt sich nicht allein damit begründen, dass das Publikum nur noch unterhalten werden möchte und eine Auseinandersetzung mit ernsthaften politischen oder gesellschaftlichen Themen scheuen würde (Balmas, 2014; Baym, 2005, 2010; Dörner & Porzelt, 2016, S. 342). Satire gewinnt insbesondere bei einem jungen Publikum an Bedeutung, weil sie es schafft, in einer von einem Überangebot an Informationen geprägten Welt Qualitäten zu bieten, wie es der traditionelle Journalismus nicht vermag (Wolf, 2010, S. 91–100). Es sind das zunächst Unterhaltung und Emotionen, indem seriöse Informationen engagiert, leidenschaftlich und weniger distanziert vermittelt werden. Zudem wirken satirische Formate oft authentischer als routiniert produzierte und präsentierte journalistische Beiträge.

Der Aufschwung der politischen Satire hängt daher eng mit den vielschichtigen Krisensymptomen des Journalismus zusammen, insbesondere mit dem Elite-, dem Komplexitäts-, dem Relevanz- und dem Glaubwürdigkeitsproblem (Weischenberg, 2010, S. 48–49). So zeigte bereits 2002 eine Untersuchung des Pew Research Centers, wie sich vor allem das jüngere Publikum von der politischen Berichterstattung in journalistischen Nachrichtensendungen ab- und den Late-Night- und Comedy-Sendungen zuwandte, um sich beispielsweise über die Wahlen zu informieren (Baym, 2005, S. 260).

Inzwischen ist Satire zu einem wichtigen Element der politischen Medienöffentlichkeit geworden und stellt ein Element der politischen Infrastruktur moderner Gesellschaften dar (Dörner & Porzelt, 2016, S. 339). Möglich wurde dies, weil die satirischen Formate in einer komplexen Welt zumindest in der Wahrnehmung des Publikums besser als journalistische Angebote Orientierung zu bieten vermögen. Dies unter anderem deshalb, weil sich Satiriker:innen nicht journalistischen Normen verpflichtet fühlen und beispielsweise Wertungen nicht nur unterhaltsam, sondern auch klar und deutlich aussprechen, was im Widerspruch zum Objektivitätsgebot des Journalismus stehen würde. Für das jüngere Publikum wirkt Satire daher frisch und unkonventionell, da sie nicht den antiquierten Zwängen der journalistischen Produktion unterworfen ist.

Parallel zum Bedeutungszuwachs in den Medien hat auch eine verstärkt wissenschaftliche Auseinandersetzung mit der Satire begonnen. Das zeigt nicht zuletzt die inzwischen unüberschaubare Vielzahl an Arbeiten, in denen (journalistische) Satire Gegenstand von wissenschaftlichen Untersuchungen ist (Bailey, 2018; Compton, 2011). Zwei Fragen stehen dabei meist im Zentrum:

Erstens interessiert, inwiefern satirische Formate inhaltlich mit journalistischen Formaten vergleichbar sind (z. B. Kleinen von Königslöw, 2013). Zweitens wurde in zahlreichen Beiträgen und Untersuchungen die Frage erörtert, wie die Gesellschaft oder bestimmte Zielgruppen Satireformate wahrnehmen. (Baumgartner & Morris, 2011; Behrmann, 2002, S. 259–276; Brassett & Sutton, 2017; Cao & Brewer, 2008; Gäbler, 2016 a, S. 24–25; Knobloch-Westerwick & Lavis, 2017; Lichtenstein & Nitsch, 2018). Dabei geht es insbesondere um die Frage, inwiefern die Satire funktional wirkt, indem sie die Gesellschaft oder Teile davon für politische Themen interessiert (Baum, 2002), sie mobilisiert (Baumgartner & Morris, 2011; Gäbler, 2016 b), ihr Informationen vermittelt (Feldman, 2007; Fox et al., 2007) und/oder zur Meinungsbildung beiträgt (Hardy et al., 2014).

Vergleichsweise wenig hat sich die Wissenschaft mit der Frage der Satirical Literacy befasst, also der Frage, wie sich Satire als solche verstehen lässt. Ein solches Verständnis ist aber angesichts der beschriebenen Bedeutung der Satire für den Journalismus bzw. die öffentliche Meinungsbildung von gesellschaftlicher Relevanz.

2. Satirical Literacy

Satirical Literacy kann als Teil der Media and Information Literacy verstanden werden. Weil der Journalismus und die Medienwelt selbst oft Gegenstand journalistischer Satire sind, ist Satire zu einem vielbeachteten Akteur der Medienkritik geworden (Peter, 2015, S. 42). Satire trägt dazu bei, mediale und journalistische Inhalte zu beurteilen (Adam et al., 2020; Peters, 2013), und so die Media and Information Literacy zu stärken. In diesem

Beitrag geht es aber nicht um diese Stärkung der Urteilsfähigkeit durch Satire, sondern um die Satirical Literacy an sich, verstanden als die Fähigkeit, satirische Inhalte sinnvoll zu decodieren, um sie zu verstehen und bewerten zu können (Dunbar, 2017).

Der Schweizer Kabarettist und Autor Patrick Frey beurteilte das satirische Schmähgedicht von Jan Böhmermann über Recip Erdogan (Musikexpress, 2016) im April 2016 in einem Interview folgendermassen: „Das Gedicht Böhmermanns ist aus zwei Gründen ein hervorragendes Beispiel satirischer Kunst. Erstens im Kontext der sozialen und politischen Hebelwirkung, also in seiner ungeheuren Resonanz. Und zweitens auch als satirisches Gedicht in sich selbst, indem es eben auf effiziente Weise obszöne und ordinäre Beschimpfungen mit politischen Behauptungen vermischt, die mehr oder weniger den Tatsachen entsprechen" (kleinreport, 2016).

Ganz anders beurteilt der Medienwissenschaftler und Satire-Experte Bernd Gäbler das Gedicht. In einem Interview mit dem Deutschlandfunk bezeichnete er im August 2016 das inzwischen berühmt gewordene Gedicht als „misslungene Glosse, die von der ZDF Redaktion aufgrund seiner Qualität nicht hätte gesendet werden dürfen" (Kaess & Gäbler, 2016). Er begründet dies damit, dass das Gedicht weder lustig noch aufklärerisch gewesen sei. Erdogan werde nicht kenntlich gemacht, und es werde niemand gezeigt, der unter ihm leide. „Böhmermann hat nicht begriffen, was Satire ist", so der Fachmann.

Dieses Beispiel zeigt, dass Satire sogar von Fachleuten sehr unterschiedlich interpretiert und bewertet wird. Bereits in der Frage, ob es sich bei einem Beitrag um Satire handelt oder nicht, scheiden sich die Geister; ganz zu schweigen von der Absicht des satirischen Stücks. In Bezug auf beide Aspekte ist „Satirical Literacy" (Dunbar, 2017) als Teil der Information Literacy Voraussetzung für einen kompetenten Umgang mit satirischem Material. Satirical Literacy versteht sich dabei als die kompetente Identifizierung, Decodierung und Interpretation von satirischen Beiträgen.

Die Frage nach Satirical Literacy hat in den letzten Jahren nicht nur an Bedeutung gewonnen, weil Satire, wie gezeigt, in traditionellen journalistischen Kanälen, insbesondere dem Fernsehen, relevante journalistische Leistungen erbringt, sondern auch, weil die potenziell virale Social-Media-Kommunikation die Verbreitung von satirischen Inhalten über kulturelle Grenzen hinweg begünstigt. Die gewaltsamen Unruhen in mehreren islamischen Ländern, die von in dänischen und französischen Zeitschriften veröffentlichten Mohammed-Karikaturen ausgelöst wurden, sind ein trauriger Beleg dafür, wie satirische Beiträge nicht nur ihres Entstehungskontextes beraubt werden, sondern zudem räumliche und kulturelle Grenzen überwinden, was die ursprünglich antizipierte Decodierung der satirischen

Kritik und des Humors noch problematischer werden lässt und die Anforderungen an die Satirical Literacy erhöht (Kuipers, 2011).

3. Elemente der Satire als Grundlage für Satirical Literacy

Wie bereits erwähnt, lässt sich Satire kaum abschliessend definieren, sondern nur entweder phänomenologisch beispielhaft oder anhand konstituierender Eigenschaften beschreiben. Gemäss Test beinhaltet Satire immer die vier folgenden Elemente: Anklage, Verspieltheit, Humor und Urteil (Test zit. nach Holbert, 2014, S. 26). Mit Blick auf andere Definitionsansätze reduziert Holbert diese Eigenschaften auf den kleinsten gemeinsamen Nenner und identifiziert zwei Eigenschaften für jegliche Umsetzung von politischer Satire:

1. eine Form von Bewertung bzw. Kritik, die von implizit bis explizit sehr unterschiedlich ausfallen kann, und
2. Humor als fundamentale Kommunikationsstrategie der Satire.

Die Satire geht dabei vom wahren Kern eines Missstandes aus und verfremdet diesen dann bis zur Unkenntlichkeit, um den Missstand ins Lächerliche zu ziehen.

3.1 Kritik

Die Kritik, die von Satire ausgeht, bezieht sich in der Regel auf einen aktuellen Missstand. Dieser ist entweder Teil der politischen, wirtschaftlichen, gesellschaftlichen Realität, zum Beispiel der Machtmissbrauch durch Mitglieder einer Regierung oder andere Machthabende. Oder der Missstand bezieht sich auf die Berichterstattung über diese Realität. Hier übernimmt die Satire die Funktion der Medienkritik. Typisch für die Satire ist dabei, dass sie sich auf die Kritik beschränkt und es nicht als ihre Aufgabe versteht, einen Lösungsvorschlag zu präsentieren. Satire ist immer gegen etwas, nie für etwas (Behrmann, 2002, S. 25). Satire, die einen versöhnlichen Abschluss liefert, verliert an Durchschlagskraft und unterläuft damit ihre eigentliche Funktion. Deshalb stellt Satire die Realität auch nicht vollständig dar, sondern sie konzentriert sich auf den Missstand und nimmt bewusst in Kauf, einseitig und unvollständig zu sein. So strebt Satire im Gegensatz zum Informationsjournalismus bewusst keine Objektivität an.

3.2 Humor

Humor als zweites Element der Satire dient dazu, Komik zu erzeugen. Humor dient aber keinem Selbstzweck, sondern steht immer im Dienst der Kritikfunktion und geht auf Kosten der jeweils Mächtigen bzw. denjenigen, die für einen Missstand verantwortlich sind (Lichtenstein & Nitsch, 2018, S. 6).

Dabei dient der Humor gemäss Behrmann zwei Zwecken: Erstens macht er die Darstellung eines Missstandes für das Publikum attraktiver und belohnt es für seine Aufmerksamkeit; zweitens erhöht eine humoristisch erzählte Geschichte das Erinnerungsvermögen des Publikums (2002, S. 19–20).

Die Mittel zur Erzeugung von Humor bzw. Komik sind vielfältig und umfassen künstlerisch-ästhetische und psychologische Techniken: Verfremdung, Verzerrung, zeitliche oder räumliche Verschiebung, Gegenüberstellung (per Montage, Antithese, Paradoxon), Vergleich, Vertauschung, Parodie bzw. Imitation, Ersetzung (durch Metapher, Anspielung Ironie oder unausgesprochene Gleichsetzung), Symbolik, Übertreibung, Stereotypisierung oder Irreführung (Behrmann, 2002, S. 25; Peter, 2015, S. 85–86; Zymner, 2017).

Gemeinsam ist diesen rhetorischen Figuren, dass sie üblicherweise zwei Dinge miteinander verbinden oder in Bezug setzen, wodurch eine Zuspitzung resultiert. Harris beendet eine lange Aufzählung dieser Figuren zur Erzeugung von Komik in der Satire mit der Feststellung: „It is perhaps by now apparent that almost all of these techniques have one element in common: each provides a way to say two or more things at one time, and to compare, equate, or contrast those things, usually with heavy irony" (Harris, 1990, Abs. 52).

Die beiden Elemente Kritik und Humor können in Form und Intensität variieren, aber sie sind Voraussetzung für Satire. Ohne Humor geäusserte Kritik ist keine Satire, sondern schlicht eine Kritik, allenfalls eine Polemik. Beiträge, die nur Humor einsetzen, um Komik zu erzeugen, sind komödiantische Unterhaltung oder Comedy (Behrmann, 2002, S. 10; Zymner, 2017, S. 22).

3.3 Subjektivität und Objektivität – das Yin und Yang der journalistischen Satire

Die Kritik an einem satirischen Beitrag und dessen Bewertung bezieht sich im Allgemeinen auf diese beiden Eigenschaften der Satire: den *Missstand,* auf den die Satire abzielt, und die künstlerisch-ästhetischen Mittel des *Humors*, die der Satire ihre komische Qualität verleihen. Dabei gilt sowohl für die Kritik als auch für den Humor, dass eine objektive oder zumindest intersubjektive Dimension und eine subjektive, persönliche Dimension relevant sind (vgl. Tabelle 1).

Tabelle 1: Soziale und individuelle Dimensionen der Satire

	Sozial	Individuell
Gegenstand	Gesellschaftlich relevanter Missstand	Persönliche Empfindung eines Missstands durch den/die Satiriker:in
Humor	Bezug auf sozial bekannte und anerkannte Stilmittel Grenzen des „guten Geschmacks"	Wahl des humoristischen Stilmittels Künstlerische Umsetzung

In Bezug auf die Identifizierung des Missstandes kommen die soziale und die individuelle Dimensionen in den Ausführungen von Harris (1990, Abs. 1) zum Ausdruck: „Normally the standard is objective, or at least culturally widespread when the work reflects an implied value system, though it can be subjective and personal to the satirist, who may argue that he or she alone possesses the desireable standards". Er beschreibt damit, dass ein gesellschaftlicher Konsens zur Wahrnehmung eines Missstandes zwingend bestehen muss; ein Sachverhalt muss gegen sozial geteilte Normen verstossen. Dies bestätigt auch Peter in ihrer Untersuchung von Kabarett und Satire: „Wie beim Kabarett ist also auch bei der Satire ein gemeinsamer Referenzrahmen von Künstler und Publikum für das Verständnis unabdingbar" (Peter, 2015, S. 85).

Gleichzeitig weist das Zitat von Harris aber auf die subjektive Dimension hin: Es ist die von der Satirikerin oder dem Satiriker als Missstand empfundene Situation, die ihn oder sie dazu bringt, einen satirischen Beitrag zu produzieren. In einer Befragung von Schweizer Karikaturisten aus dem Jahr 2016 vertraten diese mehrheitlich die Meinung, Karikaturen – als bildliche Umsetzung von Satire – sollen gerade eben gegen den sozialen Konsens verstossen, um Aufmerksamkeit zu erregen (Keel, 2017). Ein befragter Karikaturist drückte es so aus: „Gesellschaftliche Werte beruhen auf einem Konsens. Eine gute Karikatur (miss-)braucht diesen Konsens als Grundlage" (ebd., S. 104).

Diese bewusste Abkehr von der gesellschaftlichen Norm und die Betonung der subjektiven Freiheit des Satirikers unterscheidet die Satire vom Ideal des Informationsjournalismus, der versucht, als neutrale Beobachtungsinstanz die Realität unabhängig von subjektiven Einschätzungen durch Medienschaffende darzustellen (Wolf, 2010, S. 92). Gleichzeitig nimmt die Satire auf, was der postmoderne Journalismus beispielsweise im Social-Media-Journalismus (Loosen, 2016, S. 184; Steensen, 2017, S. 38–39) als neue Subjektivität entdeckt, und was Baym als postmodernes Paradigma versteht, das eine subjektive Einschätzung des Politischen unterstützt, die auf persönlicher Einschätzung und Gefühlen basiert (2010, S. 57).

Brummack differenziert die Kritikfunktion an diesen Missständen ebenfalls, indem er eine individualpsychologische und eine soziale Dimension unterscheidet (1971, S. 282). Auf der Ebene des Individuums sieht er Hass, Wut, Aggressionslust oder private Irritation, die dann den satirischen Angriff auslöst, der wiederum einem gesellschaftlich erwünschten Zweck dient, indem er soziale Normen bestärkt und sich auf ein vorhandenes oder utopisches Ideal bezieht; dies mit dem Ziel, die Gesellschaft zu verändern, zu verbessern oder einen Missstand zu beseitigen (Behrmann, 2002, S. 9). Oder, kurz gesagt: „Satire ist ästhetisch sozialisierte Aggression" (Brummack, 1971, S. 282). Mit dieser Differenzierung beschreibt Brummack die subjektive und die intersubjektive bzw. soziale Dimension in Bezug auf den satirisch dargestellten Missstand.

Satire bedingt deshalb Vorwissen über einen Sachverhalt. Der kritisierte Gegenstand muss zeitlich und sozial relevant sein, damit dieses Vorwissen vorausgesetzt werden kann. Wenn sich die Satire auf einen Sachverhalt bezieht, der dem Publikum unbekannt ist, kann sie nicht funktionieren.

Gleichzeitig müssen Themen der Satire „technisch bearbeitbar" sein (Behrmann, 2002, S. 40). Bei abstrakten Themen, die zu komplex sind für eine zugespitzte Darstellung, läuft die Satire Gefahr, den Sachverhalt so sehr zu vereinfachen, dass er den faktischen Kern des Problems nicht mehr trifft. Die satirische Behandlung eines komplexen Missstandes setzt voraus, dass die Satire einzelne Aspekte auswählt, ohne den Kontext zu verfälschen. Die soziale Relevanz wird also ergänzt durch das individuelle Empfinden des Satirikers sowie durch Einschränkungen aufgrund der Möglichkeiten zur künstlerischen Darstellung. Die Satire verbindet so inhaltlich zwei gegenläufige Impulse: einerseits den gesellschaftlichen Zusammenhalt zu stärken, indem sie an die Aufrechterhaltung gesellschaftlich geteilter Normen appelliert, andererseits der Realität individualistisch, ja anarchistisch gegenüberzutreten, indem der Satiriker oder die Satirikerin Missstände gemäss eigenem Empfinden auswählt (Peter, 2015, S. 90).

Während bei der Identifizierung eines Missstandes von einer objektiven gesellschaftlich geteilten Wahrnehmung ausgegangen und die subjektive Einschätzung des Satirikers oder der Satirikerin als irritierend empfunden werden kann, verhält es sich beim Humor gerade umgekehrt: Die humoristische Umsetzung, d. h. die Wahl der rhetorischen Figur, erscheint zunächst als künstlerische Freiheit des Satirikers bzw. der Satirikerin. Es ist dem individuellen Stil überlassen, welche Form von Humor im Sinn der künstlerisch-ästhetischen Interpretation verwendet wird. Allerdings sind auch bei der Wahl der humoristischen Mittel soziale Umstände zu beachten. Unabhängig davon, ob Humor durch Inkongruenz, Überlegenheit oder Entlastung ausgelöst wird (Kindt, 2017, S. 3): Humor setzt immer einen Bezug zu kollektiv geteilten, gesellschaftlichen oder kulturellen Normen voraus.

Weiter ist bei der Produktion von Satire darauf zu achten, dass die künstlerischen Stilmittel variieren, damit die Darstellung nicht zum Klischee verkommt. „Übertreibungen und Verzerrungen, die ständig gebraucht werden, verlieren an Wirkungskraft, ein Tabubruch verliert von Mal zu Mal mehr an Reiz. Satire muss also ständig erneuern" (Behrmann, 2002, S. 23).

Satirical Literacy bedeutet demnach, *erstens* den kritisierten Missstand zu verstehen und *zweitens* die gewählte Form der humoristischen Umsetzung zu erkennen. In Bezug auf beide Aspekte geht es *drittens* darum, die doppelte Gegensätzlichkeit der Satire – die jeweils soziale und individuelle Dimension in Bezug auf Missstand und Komik – zu erkennen und sie auf satirische Beiträge anwenden zu können. Wenn man sich dieser Komplexität von Satire und ihrer Rezeption bewusst wird, sind kompetente Beurteilungen möglich, die über das unmittelbare persönliche Empfinden hinausgehen.

3.4 Satirical Literacy am Beispiel des Schmähgedichts

Was bedeuten diese Ausführungen zu Satirical Literacy nun konkret für das zitierte Beispiel des Schmähgedichts von Böhmermann? In Bezug auf den Gegenstand ist zunächst zu fragen, inwiefern die Handlungen des türkischen Präsidenten Erdogan als Missstand gesehen werden können, die angeprangert werden sollen. Gäbler kritisiert in seiner Einschätzung des Gedichts, dass Böhmermann „[…] alles Mögliche, was denkbar ist an rassistischen Stereotypen und sexuellen Verirrungen, diesem Erdogan angedichtet hat und damit nicht Erdogan kenntlich gemacht hat" (Kaess & Gäbler, 2016, Abs. 15). Das Gedicht enthält denn auch weitgehend Vorwürfe, die zweifellos und offensichtlich erfunden sind. Bei dieser Beurteilung wird aber übersehen, welchen Missstand das Gedicht kritisiert: Nicht den Präsidenten Erdogan an sich, sondern die Tatsache, dass zwar Satire durch die Kunstfreiheit geschützt ist, sogenannte Schmähgedichte aber nicht.

Genau das zeigt Böhmermann mit seinem Gedicht: den zumindest von ihm empfundene Missstand, dass Schmähgedichte gegen geltendes Recht verstossen. Dies ist einerseits eine objektive Tatsache. Inwiefern es ein Missstand ist, liegt hier im Ermessen des Satirikers. Wenn es keine soziale Relevanz besitzt, wird es als Satire nicht funktionieren, weil beim Publikum keine Bereitschaft besteht, die Kritik als solche zu teilen. Wie aber Frey in seiner Einschätzung feststellt, spricht die grosse Resonanz für die soziale Relevanz des Themas. Das mag unter anderem auch daran liegen, dass die Beleidigungen im Gedicht zwar weitgehend übertrieben und nicht belegbar sind, dass sie aber einen wahren Kern beinhalten. Diese Übertreibung ist ein typisches Stilelement der Satire; sie kann als künstlerische Freiheit gesehen werden. Dazu parodiert der Satiriker eine bekannte Textform – das Gedicht; es ist aber Teil der künstlerischen Freiheit, wie er diese Form umsetzt, um den beabsichtigten komischen Effekt zu erzielen. Inwiefern dieser Stil vom Publikum geteilt wird, beeinflusst zwar, ob das Publikum den Beitrag als gelungene Satire empfindet. Er ist aber nicht entscheidend für die Frage, ob es sich um Satire handelt. Satire basiert auf der individuellen künstlerischen Umsetzung des Satirikers.

4. Fazit – Bedeutung für das Verständnis von Satire

Dieser Beitrag versuchte nach einer Erörterung der Relevanz von Satire für den Journalismus zu zeigen, worin die Eigenschaften der Satire und die Schwierigkeiten bei der Rezeption journalistischer Satire liegen. Diese ist insofern relevant, da Satire mit dem Journalismus gemein hat, dass sie ihre Wirkung erst durch die Rezeption durch das Publikum erzielt (Behrmann, 2002, S. 27).

Inwiefern humoristische Formen als komisch empfunden werden, hängt von einerseits von kulturellen Werten ab (Lu et al., 2019; Martin & Ford, 2018, S. 30). Während Humor ein universelles Phänomen ist, unterscheiden sich die Ausdrucksformen und künstlerisch-ästhetischen Stilmittel je nach kulturellem Raum (siehe z. B. Vauclair, 2015; Weston, 2009 für Ausführungen zur französischen Satire-Tradition). Weiter haben individuelle Einstellungen einen Einfluss auf die Rezeption von Humor. Was der Eine als erfrischend und treffend empfindet, mag ein Anderer als zu derb oder zu verletzend sehen. Humor ist Geschmacksache. Ob Humor vom Individuum erkannt wird, ist auch von (politischen) Einstellungen abhängig (LaMarre et al., 2009): Wer einen Missstand nicht als solchen empfindet, versteht eine ironisch gemeinte Aussage als faktisch. Zudem setzt Humor beim Publikum ein hohes Mass an Fähigkeit zur Decodierung voraus. Das zeigen nicht zuletzt die Schwierigkeiten bei computerlinguistischen Verfahren, mit denen angestrebt wird, Humor in Satire anhand von Texteigenschaften automatisiert zu erkennen (Burfoot & Baldwin, 2009; Rubin et al., 2016).

Neben dem Verständnis und der Akzeptanz einer humoristischen Umsetzung kann die Decodierung von Satire daran scheitern, dass der avisierte Missstand nicht als solcher erkannt wird. Die Beispiele dafür sind zahlreich. So fühlte sich die kasachische Regierung angegriffen von der Kunstfigur Borat, der als kasachischer Journalist durch die USA reist und dabei Missstände wie Rassismus, Sexismus oder Antisemitismus in der amerikanischen Gesellschaft in der Form einer Satire kritisiert (Askarbekov, 2016; Saunders, 2008, S. 69–70). In einem anderen Fall führte eine Karikatur im Schweizer Satiremagazin Nebelspalter (Abb. 1) zu einem öffentlichen Aufschrei, weil fälschlicherweise angenommen wurde, sie mache sich lustig über die Flüchtlinge, während das Ziel der Kritik die ignoranten Touristen im Pool waren (Beck, 2021).

Abbildung 1: Karikatur, erschienen im Nebelspalter vom 18.3.2021. Abdruck mit freundlicher Genehmigung der Redaktion

Sowohl formal als auch inhaltlich bedingt Satire also einerseits Vorwissen und ein hohes Mass an Textverständnis, um Humor und Kritik zu verstehen, andererseits vereint Satire objektive und subjektive Elemente. Nur wenn diese Eigenschaften der Satire bekannt sind, d. h. wenn ein gewisses Mass an Satirical Literacy gegeben ist, kann Satire erkannt und richtig interpretiert werden und so ihre Wirkung erzielen.

Literatur

3Sat. (2016 a, Mai 29). *Wenn Satire Journalismus ersetzt.* https://www.3sat.de/uri/videobeitrag_51811

3Sat. (2016 b, September 26). *Satire als letzte Bastion des Journalismus.* https://www.3sat.de/uri/videobeitrag_61846

Adams, A. L., Alexander, S., & Wood, L. M. (2020). Evoking truthiness: Using satirical news comedies to teach information literacy | Adams | College & Research Libraries News. *College & Research Libraries News (C&RL News), 81*(5), 244–247. https://doi.org/10.5860/crln.81.5.244

Askarbekov, Y. (2016, Oktober 28). *What Kazakhstan really thought of Borat.* https://www.bbc.com/culture/article/20161028-what-kazakhstan-really-thought-of-borat

Bailey, R. (2018). When journalism and satire merge: The implications for impartiality, engagement and 'post-truth' politics – A UK perspective on the serious side of US TV comedy. *European Journal of Communication, 33*(2), 200–213. https://doi.org/10.1177/0267323118760322

Balmas, M. (2014). When Fake News Becomes Real: Combined Exposure to Multiple News Sources and Political Attitudes of Inefficacy, Alienation, and Cynicism. *Communication Research, 41*(3), 430–454. https://doi.org/10.1177/0093650212453600

Baum, M. A. (2002). Sex, Lies, and War: How Soft News Brings Foreign Policy to the Inattentive Public. *American Political Science Review, 96*(1), 91–109. https://doi.org/10.1017/S0003055402004252

Baumgartner, J. C., & Morris, J. S. (2011). Stoned slackers or super citizens? The Daily Show viewing and political engagement of young adults. In A. Amarasingam (Hrsg.), *The Stewart/Colbert Effect: Essays on the Real Impacts of Fake News* (S. 63–78). McFarland.

Baym, G. (2005). The Daily Show: Discursive Integration and the Reinvention of Political Journalism. *Political Communication, 22*(3), 259–276. https://doi.org/10.1080/10584600591006492

Baym, G. (2010). *From Cronkite to Colbert: The Evolution of Broadcast News.* Oxford: University Press.

Beck, C. (2021). *Nebelspalter: Rassismusvorwürfe schon am ersten Tag.* Persoenlich.Com. https://www.persoenlich.com/medien/rassismusvorwurfe-schon-am-ersten-tag

Behrmann, S. (2002). *Politische Satire im deutschen und französischen Rundfunk.* Verlag Königshausen & Neumann. https://doi.org/10.1007/s11616-003-0138-x

Brassett, J., & Sutton, A. (2017). British satire, everyday politics: Chris Morris, Armando Iannucci and Charlie Brooker. *The British Journal of Politics and International Relations, 19*(2), 245–262. https://doi.org/10.1177/1369148117700147

Brummack, J. (1971). Zu Begriff und Theorie der Satire. *Deutsche Vierteljahrsschrift für Literaturwissenschaft und Geistesgeschichte, 45*(1), 275–377. https://doi.org/10.1007/BF03376186

Burfoot, C., & Baldwin, T. (2009). Automatic Satire Detection: Are You Having a Laugh? *Proceedings of the ACL-IJCNLP 2009 Conference Short Papers*, 161–164. https://www.aclweb.org/anthology/P09-2041

Cao, X., & Brewer, P. R. (2008). Political Comedy Shows and Public Participation in Politics. *International Journal of Public Opinion Research*, 20(1), 90–99. https://doi.org/10.1093/ijpor/edm030

Compton, J. (2011). Introduction: Surveying scholarship on The Daily Show and The Colbert Report. In A. Amarasingam (Hrsg.), *The Stewart/Colbert Effect: Essays on the Real Impacts of Fake News* (S. 9–24). Jefferson, NC: McFarland.

Condren, C. (2012). Satire and definition. *Humor*, 25(4), 375–399. https://doi.org/10.1515/humor-2012-0019

Dörner, A., & Porzelt, B. (2016). Politisches Gelächter. Rahmen, Rahmungen und Rollen bei Auftritten politischer Akteure in satirischen Interviews des deutschen Fernsehens. *Medien & Kommunikationswissenschaft*, 64(3), 339–358. https://doi.org/10.5771/1615-634X-2016-3-339

Dunbar, J. L. (2017). Teaching Satirical Literacy and Social Responsibility through Race Comedy. *MELUS*, 42(4), 79–91. https://doi.org/10.1093/melus/mlx067

Feldman, L. (2007). The news about comedy: Young audiences, The Daily Show, and evolving notions of journalism. *Journalism*, 8(4), 406–427. https://doi.org/10.1177/1464884907078655

Fox, J. R., Koloen, G., & Sahin, V. (2007). No Joke: A Comparison of Substance in The Daily Show with Presidential Election Campaign. *Journal of Broadcasting & Electronic Media*, 51(2), 213–227. https://doi.org/10.1080/08838150701304621

Gäbler, B. (2016 a). *Quatsch oder Aufklärung?* (Bd. 88). Otto-Brenner-Stiftung. https://www.otto-brenner-stiftung.de/fileadmin/user_data/shop/dokumente/obs_arbeitshefte/AH88_Gaebler_WEB.pdf

Gäbler, B. (2016 b, September 26). *Wirkungen und Nebenwirkungen der „heute-show".* tagesspiegel.de. https://www.tagesspiegel.de/gesellschaft/medien/droge-zum-einstieg-ins-politikinteresse-wirkungen-und-nebenwirkungen-der-heute-show/14595864.html

Hardy, B. W., Gottfried, J. A., Winneg, K. M., & Jamieson, K. H. (2014). Stephen Colbert's Civics Lesson: How Colbert Super PAC Taught Viewers About Campaign Finance. *Mass Communication and Society*, 17(3), 329–353. https://doi.org/10.1080/15205436.2014.891138

Harris, R. (1990, August 20). *The Purpose and Method of Satire.* https://www.virtualsalt.com/the-purpose-and-method-of-satire/

Holbert, R. L. (2014). Political Satire Defining a Nebulous Construct. *medien & zeit*, 3. https://medienundzeit.at/category/jahrgang-2014-29/heft-2014-3/

Kaess, C., & Gäbler, B. (2016). *Böhmermann hat nicht begriffen, was Satire ist.* http://www.deutschlandfunk.de/bernd-gaebler-boehmermann-hat-nicht-begriffen-was-satire-ist.694.de.html?dram:article_id=350619

Keel, G. (2017). Grenzen der Satire in der täglichen Arbeit von Karikaturisten. In E. Nowak, A. Czepek, B. Illg, & M. Hellwig (Hrsg.), *Freiheit und Journalismus* (S. 97–108). Baden-Baden: Nomos.

Kindt, T. (2017). Komik. In U. Wirth & J. Paganini (Hrsg.), *Komik: Ein interdisziplinäres Handbuch: Mit 45 Abbildungen* (S. 2–6). Stuttgart: J.B. Metzler Verlag.

Kleinen von Königslöw, K. K. (2013). Politische Kommunikation zwischen Information und Unterhaltung: Eine Analysematrix. In N. Gonser (Hrsg.), *Die multimediale Zukunft des Qualitätsjournalismus: Public Value und die Aufgaben von Medien* (S. 35–51). Springer Fachmedien. https://doi.org/10.1007/978-3-658-01644-9_3

kleinreport. (2016). *Kabarettist Patrick Frey:* »*Vorauseilender Gehorsam ist hierzulande weit verbreitet*«. http://www.kleinreport.ch/news/kabarettist-patrick-frey-vorauseilender-gehorsam-ist-hierzulande-weit-verbreitet-83998/

Knobloch-Westerwick, S., & Lavis, S. M. (2017). Selecting Serious or Satirical, Supporting or Stirring News? Selective Exposure to Partisan versus Mockery News Online Videos: Selecting Serious or Satirical News. *Journal of Communication*, 67(1), 54–81. https://doi.org/10.1111/jcom.12271

Krüger, U. (2016). *Mainstream: Warum wir den Medien nicht mehr trauen*. C.H.Beck.

Kuipers, G. (2011). The politics of humour in the public sphere: Cartoons, power and modernity in the first transnational humour scandal. *European Journal of Cultural Studies*, 14(1), 63–80.

LaMarre, H. L., Landreville, K. D., & Beam, M. A. (2009). The Irony of Satire: Political Ideology and the Motivation to See What You Want to See in The Colbert Report. *The International Journal of Press/Politics*, 14(2), 212–231. https://doi.org/10.1177/1940161208330904

Lezius, I. (2007). *„Kritik ohne Zeigefinger"—Eine qualitative Studie zu politischer Satire in Fernsehmagazinen*. Diplomarbeit. https://www.grin.com/document/80684

Lichtenstein, D., & Nitsch, C. (2018). Informativ und kritisch? Die Politikdarstellung in deutschen Satiresendungen. *Medien & Kommunikationswissenschaft*, 66(1), 5–21. https://doi.org/10.5771/1615-634X-2018-1-5

Loosen, W. (2016). Journalismus als (ent-)differenziertes Phänomen. In M. Löffelholz & L. Rothenberger (Hrsg.), *Handbuch Journalismustheorien* (S. 177–189). Springer Fachmedien Wiesbaden. https://doi.org/10.1007/978-3-531-18966-6_9

Lu, J. G., Martin, A. E., Usova, A., & Galinsky, A. D. (2019). Creativity and Humor Across Cultures: Where Aha Meets Haha. In S. R. Luria, J. Baer, & J. C. Kaufman (Hrsg.), *Creativity and Humor* (S. 183–203). Academic Press. https://doi.org/10.1016/B978-0-12-813802-1.00009-0

Martin, R. A., & Ford, T. (2018). *The Psychology of Humor: An Integrative Approach*. Cambridge: Academic Press.

Musikexpress. (2016, April 1). *Jan Böhmermanns zensiertes Erdoğan-Gedicht*. Musikexpress. https://www.musikexpress.de/zdf-zensiert-erdogan-gedicht-von-boehmermann-517449/

Peter, B. (2015). *Satire in journalistischer Mission: Studie zu den journalistischen Leistungen von TV-Kabarettisten als Interviewer*. Universität Freiburg.

Peters, C. (2013). 'Even better than being informed': Satirical news and media literacy. In M. J. Broersma & C. Peters (Hrsg.), *Rethinking Journalism* (S. 171–188). New York: Routledge. https://doi.org/10.4324/9780203102688-21

Pew Research Center. (2008, Mai 8). Journalism, Satire or Just Laughs? „The Daily Show with Jon Stewart," Examined. *Pew Research Center's Journalism Project*. https://www.journalism.org/2008/05/08/journalism-satire-or-just-laughs-the-daily-show-with-jon-stewart-examined/

Rubin, V., Conroy, N., Chen, Y., & Cornwell, S. (2016). Fake News or Truth? Using Satirical Cues to Detect Potentially Misleading News. *Proceedings of the Second Workshop on Computational Approaches to Deception Detection*, 7–17. https://doi.org/10.18653/v1/W16-0802

Saunders, R. A. (2008). Buying into Brand Borat: Kazakhstan's Cautious Embrace of Its Unwanted „Son". *Slavic Review*, 67(1), 63–80. https://doi.org/10.2307/27652767

Steensen, S. (2017). Subjectivity as a Journalistic Ideal. In B. K. Fonn, H. Hornmoen, N. Hyde-Clarke, & Y. B. Hågvar (Hrsg.), *Putting a Face on It: Individual Exposure and Subjectivity in Journalism* (S. 25–47). Cappelen Damm Akademisk.

Vauclair, J. W. (2015). Local Laughter, Global Polemics. *European Comic Art*, 8(1), 6–14. https://doi.org/10.3167/eca.2015.080102

Weischenberg, S. (2010). Das Jahrhundert des Journalismus ist vorbei. In G. Bartel-Kircher (Hrsg.), *Krise der Printmedien: Eine Krise des Journalismus?* (Bd. 1–Book, Section, S. 32–61). Berlin: De Gruyter.

Weston, J. (2009). Bête et méchant. *European Comic Art*, 2(1), 109–129. https://doi.org/10.3828/eca.2.1.7

Wolf, A. (2010). *"News kind of comes to me...". Young Audiences, Mass Media, and Political Information*. Berlin: School of Creative Leadership.

Zymner, R. (2017). Satire. In U. Wirth & J. Paganini (Hrsg.), *Komik: Ein interdisziplinäres Handbuch: Mit 45 Abbildungen* (S. 21–25). Stuttgart: J.B. Metzler Verlag.